T0308962

Karolien Notebaert y Peter Creutzfeldt

Mindfulness para mejorar tu rendimiento

Traducción del inglés de Esperanza Moriones

editorial Kairós

Título original:
WIE DAS GEHIRN. SPITZENLEISTUNG BRINGT
MEHR ERFOLG DURCH ACHTSAMKEIT
[*Mindfulness as Key Success Factor in your Life*]
by Peter Creutzfeldt and Karolien Notebaert

© 2018 Karolien Notebaert y Peter Creutzfeldt

© 2019 by Editorial Kairós, S.A.
  Numancia 117-121, 08029 Barcelona, España
  www.editorialkairos.com

© **de la traducción:** Esperanza Moriones
Fotocomposición: Florence Carreté
Revisión: Alicia Conde
Diseño cubierta: Katrien Van Steen
Impresión y encuadernación: Romanyà-Valls. Verdaguer, 1. 08786 Capellades

Primera edición: Febrero 2019
ISBN: 978-84-9988-665-7
Depósito legal: B 895 - 2019

Sumario

Agradecimientos

Karolien Notebaert

En mi caso particular, la época de preguntar «por qué» no terminó, en realidad, cuando cumplí cinco años. De hecho, fue empeorando y me empujó hacia las ciencias, donde me permitían preguntar por qué y cómo indefinidamente. Con cada respuesta surgían otras diez preguntas más, era una historia interminable y enigmática, mi zona de juegos. Paradójicamente, jamás pensé que acabaría escribiendo un libro sobre la peculiaridad de no formular las preguntas por qué y cómo. Un libro sobre el mindfulness, un libro simplemente sobre ser, sin más. Un libro sobre dejarlo estar. Los Beatles tenían razón.

Entonces, ¿dónde entra en escena la ciencia? A través de la (neuro)ciencia descubrí que el mindfulness es una forma de dominar las emociones, los pensamientos y los sentimientos, sin tener que hacer un esfuerzo. Cuanto más leía e investigaba acerca del mindfulness, más me sorprendía la belleza de esta técnica tan sencilla y, al mismo tiempo, tan efectiva. Fue descubrir el gran número de efectos positivos del mindfulness lo que me hizo creer en esta técnica. Como científica, era el paso necesario que tenía que dar para experimentarlo. Y en segundo lugar, el hecho de saber de qué manera actúa el mindfulness en el cerebro ha mejorado mi comprensión notablemente y me ha ayudado a incorporar el mindfulness a mi vida diaria.

Cuando leas la primera parte del libro, espero que la neurociencia del mindfulness tenga para ti el mismo efecto esclarecedor que tuvo para mí. No obstante, como podrás ver en la segunda parte, también existe algo llamado «la ciencia del ser interior», que en última instancia es la comprensión más clara y pura del mindfulness: experimentarlo por ti mismo.

He escrito este libro en colaboración con Peter Creuzfeldt, mi querido amigo y compañero. Peter, además de escribir una gran parte de este libro, me ha inspirado y ha animado enormemente durante el proceso de escritura. Me fascina que a menudo hablemos el mismo idioma, aunque hayamos descubierto el mindfulness desde ángulos diferentes. Nuestras interminables conversaciones han constituido un alimento para mi cerebro y han sido fundamentales en mi proceso de aprendizaje del mindfulness. Peter, es un honor haber podido escribir este libro contigo. ¡Gracias!

No domino el alemán, ya que no es mi lengua nativa, de modo que he escrito mi parte en inglés que después ha sido traducida. Puesto que es un tema muy especializado, he buscado a un científico germano-parlante con un amplio conocimiento del cerebro que, por añadidura, escribe muy bien. Se llama Nils Winter. Reconozco que no siempre ha sido un trabajo fácil, sin embargo, ¡has hecho un trabajo brillante, Nils! Si no hubiese sido por ti, este libro no tendría una lectura tan fluida, clara y precisa. ¡Muchas gracias!

También quisiera darles las gracias a Gregor Albrecht y a Alex Zintler por sus películas (www.gregoralbrecht.com). Ambos habéis superado nuestras expectativas con creces, y estamos orgullosos de haber tenido la oportunidad de trabajar con unas mentes tan creativas. Una mención especial para Lars Richter, que creó muchos de los dibujos que hemos empleado en este libro. ¡Siento mucho respeto por los tres porque representáis jóvenes promesas, cada uno en su campo respectivo! ¡Muchas gracias!

Gracias a todas las personas que habéis leído las pruebas, porque cada uno de vosotros ha contribuido ampliamente a la calidad del libro. ¡Muchas gracias a Martin Schubert, Sascha Schwarz y Delphine Watteyne!

Finalmente, quiero darle las gracias a mi amigo y cómplice Enrico Rück por sus cuidados constantes y su amor infinito durante la redacción de este libro. Tus preguntas son sumamente interesantes, y añadidas a tu apoyo diario y a nuestras fascinantes discusiones sobre la neurociencia y el mindfulness, me han aportado puntos de vista nuevos que han contribuido, sin duda alguna, a la calidad final del libro. Además, nuestras sesiones de meditación conjuntas y nuestras interacciones diarias me han permitido experimentar el mindfulness a un nivel más elevado. Eres una gran fuente de inspiración. Muchas gracias, mi querido amor.

Peter Creutzfeldt

Cuando acabé la enseñanza superior, me tomé un año sabático y me fui a viajar por la India, donde descubrí la «meditación» y aprendí a meditar. En esa época, me identificaba románticamente con el «Siddharta» de Herman Hesse. Al volver, en cambio, mis amigos y mi familia creyeron que había sido captado por una «secta». En 1980, no era muy habitual encontrarse a alguien sentado en el suelo con los ojos cerrados, observando la respiración. Sin embargo, eso me animó más todavía a seguir, y la meditación –y más tarde la idea de que el espacio que se crea con la meditación se puede incorporar a la vida diaria– se convirtió para mí en el mayor descubrimiento de mi vida. Por eso, veinte años más tarde, cuando me convertí en trabajador autónomo dentro del campo del desarrollo del personal directivo, quería que el foco de mi trabajo fuera el mindfulness: ese espacio que se crea con la meditación. Yo mismo había comprobado personalmente la importancia de esta cualidad en mi época anterior, como director ejecutivo. En el año 2000 todavía se seguía considerando el mindfulness como algo extraño y esotérico, pese al éxito de Jon Kabat-Zinn con su programa de reducción del estrés basado en el mindfulness, con sus miles de pacientes en Estados Unidos, y pese a las asombrosas diferencias que descubrió Richard Davidson, de Michigan, entre los escáneres cerebrales de los primeros monjes tibetanos y los de la gente que no medita. Algunos años más tarde, empecé a soñar con encontrar a algún neurólogo en Europa que estuviese interesado en confirmar la aplicación práctica de la meditación o el mindfulness a través de sus investigaciones. El hecho de haber escrito este libro con la joven y talentosa investigadora del cerebro Karolien Notebaert y haber conseguido que este tema llegue a los lectores es un sueño hecho realidad y un privilegio.

¡Karolien, estaría subestimando mi colaboración contigo si te dijera que ha sido «provechosa»! Gracias por acreditar que ambos hemos llegado a la misma comprensión independientemente y a través de caminos diferentes. Y gracias por el privilegio de poder colaborar e intercambiar información contigo, ¡ya que me ha permitido experimentar, corregir y actualizar mis conocimientos científicos!

El libro ha sobrepasado todas mis expectativas con creces en dos aspectos, y para ello ha sido necesario el apoyo de otras personas: las lecturas de prueba, con todas las valiosas impresiones, y las entrevistas con los meditadores que estaban deseando compartir sus experiencias, y cuyos informes personales han permitido que los lectores tengan acceso a este tema. Por ello, quiero dar un caluroso agradecimiento a Raj Bissessur, Fong Chen Chiu, Cord Dismer, Marion y el doctor Sören Fischer, Jutta Häuser, Ursula Leitzmann, Nicole Pindinellos, el doctor Holger Rohde, Enrico Rück, Saskia Schomerus y Tania Seehase. Mi traductor, Samar Nahas, merece una mención especial por su cuidadosa empatía y su talento experimentado, que han hecho mi vida más fácil.

Y por último, ¡nuestro más sincero agradecimiento a Danja Hetjens y a nuestra editora Bianca Labitzke por su incalculable apoyo en la ejecución de este libro!

Prólogo

Si hubiese algo que te ayudase a afrontar mejor los desafíos de la vida, ¿en qué sentido crees que te podría favorecer ese «algo»? Le hemos hecho esta pregunta a varias personas, y he aquí sus respuestas:

> «No arrepentirme nunca de las decisiones que he tomado en los momentos más importantes de mi vida; mejorar la calidad e intensidad de mi vida de forma significativa; añadir más pasión y humor a mi vida, y poder distanciarme más de las emociones cuando aparecen».

> «Encontrar la calma interior, estar en paz conmigo mismo, sentirme más "en casa" conmigo mismo. Yo siempre estaba corriendo detrás de algo: de la felicidad, de cumplir alguna esperanza que yo u otra persona había depositado en mí, de conseguir que los demás me apreciaran..., pero ahora sé que se trata de apreciarme a mí mismo y no de tener que demostrar algo».

> «Tener una perspectiva más amplia cuando trabajo con los demás y de ese modo tomar mejores decisiones; que la cooperación sea más relajada y, por tanto, más vital y menos extenuante».

> «La capacidad de separar mis emociones de lo que está ocurriendo, y así poder escuchar más objetivamente. Tomar mejores decisiones,

tener una visión más amplia y apreciar las contribuciones de todos los que intervienen».

«Sencillamente, más tolerancia al estrés».

Las personas que entrevistamos[1] no solo estaban resumiendo sus deseos, sino que estaban describiendo sus auténticas experiencias positivas. No acababan de salir de un nuevo curso especial de superación personal, y tampoco habían renunciado al mundo, ni habían huido. ¡Cuando fuimos a hablar con ellas, estaban todas muy sobrias! Todos tenían algo en común, y es que habían experimentado con lo que ahora se conoce como mindfulness. Para algunos, era una experiencia reciente. Otros lo habían descubierto hacía décadas. Desde entonces, todos lo han convertido en una parte de su vida. La pregunta que les hicimos es: «¿Cuál es el mayor beneficio que has obtenido del mindfulness en el transcurso de tu vida?».

Los científicos han descubierto, en los últimos años, una lista aparentemente infinita de efectos positivos de este sencillo método y, desde entonces, el número de estudios científicos sobre el mindfulness se han multiplicado exponencialmente. Empezaron por hacer una serie de estudios en los que comparaban a dos grupos de voluntarios: un grupo sin experiencia en la práctica del mindfulness pero dispuesto a probar, y otro grupo, también llamado grupo de control, que no tenía que hacer nada. Los resultados indicaron claramente una mejoría del primer grupo en un cierto número de indicadores sobre buen estado físico y mental. Algunos de los aspectos que mejoraron fueron la función cognoscitiva, la toma de decisiones, la felicidad, el sistema inmunológico, la cooperación y la comunicación. Otros estudios neurocientíficos complementarios demostraron que no solo mejoraron las funciones cerebrales, ¡sino que descubrieron incluso que se habían producido cambios estructurales visibles en la mente! Aquí es donde realmente empieza la ciencia del mindfulness.

Y aquí es donde empieza nuestra historia; es «nuestra historia» porque los voluntarios de estos estudios son personas corrientes como tú y como yo, personas que gestionan los desafíos de la vida de hoy en día con mayor o menor éxito, y la historia de su vida podría ser algo así:

Son las siete de la mañana. Suena el despertador. Un momento... Eso era antes de que tuvieras hijos. Volvamos a empezar.

Llevas levantada desde las cinco y media de la mañana. Después de dormir poco y ejercer tu rol de gerente superior de conflictos en el departamento de niños, consigues salir hacia tu trabajo. Aprovechas el semáforo en rojo para revisar tu correo electrónico y comprobar si alguien ha respondido a los cambios del proyecto que enviaste anoche. Por las respuestas, te das cuenta de que tu equipo no entiende los siguientes pasos en el plan de acción. Tienes toda la jornada ocupada con reuniones y te queda muy poco tiempo para poder organizar a tu equipo. Además tienes un almuerzo importante con el tiburón de Tomás, que, según has podido saber, está intentado conseguir que le adjudiquen el proyecto a su equipo, y tienes que encontrar una forma de evitarlo. Tienes un millón de pensamientos dándote vueltas en la cabeza. Si tuvieras recursos, no pasaría nada... Luego, a última hora de la tarde, tienes una reunión con los compañeros más arribistas de tu empresa, y para colmo, también te han invitado a cenar. De modo que llamas a tu casa y te saltas otra vez la comida en familia. Por la noche te llevas el móvil a la cama para seguir revisando tus correos electrónicos y poder adelantar algo para el día siguiente. Te acuestas después de tomar un par de copas de vino, y a las tres y media de la mañana estás completamente despierta. Entonces te acuerdas de la presentación del día siguiente. ¿Tendrás tiempo de quedar con el miembro del equipo que ha planteado la presentación? Todavía no has visto la versión final. Intentas conseguir que tus pensamientos se calmen. Cuanto más lo intentas, más nerviosa te pones. El listón está cada día más alto. Tendrás que esforzarte mucho para conseguirlo...

¡STOP!

Todos sabéis cómo sigue esta historia, ¿verdad? ¡Es agotador incluso leerlo! Sin embargo, cuando trabajamos con personas de éxito y muy eficientes nos encontramos con los mismos patrones de pensamiento una y otra vez: que la única forma de mejorar tu rendimiento es estar bajo presión o presionar un poco más a los demás, y marcarte metas cada vez más ambiciosas. Si en un año no aumenta la productividad, llegamos a la conclusión de que algo va mal. ¿Cuánto tiempo puedes seguir así? No mucho, porque de esta forma estamos agotando sistemáticamente las reservas que necesitaríamos para un aumento continuo de la productividad, y este enfoque acaba siendo autodestructivo. Con la ayuda del mindfulness, nuestro enfoque de estos desafíos –ser más eficiente, que haya un equilibrio entre el trabajo y la familia, cumplir el supuesto requisito de estar siempre disponible y de ser multitarea– cambia y se convierte en otro completamente distinto.

Las investigaciones científicas han demostrado que el mindfulness es una forma muy efectiva de hacer frente a esta complejidad. Es algo que nos permite ser esclavos de la revolución digital. La práctica regular del mindfulness produce cambios estructurales en nuestro cerebro que influyen muy positivamente no solo en las relaciones, la adaptación y la capacidad de gestionar el estrés, sino también en nuestra salud física y mental.

Este libro te guiará, paso a paso, en la construcción de una base de lo que denominamos «alto rendimiento consciente». Te ofrecemos perfiles de las funciones fundamentales del cerebro, porque es el cerebro el que controla nuestro comportamiento y nuestras decisiones. Esta nueva información te permitirá descubrir cuáles son las emociones que tienen un papel decisivo en tu comportamiento –en el mejor y el peor sentido– y te ayudará a comprender los patrones que has desarrollado basándote en estas emociones. Finalmente, aprenderás a liberarte del dominio de los patrones de comportamiento que han estado minando tu bienestar.

El mindfulness se puede aplicar de dos maneras; casi todos conocemos la práctica de la meditación. También es conveniente incorporar el mindfulness, aparte de la meditación, a nuestra vida diaria. Haciéndolo podemos alcanzar, instantánea e inmediatamente, un estado de equilibrio interior que nos permita estar más enfocados y ser más creativos. En otras palabras, si tenemos acceso a todo nuestro potencial, somos más eficaces. Numerosas empresas de alto rendimiento han descubierto los múltiples beneficios del mindfulness. Las universidades de Oxford, Harvard, Frankfurt y Berlín, así como Google, Apple, Deutsche Bank, BMW y otras muchas empresas, han introducido el mindfulness para sus empleados dentro de su organización, con el objeto de mejorar el rendimiento general o para promover el desarrollo de su filosofía corporativa.[2]

No te vamos a pedir que reorganices completamente tu entorno. ¡Sin lugar a dudas eso sería el proyecto más estresante que hayas podido emprender nunca! Sin embargo, sí creemos que tenemos muchas opciones diferentes para relacionarnos con nuestro ambiente, y con las situaciones que se nos presentan en la vida. El mindfulness te desvela unas perspectivas asombrosas. Se ha demostrado que te ayuda a enfocarte en lo esencial y a descartar lo trivial.

Nos gustaría contribuir con este libro a anunciar una nueva era en la que el mindfulness se pueda incorporar a tu vida cotidiana como una característica esencial de la misma. Al mismo tiempo que te embarcas en este viaje, te encontrarás con el desafío de descubrir y apreciar a la persona más interesante de tu vida: ¡tú! ¡Tú mismo eres la llave del alto rendimiento consciente!

Te recomendamos que leas los capítulos de este libro en el orden en que te los presentamos, para que puedas beneficiarte del conocimiento de la extensa base práctica del cerebro que te ofrecemos (es decir, tú mismo). En la primera parte del libro aprenderás la forma que tiene tu cerebro de tomar decisiones. De ese modo, entenderás el mindfulness³ apoyándote en una base científica sólida. La segunda parte del libro describe la práctica del mindfulness y te ofrece varios ejemplos y técnicas que puedes practicar, así como los testimonios de las personas que las practican. Aunque no estés seguro de que el mindfulness sea tu camino, te recomendamos especialmente que practiques todos los ejercicios del libro. Leer sobre el mindfulness y preguntarte si estás interesado en él es como leer acerca del agua sin haberte bañado en ella, y luego preguntarte si te podría interesar hacerlo; sin una experiencia personal, simplemente no lo puedes juzgar. Y para tener esa experiencia, es necesario intentar hacer los ejercicios que te proponemos.

En el apéndice hemos añadido una serie de notas que ofrecen información adicional para los lectores que estén interesados en explorar esta cuestión más a fondo. También encontrarás un glosario de los términos utilizados en el libro y que podría resultarte difícil recordar. Y por último, citamos las fuentes de las que proviene nuestra exposición en orden de aparición. Hemos insertado en el texto varios enlaces a vídeos cortos que muestran o ilustran algunos de los ejercicios y tópicos más relevantes.

Finalmente, una nota sobre el enfoque que hemos dado al uso del género: en beneficio de la lectura hemos decidido alternar entre el género masculino y el femenino. Te rogamos que lo interpretes como una apreciación equilibrada de ambos géneros. Muchas gracias por tu comprensión. ¡Esperamos que disfrutes de este libro!

Parte I. ¿Por qué hago lo que hago? Es una historia de dos

Él te mira con recelo y se contiene unos instantes antes de empezar a hablar. ¿Está nervioso? Tu trabajo depende de esto. Claro. Es tu cliente. Tienes un posible proyecto de dos millones de euros entre manos. Sin olvidar la bonificación que te reportaría el éxito del proyecto. Finalmente, empieza a hablar. Te informa de que le han concedido el proyecto a otra empresa con menos personal, un presupuesto más bajo y un plazo más corto. ¡No! Los pensamientos se agolpan en tu mente, te sudan las manos y dudas si seguir manteniendo un rostro amigable más tiempo. Se apodera de ti una emoción negativa, y sientes que todo lo que ha ocurrido es culpa de un malentendido. Tú también puedes hacer ese trabajo por un presupuesto menor y más rápido. Cueste lo que cueste. Estás atrapado en tus pensamientos, interrumpes a tu cliente intentando convencerlo una vez más, pero no encuentras las palabras adecuadas. Si tuvieras acceso a esa parte de ti más grande, más segura y especialmente creativa, lo podrías arreglar. Ya has dejado de escucharle, ahora solo te escuchas a ti. Te marchas sin el proyecto y te diriges a ver a tu jefe y a tu equipo para informarles del resultado del encuentro. De nuevo en el despacho, tu jefe te pide que prepares una presentación. Lo haces, aunque lo que realmente te apetece es ausentarte el resto del día para digerir la mala noticia.

¿Hay ocasiones donde tienes que luchar contra las emociones o los sentimientos negativos que se interponen en tu camino? ¿Algunas veces no consigues alcanzar tu máximo potencial? ¿Te cuesta trabajo no interrumpir después de recibir un comentario negativo? Esto es algo que nos ocurre a todos. Sin embargo, no es algo que no se pueda controlar. La mayor parte de nuestra conducta es el resultado de dos procesos.

El primer proceso que influye en nuestra conducta no se puede evitar, surge naturalmente y ejerce una profunda influencia en ella. A este proceso lo denominamos proceso ascendente o de abajo arriba. El proceso ascendente son las emociones (¿puedes evitar sentir una emoción negativa cuando recibes una crítica negativa?), los impulsos y anhelos (¿puedes evitar el impulso de interrumpir a alguien cuando crees que ha habido un malentendido, sin asumir que realmente estás interrumpiendo?) y, por último, nuestros pensamientos (¿puedes evitar que surjan pensamientos en tu mente en cualquier momento del día?). ¿Eres consciente de ese proceso ascendente?

El segundo proceso que desempeña un papel importante e influye en nuestro comportamiento requiere de nuestra energía y esfuerzo para activarse, y es lo que denominamos un proceso descendente o de arriba abajo. Si recibimos una crítica negativa, no podemos evitar sentir una emoción negativa, pero sí podemos evitar gritar, puesto que queremos que nuestro cliente piense que somos profesionales. Cuando sentimos que alguien tiene una idea equivocada de nuestras intenciones, no podemos evitar que surja el impulso de interrumpir, pero nos podemos contener porque hemos aprendido que esa es la manera correcta de comportarse. Aunque no podamos evitar pensar que hemos perdido un ascenso porque nos han denegado el proyecto, intentamos mantenernos desesperadamente interesados en la conversación, ya que siempre puede surgir una nueva oportunidad durante la charla. Puesto que te puedes desviar de los ejemplos que acabamos de describir, los procesos ascendentes y descendentes a menudo entran en conflicto entre sí, y tu comportamiento es el resultado de tu forma de resolver ese conflicto, consciente o inconscientemente. Tienes el impulso de interrumpir (proceso ascendente), pero te contienes (proceso descendente) y te comportas de una forma respetuosa. Los mecanismos cerebrales que manejan los procesos ascendentes y descendentes son distintos, y cada uno opera de acuerdo a unas ciertas normas del cerebro. La primera parte de este libro te dará una enfoque más detallado de estos dos procesos, de las partes del cerebro implicadas en ellos y de las reglas mentales básicas en las que sobresalen y fallan a la hora de dirigir tu comportamiento.

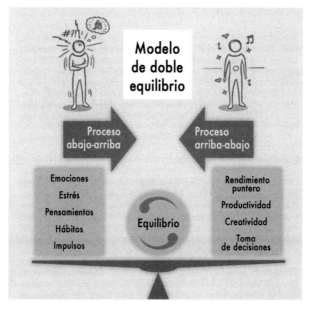

Figura 1: Modelo de decisiones. Este modelo muestra los procesos ascendentes y descendentes que determinan nuestro comportamiento. Fuente: One Step Ahead. Notebaert Consulting (dibujo de Lars Richter).

1. El proceso ascendente: emociones, pensamientos e impulsos

Casi todo nuestro comportamiento es el resultado de una combinación de estos procesos: el proceso ascendente y el proceso descendente. El proceso ascendente es automático, no requiere esfuerzo, y a menudo altera nuestro comportamiento inconscientemente. Los más conocidos son las emociones como la ira, la tristeza o el fracaso, impulsos que te hacen comportarte de una forma que no deseas, y pensamientos que te impiden enfocarte o simplemente disfrutar de la vida.

Las emociones gobiernan el mundo

Hoy tienes que presentar un proyecto arriesgado con tu compañero ante la junta directiva. Si la junta lo aprueba, vuestras probabilidades de ascenso aumentarán considerablemente. La secretaria te hace saber que tu compañero ha telefoneado esta mañana temprano para decir que está enfermo. Otra vez. Ahora te toca enfrentarte tú solo al desafío de este trabajo. Como habíais repartido el trabajo, ahora solo tienes cuatro horas para prepararte la parte de la exposición que le correspondía a tu colega. Es una tarea prácticamente imposible, por lo que intentas llamarle varias veces para que te dé más información. No tienes suerte. Tu compañero no responde al teléfono. Al recibir la noticia esta mañana, en un primer momento te has asustado y luego has sentido varias emociones: la impotencia de saber que tu compañero o compañera vuelve a estar enfermo y tienes que asumir una carga adicional de trabajo, la decepción y un sentimiento de falta de respeto cuando supiste que había llamado a la secretaria para justificar su ausencia, sin decírtelo a ti, y la rabia que sientes cuando no responde a tu llamada. Una ola de emociones negativas generan preocupación en tu mente y en tu cuerpo, y hacen que sea imposible acudir a la reunión de la junta con la cabeza despejada. Durante la presentación, no dejas de estar estresado y de sentir emociones negativas hacia tu compañero. Este estado mental te impide mostrar tu mejor perfil. Normalmente, despuntas en estas presentaciones, pero ahora tu mente está cargada de pensamientos negativos.

¿Qué te ocurriría si por la tarde se produjeran los siguientes hechos?

1. Te informan de que la junta ejecutiva ha rechazado tu proyecto. En este momento te costará mucho disimular tu enfado. Es posible que intentes llamar de nuevo a tu compañero o que, al menos, le escribas un correo electrónico indignado. Podrías llevarlo al extremo e informar de que tu compañero *siempre* es informal.

2. Te enteras de que la noche anterior han ingresado al hijo de tu compañero en el hospital, y ese es el motivo por el que no ha podido acudir a la oficina. ¿Realmente te puedes enfadar con alguien que está cuidando a su hijo o hija enfermo? Por supuesto que no. ¿Sientes que esa persona se ha comportado con falta de respeto? Evidentemente, no.

3. Te enteras de que la junta ejecutiva está encantada con tu presentación y ha aprobado el proyecto, lo que implica que es

muy probable que te asciendan. Esta noticia probablemente hará que estés muy emocionado, hasta el punto de que es posible que llames a tu compañero y le dejes un mensaje de voz diciendo: «¡Lo hemos conseguido!».

De todos estos ejemplos se desprende que las emociones no son un simple cambio que le ha sido impuesto a nuestro cuerpo o a nuestra mente, sino que nosotros mismos las creamos. En muchos casos, usamos nuestra propia valoración de las consecuencias de un cierto evento para cambiar la valencia y la intensidad de nuestras emociones.

Si hubieses sabido que el hijo de tu colega estaba en el hospital, es probable que, aunque te sintieses impotente, no te hubieras enfadado ni hubieses sentido que te había faltado al respeto. Lo que te hace enfadarte o estar triste no es tu compañero, de hecho, él ni siquiera está ahí. ¿Qué es lo que te hace enfadar o sentir que te han faltado al respeto?

En el ejemplo anterior, lo que realmente ha ocurrido es que la secretaria te ha informado de que tu compañero ha llamado diciendo que estaba enfermo, y, antes de darte cuenta, ya estabas poseído por una ola de emociones negativas. Lo que ocurre entre la noticia de la secretaria y tu estado emocional es un acto personal: te has inventado una historia. Tu compañero o compañera *vuelve* a estar enfermo y es *absolutamente* informal, y por desgracia te toca hacer la presentación solo frente a la junta ejecutiva, y no estabas preparado para hacerlo. Tu ascenso podría depender de esto. Tu compañero es un malnacido. ¡Cómo te ha podido hacer una cosa así! En el ejemplo final, el hecho de recibir la buena noticia cambia todo tu argumento: tu compañero no es tan malo, de hecho, los dos formáis un buen equipo. Observa que en los tres escenarios posibles tu compañero se ha comportado exactamente igual, de hecho, ni siquiera estaba ahí contigo. Eres tú y nadie más que tú el que da origen a tus propias emociones.

Ejercicio: conciencia emocional

Tómate unos minutos y anota las emociones que hayas experimentado hoy o ayer, dependiendo de la hora que sea ahora mismo. Empieza por el momento en que te despiertas. Si te consideras un analfabeto emocional, te recordaremos que hay seis emociones primarias: la felicidad, la ira, el miedo, la tristeza, la repugnancia y la sorpresa. También hay un número de emociones secundarias que se consideran emociones sociales: la vergüenza, la envidia, la culpa, el pudor y el orgullo. Por favor, no sientas que las emociones que hemos mencionado son una limitación.

¿Cómo has hecho este ejercicio? ¿Te ha resultado fácil recordar tus emociones? ¿Has tenido más emociones negativas o más emociones positivas? Si no te hubiésemos dado la lista de emociones primarias y secundarias, ¿habrías nombrado las mismas emociones? ¿Recordar el estado físico en el que te encontrabas te ha servido para inspirarte la emoción que sentiste? Más concretamente: ¿recuerdas si ha aumentado tu ritmo cardiaco, si te sudaban las manos o si has sentido que cambiaba la expresión de tu rostro? Probablemente no. De hecho, no has sido consciente en absoluto de estos cambios físicos. La manera más habitual de recordar las emociones suele ser a través de los eventos en los que ocurrieron. Tu pareja te felicita por tu aspecto. Sin duda, eso te ha hecho sentir feliz. Tu jefe no ha tenido tiempo de responder a tu correo electrónico. Eso es lo que te ha molestado o disgustado. O puede ser que hayas recordado tus emociones a través de tu propia interpretación de un evento. Puedes haberte enfadado porque tu compañero ha intentado quitarte protagonismo durante una reunión a tu cargo, basándote en el hecho de que te ha interrumpido varias veces durante una reunión. Un ejemplo típico de esto es la sensación de que alguien te hace sentir mal. ¿Realmente es el otro el que te provoca esa sensación o eres tú?

El ejercicio puede darte una idea de lo fácil que es reconocer tus propias emociones o, quizá, de lo difícil que es describir las emociones que has sentido. Tu capacidad de reconocer y describir tus propios estados emocionales y los de los demás es lo que llamamos conciencia emocional. La conciencia emocional es el componente principal de la inteligencia emocional, que se refiere a la capacidad de monitorizar tus propios sentimientos y emociones, y los de los demás, diferenciarlos y usar esta información para guiar tu proceso de pensamiento y tus acciones. Esta capacidad es muy parecida al mindfulness.

Las emociones tienen al mismo tiempo un componente biológico y un componente psicológico. Cuando nos damos cuenta de que hay un peligro potencial, los cambios físicos que se producen en nuestro cuerpo (el aumento de las pulsaciones del corazón y la respiración, la sudoración, la tensión de los músculos) son fundamentales para la interpretación posterior y la clasificación de esa activación como un estado emocional. Imagínate que vuelves caminando a casa por la noche. Crees que eres la única persona que hay en la calle, hasta que oyes unos pasos detrás de ti que se van acercando. En menos de un segundo aumenta tu ritmo cardiaco y tu ritmo respiratorio, tus pupilas se dilatan, tus riñones liberan adrenalina y en consecuencia sientes un gran temor. Esta emoción del miedo puede hacer que te imagines un panorama horrible de lo que podría suceder, promoviendo aún más los cambios físicos y aumentando, en consecuencia, el sentimiento de miedo. Entonces sientes una mano sobre tu hombro, te giras aterrorizado y te das cuenta de que es tu compañero que vuelve a casa. Probablemente, os echéis a reír. La reacción cuando ves a tu compañero hace que los cambios físicos vuelvan a la normalidad.

Recientemente se ha demostrado en un estudio que el poder que tiene tu propia interpretación de los cambios físicos que preceden a las emociones está relacionado con el estrés. Se ha investigado de manera exhaustiva el hecho de que el estrés tolerable aumenta el riesgo de sufrir muchas enfermedades y que estas pueden ser desde un resfriado común hasta una enfermedad cardiovascular.

En un estudio publicado en el año 2012, le preguntaron a cerca de ciento ochenta y seis millones de adultos estadounidenses el nivel de estrés que padecían y hasta qué punto consideraban que este estrés tuviera un efecto negativo sobre su salud. Ocho años más tarde, el análisis de los registros sanitarios demostró que, en los adultos que habían experimentado un alto nivel de estrés, las posibilidades de una muerte prematura habían aumentado un 43%, pero *solo* si creían que el estrés tenía un efecto perjudicial en la salud. Esto hace que una de las primeras causas de muerte en Estados Unidos, que provoca más de veinte mil muertes anuales, sea la creencia de que el estrés es perjudicial para la salud.

La historia que te cuentas a ti mismo sobre el estrés tiene una gran repercusión en la respuesta de tu cuerpo al estrés, como ha demostrado una investigación reciente que se ha llevado a cabo en la Universidad de Harvard. Les pidieron a los participantes que colaboraran en dos tareas. Les prepararon para hacer una presentación de sus propias debilidades ante una junta de evaluación a la que habían instruido para que les desanimaran con reacciones no verbales, seguido de la participación en un complicado ejercicio matemático que consistía en hacer una cuenta atrás restando de siete en siete, partiendo del número 996, en presencia de un juez al que habían instruido para que les insultara mientras hacían el ejercicio. No es difícil darse cuenta de que esto te puede provocar estrés. Sin embargo, a un grupo le dijeron que cualquier cambio que observaran en su cuerpo relacionado con el estrés no debía ser considerado un problema, sino al contrario, porque su cuerpo se estaba ajustando al ejercicio. Si aumentaba el ritmo cardiaco, eso era una señal de que su cuerpo se estaba preparando para la acción. Si aumentaba su ritmo respiratorio, no pasaba nada, puesto que el cuerpo bombea más oxígeno al cerebro. En pocas palabras, estas personas habían aprendido a ver el estrés como una respuesta que potencia su rendimiento. Este grupo de personas estaban menos estresadas y tenían menos miedo y más confianza en sí mismas que el grupo que no había recibido esta información. Es curioso que los vasos sanguíneos de estas personas no se estrecharan, que es lo que suele ocurrir cuando hay estrés, y cuando estás constantemente sometido al estrés te puede causar una enfermedad cardiovascular. De hecho, los cambios psicológicos de estas personas eran muy parecidos a los que se tienen en un momento de felicidad o de valentía. Mientras los vasos sanguíneos de estas personas estaban relajados, los de las personas del otro grupo mostraban el típico estrechamiento. Cuando estás estresado, tu cuerpo te ayuda a enfrentarte al desafío.

Las emociones son importantes para tu supervivencia. El miedo, por ejemplo, sirve para desencadenar la huida de los depredadores, y necesitas tener agresividad para luchar contra tu enemigo. Las emociones también desempeñan una función fundamental a la hora de tomar decisiones rápidas y de entendernos a nosotros mismos. Si, por ejemplo, experimentamos una emoción negativa cuando recibimos una crítica negativa en el trabajo, esto indica que el trabajo es importante para nosotros. Si nos enfadamos cuando nuestra pareja llega tarde a casa, esto puede ser una señal de que queremos pasar más tiempo con él o con ella. Si estamos nerviosos la primera vez que vemos a nuestros suegros, esto indica que para nosotros es muy importante que todo vaya bien, porque queremos a nuestra pareja. Las emociones son una guía en nuestra vida. Son una gran fuente de información y de opiniones que nos ayudan a dirigir nuestro comportamiento y nuestras relaciones sociales. Es lo que solemos llamar intuición.

Ahora intenta recordar rápidamente tres eventos de tu vida personal o profesional del último año. Pueden ser acontecimientos importantes o pequeños sucesos de tu vida. La mayor parte de vosotros habrá recordado tres acontecimientos asociados a un nivel elevado de excitación emocional. Esto ocurre porque las emociones estimulan la memoria, nos ayudan a codificar y a consolidar cualquier información. Las emociones aportan una enorme riqueza a nuestras experiencias vitales.

Ejercicio: emociones en las relaciones

Piensa en algún evento de tu vida profesional o personal donde hayas sentido malestar o enfado, o bien haya provocado en ti cargo de conciencia. ¿Te acuerdas de los detalles? ¿Quién estaba implicado en ello? ¿Cuál era el motivo? Ahora intenta recordar cómo le comunicaste tus emociones a la otra persona.

Cuando te confrontan con una situación en la que te has enfadado, por ejemplo, porque tu colega te está volviendo a interrumpir, es posible que digas: «Siempre haces que me enfade». Si recibes un comentario negativo de tu pareja cuando llegas tarde a casa, es posible que digas: «Ay, siempre me haces sentir mal». Cuando expresas tus emociones de ese modo, no solo le estás atribuyendo esas emociones a la otra persona, sino que a menudo provocas que la conversación llegue a un punto muerto. Saber que eres responsable de tus propias emociones también influye en tu forma de comunicar lo que sientes; decir, por ejemplo, «Me ha molestado mucho que me interrumpieras en la última reunión», te permite tener una conversación.

No vemos las cosas como son. Vemos las cosas como somos nosotros.

Trabajar con tus nervios: las emociones en el cerebro

¿Cómo se inician las emociones en el cerebro y cómo se procesan? Las estructuras cerebrales del sistema límbico asociadas a las emociones desempeñan una función muy importante. El sistema límbico es un conjunto de estructuras que están justo debajo del córtex, que es la capa más externa de la estructura cerebral. El sistema límbico es básicamente el responsable de nuestra vida emocional y de la formación de nuevos recuerdos. Aunque consta de varias estructuras, vamos a describir las que son más importantes en el contexto de las emociones. La primera estructura es el tálamo, que es nuestro repetidor sensorial. Todos los sentidos, como la vista, el oído, el sabor y el tacto, mandan la información al tálamo a través de los sentidos. Si el tálamo considera que esta información es relevante, la distribuye a diferentes partes del cerebro. Los sentidos tienen una función muy importante en nuestra vida emocional: taparte con una manta suave te puede hacer recordar tu infancia y te puede proporcionar una sensación de calidez. Oír una canción determinada puede inducirte a sentir felicidad. Ver a un determinado compañero puede ponerte de mal humor. Leer el asunto de un correo electrónico puede hacer que te sientas molesto de inmediato. El sentido del olfato es una excepción dentro de esta organización, ya que puede evitar el paso por el tálamo y acceder directamente a otras zonas del cerebro. Por eso los olores son muy rápidos y potentes a la hora de activar los recuerdos y las emociones asociados a ellas, como el olor de la casa de tus abuelos o el perfume de una persona amada. El hipotálamo es otra parte del sistema límbico que está localizado justo debajo del tálamo. Aunque esta parte sea menos del 1% de nuestro cerebro, tiene un papel fundamental a la hora de regular un gran número de funciones corporales. dentro del contexto de las emociones, regula el sistema nervioso autónomo o vegetativo.

El sistema nervioso autónomo –como su nombre indica– es el responsable de iniciar las reacciones autónomas de nuestro organismo a través del control del sistema endocrino. El hipotálamo regula el denominado cuarteto (el comportamiento de lucha, huida, alimentación y reproducción) cuando libera hormonas al torrente sanguíneo.

Una tercera estructura del sistema límbico es el hipocampo, que tiene un función decisiva en la formación de nuevos recuerdos. Ayuda a convertir las cosas que están almacenadas en la memoria a corto plazo en memoria a largo plazo. Las personas que han sufrido daños en la estructura cerebral tienen dificultad a la hora de generar nuevos recuerdos, sin embargo, los recuerdos a largo plazo que tenían antes del accidente siguen intactos.

La última parte del sistema límbico que vamos a describir aquí son las amígdalas, que tienen una función muy importante en las emociones. Cada uno de nuestros dos hemisferios, el derecho y el izquierdo, contiene una amígdala. Esta nos señala las cosas que son emocionalmente relevantes para nosotros. Están implicadas sobre todo en las emociones negativas como la ira, la violencia, el miedo y la ansiedad. Cuando las amígdalas están dañadas bilateralmente, es decir, a ambos lados del cerebro, las personas dan muestras de hiperoralidad (meterse cosas en la boca), hipersexualidad y comportamiento desinhibido, como asumir riesgos cada vez más grandes. El alcohol también reduce la función de la amígdala, produciendo, a menudo, efectos en la conducta similares.

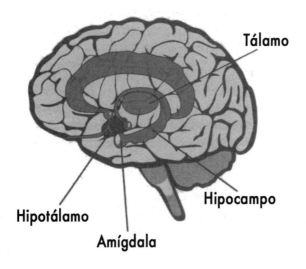

Figura 2: Estructuras básicas del sistema límbico. Fuente: One Step Ahead. Notebaert Consulting.

Todas las partes del sistema límbico están operativamente muy interconectadas. Cuando haces un presentación ante la junta ejecutiva, es probable que te provoque una reacción de estrés en el cuerpo (hipotálamo), originando un gran estímulo emocional y un sentimiento de ansiedad o nerviosismo en tu cuerpo (amígdala). Estas activaciones pueden hacer que se te seque la boca o que te pongas a temblar o a sudar un poco. El estímulo emocional desencadena la formación de una memoria, por lo que puedes tener recuerdos de detalles muy específicos de la situación, como las palabras exactas de uno de los miembros de la junta o el color de su corbata.

Amígdala: el mal necesario

Intenta recordar una pelea reciente o una conversación violenta que hayas tenido. ¿Cómo reaccionaste? ¿Te pusiste a la defensiva o incluso un poco agresivo? ¿Seguías escuchando a la otra persona? ¿Intentaste buscar una solución que agradase a todas las partes implicadas o era más importante ganar? ¿Has desviado tu atención hacia otra cosa o simplemente has salido corriendo?

En muchos casos, tenemos una reacción desproporcionada ante una situación estresante. Una situación estresante puede ser un correo electrónico de nuestro jefe, recibir una factura, una persona que nos adelanta en un atasco de tráfico cuando estamos llegando tarde, el simple hecho de ver a un compañero con el que no nos llevamos bien o acordarnos de una conversación desagradable que tuvimos el día anterior («¡No debería haber dicho eso!»).

Estas situaciones estresantes pueden hacer que la amígdala desencadene una reacción emocional exagerada, provocando una respuesta de lucha o de huida. Este tipo de respuesta es fundamental para nuestra supervivencia cuando hay una verdadera amenaza como, por ejemplo, cuando alguien está a punto de atacarnos. Sin embargo, si no hay una amenaza real, se convierte en el origen de una reacción innecesaria y contraproducente.

Imagínate que has preparado una reunión en la que pretendes presentar una idea tuya. Durante la reunión, tu compañero se da cuenta de la genialidad de tu idea y toma las riendas de la exposición. Esta situación podría hacer que la amígdala desencadenase una reacción de lucha o huida al activar el tálamo y el sistema nervioso simpático: se libera adrenalina y cortisol en la corriente sanguínea, aumenta tu ritmo cardiaco y respiratorio para que tu cuerpo se oxigene más y tu hígado produce más glucosa para tener más energía para huir o pelear con tu compañero. Llegado a este punto, las amígdalas no solo han desencadenado un comportamiento posiblemente destructivo, sino que este estado también desactiva partes del córtex, impidiéndote encontrar una solución creativa que te permita afrontar esta situación. Estás literalmente perdido en un estado emocional.

El 19 de agosto de 2014, el Departamento Policial de San Luis recibió una llamada del dueño de una tienda que denunciaba a un joven por haberle robado unos donuts y unas bebidas. Dos agentes respondieron a la llamada y se dirigieron a la tienda en un vehículo de policía. Al llegar, el joven estaba en la puerta de la tienda. Cuando hay dudas de que el sospechoso pueda ser potencialmente peligroso, los agentes suelen ordenarle que se tumbe en el suelo –apuntándole con sus armas– para esposarle y llevarle a la comisaría de policía. Ese día ocurrió algo inusual: cuando los dos policías salieron del coche y sacaron la pistola, el joven se acercó a ellos gritando: «¡Disparadme! ¡Disparadme ahora mismo!». En menos de quince segundos los policías empezaron a disparar, sin que el joven de veinticinco años, Kajieme Powell, tuviera ninguna posibilidad de sobrevivir.

Los policías se preparan para tratar con situaciones potencialmente peligrosas y estresantes, les enseñan a mantener la calma y a seguir todos los procedimientos. Sin embargo, cuando la amígdala recibe una sobrecarga de estímulo, como en este caso en que el sospechoso se acercó confiadamente a los policías pese a que estos le estaban apuntando con sus armas, la mayor parte del córtex se anula. Esto hace que sea imposible razonar ni seguir un procedimiento. El único mensaje que manda el cerebro es ACTÚA AHORA y defiéndete.

Esta misma historia se puede aplicar a otras profesiones en las que puede ocurrir que haya que actuar bajo una gran presión. Los pilotos, por ejemplo, reciben una extensa formación para que sigan un procedimiento específico en caso de emergencia. El análisis de un gran número de emergencias demuestra que las personas no cumplen con este procedimiento debido a que la amígdala manda un impulso que dice ACTÚA AHORA y defiéndete. Por este motivo, antes de actuar en una emergencia, a los pilotos les piden que se sienten sobre sus manos, porque, de esa manera, evitan un acto defensivo inmediato.

Aunque estos ejemplos sean un poco extremos, la sobreactivación de la amígdala es el origen de muchos de los problemas que ocurren en la vida profesional y personal de las personas: la mala comunicación, el liderazgo deficiente, las malas decisiones en una situación de mucha presión o incertidumbre, una atmósfera negativa en el trabajo, el bajo rendimiento personal o del grupo, la disminución de la creatividad, desperdiciar oportunidades, la disminución del bienestar físico o mental, y el aumento de absentismo laboral. Hay muchos talleres y cursos dedicados a este tipo de problemas, pero la mayor parte de ellos solo se ocupan de los síntomas: si te ves envuelto en una conversación violenta, aplica el modelo ABC para reconducirla en la dirección correcta, y aplica XYZ para dejar de estar estresado. Visto de un modo racional, este modelo puede ser muy útil, pero cuando nuestro cerebro está poseído por la amígdala, que nos pone en un estado de elevada reacción emocional y bloquea el córtex, que es imprescindible para aplicar este modelo, podríamos encontrarnos con que no estamos mejorando la conversación ni los niveles de estrés en lo más mínimo. Tal como diremos más adelante, el mindfulness modifica el funcionamiento e incluso la estructura de la amígdala y, por tanto, va a la raíz de muchos de los problemas individuales o interpersonales. El mindfulness reduce la intensidad de las reacciones emocionales cuando nos enfrentamos a situaciones estresantes.

¿Qué ocurre con las emociones positivas?

¿Por qué tenemos emociones positivas? ¿Cómo nos ha empujado a sobrevivir la experiencia de emociones positivas? El sistema de recompensa tiene una función fundamental en nuestra supervivencia. La parte de nuestro cerebro responsable de proporcionarnos la sensación de recompensa es el núcleo accumbens, una parte del ventral estriado. El núcleo accumbens tiene una función destacada en el placer, incluyendo la risa, la recompensa y el aprendizaje a través de la recompensa. Esta parte del cerebro segrega dopamina, que hace que nos sintamos bien, y se activa cuando comemos y cuando tenemos relaciones sexuales, teniendo ambas cosas una importancia capital para la supervivencia de la humanidad. Son reacciones innatas desde el núcleo accumbens que han desempeñado una función importante en nuestra supervivencia. Sin embargo, en el transcurso de la vida, el núcleo accumbens también ha aprendido a activarse con otros estímulos, como, por ejemplo, el dinero. Cuando le damos dinero a un niño, el núcleo accumbens no se activará mientras el niño no aprenda el sentido de recompensa inherente al dinero. Y, a la inversa, si un adulto recibe dinero, esto provocará una activación del núcleo accumbens, que hace que esa persona sienta una sensación de recompensa. De manera parecida, el núcleo accumbens también se activa bebiendo alcohol, comiendo o simplemente viendo chocolate, mirando el móvil o viendo nuestros correos electrónicos. Cuantas más veces se asocien estas actividades a la activación de esta parte del cerebro, más difícil será deshacerse de ellas o «controlarlas» debido al placer que proporcionan. Además, cualquier indicio relacionado con estas actividades empezará a pre-activar el sistema de recompensas, dificultando que nos abstengamos de realizar esas actividades. Cuando volvemos a casa del trabajo, es probable que notemos que nos sentimos bien y relajados al tomar una copa de vino, porque activa nuestro sistema de recompensa. Si repetimos varias veces este comportamiento, se puede convertir en un hábito: llegas a casa del trabajo, te quitas el abrigo y los zapatos, entras en la cocina y abres una botella de vino. La necesidad de relajarte y tomar una copa de vino después de una jornada laboral cada vez se vuelve más difícil de resistir. ¿Qué está pasando? Las primeras veces que tomaste una copa de vino después de trabajar lo asociabas a la sensación de que por fin podías relajarte escuchando una música de fondo agradable o viendo una buena serie de televisión. Cuando te expones a estas asociaciones de felicidad varias veces, tu sistema de recompensa «aprende» que volver a casa del trabajo, descansar en el sillón y ver una serie de televisión van acompañados de un buen regalo: una copa de vino. Por tanto, al cabo de un tiempo, tu sistema de recompensa se activa simplemente con el pensamiento o la presencia de todo este contexto, es decir, llegar a casa, quitarte el abrigo y los zapatos... El contexto es la señal de que vas a recibir una recompensa. La pre-activación de tu sistema de recompensa hace que desees aún más tu copa de vino, y por eso te resulta más difícil resistirte. Como podrás suponer, esta parte del cerebro desempeña un papel importante en las adicciones. Aparte de este mecanismo más evidente de supervivencia, las investigaciones recientes han demostrado que tener más emociones positivas generales nos permite acumular recursos. Experimentar emociones positivas nos convierte en una versión de nosotros mismos más resistente y con más recursos, que nos ayuda a afrontar las amenazas y los desafíos futuros.

La revolución digital: ¿está afectando a nuestra mente hasta el punto de desintegrarla?

¿Qué es lo primero que haces al despertarte? ¿Qué es lo primero que haces cuando estás parado en un semáforo? ¿Qué es lo primero que haces cuando estás en un atasco? ¿Qué haces cuando estás haciendo cola para pagar en el supermercado? ¿Qué haces justo antes de irte a dormir? ¿Qué haces cuando te aburres?

En esta época en que la gente siempre está conectada, si una persona no saca su teléfono en estas ocasiones se convierte en una excepción, en lugar de ser la regla. Nuestro cerebro no estaba preparado para esta revolución digital, y esto ha llevado a muchas personas a tener la necesidad o el impulso constante de tener que mirar su correo electrónico o los mensajes de su móvil o su ordenador portátil. Esta necesidad y estos impulsos constantes –y, a menudo, inconscientes– tienen serias consecuencias negativas que afectan a la productividad en el trabajo, a la concentración, a la capacidad de autocontrol, a la creatividad, a las interacciones sociales, a la comunicación, etc. ¿Qué ocurre cuando suena el teléfono durante una reunión? Lo más habitual es que el sistema de recompensa de todo el mundo que asiste a la reunión se active inmediatamente haciendo que la gente mire su móvil o piense «debería mirar mi móvil». La activación del sistema de recompensa puede ser tan fuerte que te cueste trabajo estar atento durante la reunión, y hace que tu mente se desvíe hacia tu teléfono móvil porque a lo mejor estás esperando un correo electrónico de alguien o te pones a pensar en el contenido específico de un correo electrónico que acabas de recibir. La necesidad de revisar tu móvil se ha vuelto tan fuerte, que incluso los efectos secundarios se parecen a los de una adicción. ¿Qué ocurre si no tienes tu móvil al alcance de la mano o si te lo has dejado en casa? Nos ponemos nerviosos o inquietos. Ni siquiera puedes imaginarte unas vacaciones sin tu teléfono móvil. Sin embargo, cada vez hay más demanda de fines de semana sin móviles ni ordenadores, como si necesitásemos una excusa exterior para poder desconectarnos de nuestros aparatos un periodo de tiempo más largo.

Además de generar una nueva adicción, si duermes con el teléfono móvil en la habitación, su uso puede afectar la calidad del sueño. Un estudio reciente demuestra que la señal wifi afecta especialmente a las partes de nuestro sueño que son importantes para el descanso. A pesar de ello, nos sentimos más seguros si tenemos un acceso ininterrumpido al móvil, tanto de día como de noche.

Ejercicio: impulsos

¿Sabes cuáles son tus impulsos? ¿Tienes pensamientos impulsivos? Cuando se lo preguntamos a la gente, a menudo comprobamos que tienen dificultades a la hora de reconocer sus propios comportamientos o pensamientos impulsivos. Para guiarte a través de este ejercicio, hemos hecho una lista de impulsos o pensamientos recurrentes que pueden conducir a los comportamientos que enumeramos a continuación. ¿Te reconoces en alguno de estos comportamientos?

- Pensar en tus propias experiencias cuando alguien te está contando su historia.
- Interrumpir a alguien cuando te identificas con su historia o cuando crees que esa persona no te ha entendido bien.
- Mirar tu móvil cuando ves que lo hace otra persona o mientras esperas a alguien.
- Ponerte a hablar cuando hay un silencio.
- Empezar tus frases con «Sí, pero...», en una conversación.

- Rascarte la nariz, morderte la uñas, encender la radio o maldecir cuando estás en un atasco de tráfico.
- Mirar el reloj.
- Pensar: «Qué persona tan insoportable» o «Vamos a ver de qué se queja ahora», justo antes de acudir a una reunión en la que participa una compañera que no te cae bien.
- Beber alcohol después de un día agotador de trabajo.
- Abrir el periódico o Facebook en cuanto enciendes el ordenador.
- Generalizar cuando experimentas una emoción negativa: «Tú siempre haces lo mismo», «Siempre me tiene que ocurrir a mí», «Ella siempre es muy maleducada», y, sin embargo, atribuir tu mala conducta al contexto: «En esa situación no había otra salida», «He sido un poco maleducado, pero estaba justificado».
- Suspirar o quejarte cuando hace mal tiempo.
- Preguntar por qué.
- Estar centrado en ti y no escuchar lo que se dice en una reunión, justo antes de que vayas a decir algo.
- Comer algo dulce después de la comida o tomar café.
- Pensar: «No puedo hacerlo» frente de una tarea complicada.
- Encender un cigarrillo mientras hablas por teléfono.

Todos estos comportamientos vienen precedidos de un impulso. Quizá descubras que tienes más comportamientos o pensamientos impulsivos de los que creías. Ten en cuenta que todos los comportamientos y pensamientos que hemos enumerado son acciones que son una consecuencia de un cierto impulso. No puedes evitar estos impulsos, pero sí puedes evitar la acción consecuente de ese impulso. No puedo evitar el impulso de interrumpir, pero puedo decidir no interrumpir. No puedo evitar el impulso de quejarme si hace mal tiempo, pero puedo decidir que me abstengo de quejarme. No puedo evitar el impulso de comer algo dulce después de la comida, pero puedo decidir no pedir postre. Aunque mucha gente intente reprimirse los impulsos que no le gustan, las investigaciones nos demuestran que si te reprimes los pensamientos, los impulsos o las emociones, lo único que haces es acentuarlos. En los próximos días intentaremos observar cuáles son tus impulsos. Retomaremos este punto más adelante en el libro.

En resumen

Muchas de nuestras decisiones y comportamientos están motivados por dos procesos. El primero (el proceso ascendente) incluye emociones, impulsos y pensamientos, y se produce automáticamente, no podemos evitar la activación de este proceso. El segundo (el proceso descendente) es necesario para acomodar las emociones, impulsos y pensamientos ascendentes al comportamiento que deseamos.

Aparte de la función de supervivencia, las emociones son una guía importante en nuestra vida, que nos muestran lo que de verdad nos importa y lo que no. Recordamos con más facilidad las situaciones que son emocionalmente relevantes para nosotros.

Nosotros mismos creamos nuestras emociones. Desde que ocurre un suceso hasta que sentimos una emoción, nosotros mismos nos contamos una historia que le da forma a nuestras emociones. Nos contamos estas historias de manera inconsciente y, en muchos casos, son el resultado de otras experiencias previas. Si estás angustiado por algo externo o interno, el sufrimiento no se debe a esa cosa en sí, sino a tu valoración de la misma. Y tienes el poder de apartarla en cualquier momento (Marco Aurelio).

El sistema límbico de nuestro cerebro tiene una función importante en nuestra vida emocional. Las estructuras cerebrales más relevantes del sistema límbico son el tálamo (nuestro repetidor sensorial), el hipotálamo (que regula las funciones físicas), el hipocampo (que se emplea en la creación de la memoria a corto plazo) y las amígdalas (que le dan un valor emocional a los estímulos que hay a nuestro alrededor, especialmente un valor negativo).

Las amígdalas son importantes para nuestra supervivencia porque desencadenan una reacción de defensa, huida o bloqueo cada vez que hay una amenaza real. Hay que destacar que a menudo se activan desmesuradamente en respuesta a factores estresantes diarios, como un correo electrónico de tu jefe o si tienes que colaborar con alguien que no te cae muy bien. Esta sobreactivación es el origen de muchos problemas, como la falta de comunicación, un mal liderazgo, tomar decisiones fatales en situaciones críticas, un bajo rendimiento individual y de equipo... Las amígdalas nos hacen actuar ahora, a menudo a través de un comportamiento agresivo o evadiendo el problema.

La activación del ventral estriado del cerebro, que es un mecanismo de recompensa, provoca las emociones positivas. Además de tener una función en la supervivencia, esta parte del cerebro también origina un sentimiento de recompensa y desempeña una función importante en el aprendizaje por medio de la recompensa. El estriado está asimismo muy implicado en la creación de las adicciones, como la adicción al teléfono móvil o al ordenador.

2. Recompensa o castigo: ¿quién soy?

Son las ocho y media de la mañana. Como todos los días, Daniel llega puntual a la oficina y lleva un traje clásico y cómodo. Saluda a Sabine en la recepción y avanza hacia su despacho. Daniel ha vendido un proyecto y hoy tiene que presentar a su cliente la planificación final. Se enfoca en los riesgos y en las pérdidas potenciales. Comprueba que puedan ajustarse al presupuesto y al plazo requerido, y duda si tendrá la capacidad de estar a la altura de las necesidades de su cliente. Estudia la posibilidad de contratar a más gente nueva para el proyecto, pero está indeciso porque no se siente cómodo trabajando con gente que no conoce demasiado bien. Conoce perfectamente a su equipo y le gusta saber lo que puede esperar de ellos. Daniel se plantea la posibilidad de llamar a su jefe para repasar los posibles riesgos del proyecto, pero decide no hacerlo porque su jefe podría pensar que no es lo bastante competente como para dirigir este proyecto. Después de analizar el proyecto dos veces, termina de redactar la propuesta sintiéndose un poco inseguro de ser capaz de terminar el trabajo a tiempo, con el presupuesto y el personal que ha propuesto en el proyecto. No quiere defraudar a su cliente. Más tarde tendrá que presentarle el proyecto. Daniel odia las presentaciones, no le gusta ser el centro de atención y mucho menos tener que asistir más tarde a una cena con su cliente. Por algún motivo, le cuesta encontrar temas de conversación. Decide no tomar más de una copa de vino, ya que tiene que conducir. Le parece que la cena dura una eternidad. Al llegar a casa, todavía tiene tiempo de hacer una reserva para sus vacaciones. Ha pasado mucho tiempo leyendo reseñas de un nuevo destino al que le gustaría ir. Después de hablar con varios amigos que ya han estado allí, decide intentarlo. Cuando se sienta delante del ordenador, todavía no está seguro, y decide posponerlo hasta el día siguiente. Se va a la cama agotado. Como no puede evitar pensar en los posibles problemas que acompañan al proyecto, tarda una eternidad en dormirse.

Son las ocho y media de la mañana. Tom llega a la oficina vestido con un traje moderno y una corbata roja nueva. Está de muy buen humor, antes de entrar en su despacho, se para a hablar con la atractiva Sabine que está en la recepción. En algún momento quizá le proponga salir a tomar una copa. Tom ha vendido un proyecto y hoy tiene que presentar la propuesta final a su cliente. Se enfoca en las grandes oportunidades que supone este proyecto. El hecho de que hayan seleccionado su proyecto ha aumentado enormemente las posibilidades de un próximo ascenso, y le permite ampliar la colaboración con su cliente. Dado que el proyecto requiere ciertas competencias que quizá no pueda cubrir su equipo, Tom decide contratar a una nueva persona. El presupuesto y el plazo pueden ser una tarea difícil, pero decide que se ocupará de eso cuando llegue el momento. Antes de la presentación, llama a su jefe para recordarle que le han contratado para un gran proyecto. Tom está deseando hacer su presentación, le encanta ser el centro de atención y vender lo que haya que vender. En la cena, descubre que su cliente juega al tenis en el mismo club que sus hermanos y que les gustan los mismos vinos. Después de varias copas de vino y de haber pasado una agradable velada, Tom vuelve contento a casa sintiendo que ha sido un gran día. Le apetece regalarse unas vacaciones. Disfrutando de esta emoción positiva, reserva impulsivamente un viaje a Florida. Antes de acostarse, le manda un mensaje a Sabine preguntándole si está libre el viernes por la tarde para tomar una copa. Está deseando salir y pasárselo bien con ella.

¿Con qué persona te identificas más? ¿Con Daniel o con Tom?

BIS y BAS

Estos ejemplos muestran que la personalidad tiene un gran efecto en la manera que tiene cada persona de percibir la situación, en cómo se siente, cómo habla y cómo reacciona. Una de las teorías de la personalidad más importantes es la teoría biopsicológica de la personalidad propuesta por Alan Gray en 1970. Según esta teoría, hay tres sistemas motivacionales principales que modulan nuestra conducta: el sistema de lucha, huida y parálisis (FFFS, por sus siglas en inglés), el sistema de inhibición de la conducta (BIS, por sus siglas en inglés) y el sistema de activación de la conducta (BAS, por sus siglas en inglés). El BAS predice la sensibilidad hacia la recompensa de cada individuo y controla la conducta de acercamiento. Está estrechamente relacionado con la disposición individual de perseguir metas y alcanzarlas. Las personas que tienen un BAS muy sensible muestran niveles superiores de alegría, felicidad y esperanza, en respuesta a las señales medioambientales que tienen que ver con la recompensa. Como hemos explicado al principio de este libro, el FFFS es un mecanismo de supervivencia importante. Cuando en el exterior hay un peligro real, por ejemplo, si se acerca un tigre, este sistema hace que temamos por nuestra vida y nos prepara para pelear, huir o quedarnos paralizados. Aunque este sistema es vital en el caso de una amenaza real, también podría o le gustaría desencadenar una reacción de lucha, huida o parálisis en las situaciones que nos producen desasosiego y que *percibimos* como una amenaza real. Dar tu opinión en una reunión importante no es una auténtica amenaza, nuestra vida no corre peligro, pero nos puede producir un grado de desasosiego que desencadene el FFFS y nos haga comportarnos de un modo tenso que nos impida incluso hablar. El grado de nerviosismo que desencadena el FFFS (evitar, no dar tu opinión) o, por el contrario, el BAS (acercamiento, dar tu opinión) dependerá de la sensibilidad del BIS o de nuestra sensibilidad al castigo. La sensibilidad del BIS decide si se activará el FFFS o el BAS. Se podría decir que el FFFS está ligado al miedo (tememos por nuestra vida cuando se acerca el tigre) y el BIS al desasosiego (nos pone nerviosos hablar en público). La sensibilidad del BIS se puede considerar el umbral a partir del cual el FFFS desencadena una reacción de estrés que, en ciertas situaciones, te obliga a pelear, huir o a quedarte paralizado. Si la sensibilidad de tu BIS es elevada, significa que tu límite es muy bajo y que tu FFFS se activa más fácilmente, llevándote a una conducta de evitación, en lugar de a una conducta de aproximación si se activara el BAS. El nivel de activación del BIS de cada persona indica la sensibilidad individual al castigo o su respuesta a las señales medioambientales que están relacionadas con el castigo o con eventos negativos más generales. Si alguien tiene una sensibilidad más elevada a estas señales, para impedir tener experiencias negativas como el miedo, la ansiedad, el enfado o la tristeza, evitará de forma espontánea esos ambientes. Las personas que tienen un BIS altamente sensible son más receptivas a las señales negativas y, para ellas, los eventos medioambientales tienen una valoración más negativa.

La sensibilidad del BIS y el BAS es lo que se considera parte de nuestra personalidad. Se podría ver nuestra personalidad como el conjunto de características dinámicas y organizadas que influyen de forma singular en diferentes situaciones de nuestro entorno, en nuestros pensamientos, emociones, motivaciones y conductas.

Vamos a resumir la interacción entre FFFS, BAS y BIS a través de varios ejemplos. En los casos extremos, el papel del BIS no es tan importante: si se te acerca un tigre, lo que se activa es tu FFFS. Sales corriendo, es innegable. Si finalmente tienes la oportunidad de conseguir el trabajo de tus sueños, tu BAS iniciará una conducta de aproximación. Es indudable. En cambio, cuando la situación te permite escoger entre la aproximación o la evitación, la sensibilidad de tu BIS tendrá un papel importante y será lo que decida si vas a evitarlo o vas a aproximarte. En la historia que hemos contado antes, Daniel/Tom tiene que hablar con la junta directiva. A Daniel le gustaría poder evitar esta situación, mientras que Tom está deseando hacer su presentación. En general, debido a la presión social, mucha gente considera que una presentación en público es una situación incómoda. Como tal, podemos querer evitar esta situación o sentirnos sometidos a una fuerte presión (iniciada por el FFFS) o podemos afrontar esta situación (iniciada por el BAS). Tanto si la evitamos (gana el FFFS) como si la afrontamos (gana el BAS), el resultado depende de la sensibilidad de nuestro BIS. Si tenemos un BIS altamente sensible, permitirá que el FFFS inicie una conducta de evitación fácilmente. Por otro lado, si nuestro BIS no es tan sensible, el BAS iniciará una conducta de acercamiento.

En los ejemplos que acabamos de describir, parece que Daniel goza de un BIS muy sensible combinado con un BAS poco sensible. Por otro lado, Tom parece gozar de un BAS muy sensible combinado con un BIS menos sensible.

El BIS altamente sensible de Daniel actúa, aparentemente, como un filtro para percibir la situación: ve los *riesgos* del proyecto con más facilidad y los califica como *problemáticos*. Daniel no se siente

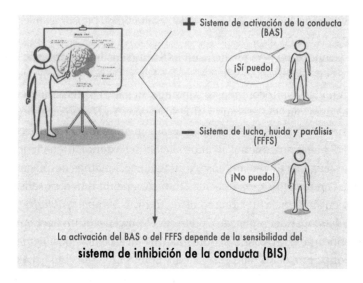

Figura 3: Interacción entre el BAS, el FFFS y el BIS. La activación del BAS o del FFFS depende de la sensibilidad del BIS. Fuente: One Steap Ahead. Notebeart Consulting (dibujo de Lars Richter).

cómodo teniendo que llamar a su jefe y *está nervioso* porque piensa que podría considerarlo un incompetente. Al activarse fuertemente su BIS, desencadena el FFFS, que le inhibe y le contiene para que no haga la llamada. A Daniel no le gusta hacer presentaciones, ya que su BIS, altamente sensible, desencadena una reacción de estrés debido a que los demás le pueden juzgar, lo que le coarta a la hora de hacer la presentación y le hace sentirse incómodo y *preocupado*. Daniel evita a las personas y las situaciones porque ve la *amenaza* más fácilmente. Para él, todas las personas y las situaciones *desconocidas* son un riesgo. La potente activación de su BIS le hace sentirse incómodo y por eso siempre se decide por alguien o algo que ya conoce. Decide evitar el nuevo destino vacacional. Su potente

BIS domina sus pensamientos, y le resulta difícil pensar en eventos que perciba como problemáticos.

Cuando una persona tiene un BAS muy sensible combinado con un BIS débil, no solo responde con más intensidad a las señales relacionadas con recompensas, sino que, desde el primer momento, considera que los eventos son gratificantes y no amenazantes. Al mismo tiempo, este sistema empieza a operar como un filtro a través del cual procesamos la información del exterior, traduciéndola a un lenguaje de recompensa, y al que reaccionamos desplegando una conducta de aproximación. Tom goza de un BAS muy sensible que en apariencia funciona como un filtro: ve las *oportunidades* y las *posibilidades* del proyecto. Conseguir el proyecto es un hecho muy gratificante que puede ir acompañado de un ascenso y posiblemente de otros proyectos para este cliente. El BAS muy sensible hace que Tom esté abierto al encuentro de nuevas situaciones y gente, como contratar a un nuevo integrante del equipo o invitar a Sabine a tomar una copa. La posibilidad de que el presupuesto del proyecto se quede corto, para él es un desafío más que un problema. Llamar a su jefe es gratificante para él, porque así obtiene su *reconocimiento*. El BAS altamente sensible hace que Tom sea más sensible al reconocimiento social a la hora de hacer una presentación, y también le hace aproximarse a las personas desconocidas en los eventos sociales, como, por ejemplo, una comida de trabajo. A Tom también le motiva hacer cosas nuevas, como irse de vacaciones a un sitio donde no ha estado antes y del que no tiene mucha información.

Con el fin de dar esta explicación, hemos contado la historia de Daniel y Tom en unos términos un poco extremos. La sensibilidad de tu BIS y de tu BAS no es una película en blanco y negro, sino que se refiere a un punto de una progresión. Una persona que tiene un BIS extremadamente sensible puede padecer un trastorno de tipo nervioso, mientras que una persona con un BAS sensible tendrá probablemente problemas debido a su impulsividad. La mayor parte de la gente no suele estar en los extremos de esta progresión. Aunque una sensibilidad extrema podría provocar un comportamiento inadecuado, social o personalmente, tener un BIS o un BAS muy sensible no es ni bueno ni malo. Los dos sistemas motivacionales son necesarios para que una persona, un equipo y, por último, una empresa funcionen bien. Cuando una persona solo percibe los aspectos gratificantes de un proyecto, puede acabar teniendo un problema por no haber visto o haber ignorado los riesgos importantes. Y, al contrario, cuando una persona se fija demasiado en los riesgos, puede dejar pasar oportunidades importantes.

Ejercicio: ¿quién soy?

Imagínate las siguientes situaciones:

1. Tu jefe te pide que hagas una presentación ante la junta ejecutiva de un tema que sabes que es importante para la dirección de la empresa en el futuro. No eres experto en este tema y solo tienes un día para preparártelo. ¿Lo harás?

2. Llevas quince años viviendo con tu pareja en la misma ciudad que conoces a la perfección. Tu empresa te ofrece un importante ascenso, pero solo si aceptas irte a vivir al extranjero, a un país que te gusta mucho. Tu pareja te apoya tanto si aceptas el ascenso como si no. ¿Te irás?

3. Tienes una reunión con los miembros de tu equipo para discutir nuevas ideas y lanzar un nuevo servicio. Has estudiado una idea que te atrae mucho, pero sabes de antemano que probablemente a uno de tus jefes no le guste. ¿La expondrás?

Responde a las siguientes preguntas sobre las situaciones anteriores:

1. ¿Cuál es tu primera reacción?
2. Si tuvieras que describirle estas situaciones a un amigo, ¿cómo se lo contarías?
3. Si tuvieras que describir tus sentimientos en estas tres situaciones, ¿qué sentimientos se te ocurren?
4. Si hubieses decidido pasar a la acción en una de las tres situaciones o en las tres, ¿cómo te sentirías al acabar la acción?

Tu primera reacción te dará una pista de qué sistema motivacional te impulsa en esa situación concreta. Si tu primera reacción ha sido un «¡NO!» inmediato, es que ha activado tu BIS, que detona tu FFFS para hacerte ver la parte peligrosa de la situación. Si tu primera reacción ha sido «¡SÍ!», es que ha activado fuertemente tu BAS, que te hace ver la parte gratificante de la situación. Aunque muchas veces hagamos lo contrario de lo que decimos, casi todos experimentamos directamente una emoción positiva o negativa con los ejemplos que hemos mencionado arriba, incluso antes de conocer todos los detalles.

La segunda pregunta se ocupa de cómo ves las diferentes situaciones. La gente que tiene un BIS altamente sensible es probable que hable de los riesgos que ve o de lo problemática que podría ser la situación: (1) «Mi jefe podría pensar que soy un incompetente», (2) «No podré adaptarme porque no hablo el idioma», (3) «Mi jefe me lo va a refutar y rechazará la idea haciéndome quedar como un tonto». Las personas de alto BAS, por otra parte, verán las oportunidades y las posibilidades con más claridad: (1) «La junta podría considerarme una pieza clave para desarrollar la estrategia de la empresa en el futuro». (2) «Podré conocer un sitio nuevo del mundo», (3) «Finalmente tendré la oportunidad de demostrarle a mis jefes que tengo muy buenas ideas». La gente con un BIS altamente sensible tenderá a describir las situaciones desconocidas como problemáticas, mientras que las personas con un BAS muy sensible las considerará un desafío. Una persona con un BIS muy sensible es probable que prefiera correr, mientras que una persona con un BAS muy sensible preferirá escalar. Describir cómo ves la situación se podría comparar con hacer una lista de los pros y los contras. ¿Con qué empiezas, con los contras o con los pros? ¿Te resulta más fácil encontrar los pros o los contras? ¿Qué pesa más, los pros o los contras?

La tercera pregunta se centra en cómo te sientes en cada una de estas situaciones. ¿Cómo describirías tu activación emocional, dirías que es positiva o negativa? Las personas con un BIS altamente sensible tienden a hablar más en términos de miedo: (1) «Prefiero que haga la presentación otra persona porque yo voy a estar demasiado nervioso y preocupado», (2) «Tengo miedo de no encontrarme cómodo en ese nuevo país», (3) «Tengo miedo de que mis colegas se rían de mí cuando el jefe rechace mis ideas». Una persona con un BAS muy sensible tendrá sentimientos positivos con más facilidad: (1) «Estoy deseando conocer a la junta directiva en persona», (2) «Me alegro de conocer otra cultura», (3) «Me alegro de poder demostrar lo que sé». ¿Significa esto que las personas con un BAS muy sensible no tienen miedo ni se ponen nerviosas? Por supuesto que no, probablemente su FFFS funciona a la perfección, pero es posible que su BIS de baja sensibilidad no lo active con tanta facilidad en el caso de que no haya una verdadera amenaza.

La cuarta pregunta se refiere al sentimiento que tienes después de tener que tomar una decisión difícil o emprender una acción compleja. La gente con un BIS altamente sensible estará más tranquila porque se ha superado la amenaza y esta de momento ha desaparecido. Las personas con un BAS altamente sensible tendrán mayor tendencia a describir sentimientos de orgullo o entusiasmo, como si estuviesen listos para volver emprender la acción de inmediato.

Se han desarrollado varios tipos de cuestionarios para medir los niveles de sensibilidad BIS y BAS. El cuestionario que más se ha estudiado es el de Sensibilidad hacia el Castigo y la Recompensa (SPSRQ). Algunos ejemplos de preguntas que puedes encontrar en la escala del BIS serían: «¿Te suelen asustar las situaciones nuevas o inesperadas?», «¿Te preocupas a menudo por cosas que has dicho o has hecho?», «¿Te sueles preocupar por cosas hasta el punto de que disminuya el rendimiento de tus habilidades intelectuales?», «¿Te sueles abstener de hacer algo por el miedo a sentir vergüenza?». Cuantas más veces tu respuesta a estas preguntas sea afirmativa, más elevada será tu puntuación en la escala de la sensibilidad BIS. Algunos ejemplos de las preguntas que puedes encontrar en la escala BAS son: «¿Te gustaría ser una persona con poder en la sociedad?», «¿Te suele animar a actuar la posibilidad de que te valoren en tu trabajo, en tus estudios, con tus amigos o tu familia?», «¿Sueles darle preferencia a las actividades que implican una recompensa inmediata?», «¿Te interesa el dinero hasta el punto de ser capaz de asumir trabajos de riesgo?». Cuantas más veces respondas afirmativamente a estas preguntas, mayor será tu puntuación en las escala de sensibilidad BAS.

Tu mente es reposo: ¿una ventana a tu personalidad?

Estos dos sistemas motivacionales actúan en relación inversamente proporcional dentro de cada individuo, esto significa que, en cada situación particular, solo se activa uno de los dos sistemas. Aunque las señales ambientales tengan un gran efecto sobre el sistema que se va a activar, las mismas señales pueden desencadenar el BIS en algunas personas y el BAS en otras. El motivo por el que Daniel y

Tom ven/sienten/actúan de forma diferente tiene que ver con el hecho de que el nivel de sensibilidad de sus dos sistemas difiere, y también tiene que ver con el hecho de que el BIS y el BAS responden a diferentes estructuras mentales. Esto implica que la información exterior es procesada por diversas partes del cerebro, dándole a esa información un significado emocional distinto en términos de valencia o estímulo. Para que podamos entender cómo perciben el mundo a través de un filtro diferente las personas con un BIS o un BAS altamente sensible, vamos a explicar primero qué relación tiene la personalidad con la función del cerebro.

En los clásicos experimentos de imágenes del cerebro que estudian cuáles son las estructuras cerebrales implicadas en cada función mental, se introduce a las personas en un escáner de resonancia magnética que es capaz de hacer una estimación de su actividad cerebral. Si quisiéramos saber qué partes del cerebro actúan al realizar cálculos matemáticos, tendríamos que pedir a esas personas que hicieran cálculos mentales mientras medimos los cambios de actividad mental que se producen en el cerebro. Estos niveles de actividad mental se comparan luego con su actividad mental cuando no están haciendo nada. La comparación de la actividad mental en los dos momentos nos dará una pista de cuáles son las partes del cerebro que desempeñan una función importante en el cálculo mental. Aunque este tipo de experimentos se realizan a menudo y han contribuido mucho a mejorar nuestra comprensión del funcionamiento del cerebro, últimamente hay muchos estudios que se han ocupado de investigar la activación del cerebro en reposo, la llamada activación en estado de reposo. A pesar de que, como es lógico, son un poco más difíciles de advertir, este tipo de activaciones parecen ser tan importantes para entender cómo funciona nuestro cerebro como las que están relacionadas con una actividad cerebral. El cerebro nunca está en reposo absoluto, y en él hay fluctuaciones espontáneas que difieren de una persona a otra. Puesto que la activación del cerebro no es invariable, no es difícil de imaginar que la forma de procesar la señal exterior depende del estado en el que estaba nuestro cerebro antes del estímulo. El siguiente estudio ilustra esta idea magníficamente. Varias personas se sometieron a un escáner cerebral para medir las fluctuaciones naturales de su mente. En el escáner, les pidieron a los participantes que miraran una imagen ambigua que podía ser un jarrón (una superficie blanca contra un fondo negro) o dos caras (una superficie negra contra un fondo blanco) (ver dibujo).

Los investigadores analizaron las fluctuaciones naturales, especialmente en el área fusiforme facial (FFA, por sus siglas en inglés),

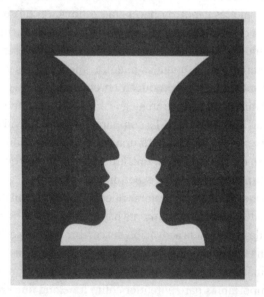

Figura 4: Figura ambigua. Puedes ver dos caras (en negro) o un jarrón (en blanco).
Fuente: Hesselman et al., procedente de la Academia Nacional de Ciencias, Estados Unidos, 2008.

que es la región del cerebro especializada en el reconocimiento facial. El análisis muestra que, cuando las fluctuaciones naturales provocaban una activación relativamente elevada del FFA justo antes de mostrar una imagen, esas personas tenían más posibilidades de ver las caras y no el jarrón. Esto demuestra que lo que ves, cómo lo interpretas y los sentimientos que se activan dependen de las fluctuaciones naturales o de la activación de tu cerebro. En otras palabras, las fluctuaciones de tu activación cerebral en reposo se pueden ver como un filtro para procesar el mundo exterior y, por tanto, influyen en el conocimiento y la conducta. Fundamentalmente, aunque las fluctuaciones sean espontáneas, no son al azar, y las investigaciones nos demuestran que las activaciones cerebrales en el estado de reposo de una persona pueden señalar características de la personalidad como la neurosis, la extroversión y también la sensibilidad al castigo y la recompensa, el BIS y el BAS respectivamente.

En cuanto al rasgo de sensibilidad a la recompensa o hasta qué punto los estímulos activan nuestro BAS, se observó que en el ventral estriado y la corteza orbitofrontal, en el estado de reposo, se producían fluctuaciones en la activación, y ambas regiones tienen un papel importante en nuestro sistema de recompensa. De forma más concreta, nuestros compañeros han descubierto que la activación de las neuronas de estas áreas está menos organizada temporalmente y menos coordinada en las personas que tienen una puntuación más alta en la sensibilidad a la recompensa, comparadas con las que tienen un BAS menos sensible. En el rasgo de sensibilidad al castigo o del grado de activación del BIS por los estímulos, observaron resultados parecidos. En un estudio reciente, se demostró que una sensibilidad BIS más alta está relacionada con una activación de la amígdala y el hipocampo menos coordinada espacialmente y menos organizada. Como hemos mencionado antes, estas dos regiones del cerebro forman parte del sistema límbico, donde la amígdala desempeña una función importante en la ansiedad. Estos dos estudios sugieren que ser una persona BIS o BAS está relacionado con el nivel de organización espacio/temporal de la activación neuronal de las amígdalas/hipocampo o ventral estriado/córtex orbitofrontal, respectivamente. Se cree que el nivel de (des)organización en estas áreas concretas del cerebro influye en el proceso de los estímulos exteriores, y en el comportamiento asociado a ellos posteriormente.

BIS y BAS en la conversación

Sabemos que la sensibilidad de tu BIS o tu BAS influye en lo que ves, en cómo lo ves, en lo que te hace sentir, en cómo te afecta, y, en consecuencia, en tu comportamiento. Si tienes un BIS altamente sensible, no te inventas los riesgos que hay en tu entorno. Tu mente ve los riesgos más rápido, te dice que hay un riesgo y desencadena una reacción de estrés o una emoción negativa. Esta reacción en cadena también afectará al lenguaje que utilizas, haciéndote decir «tienes que tener cuidado». En la misma situación, el cerebro de una persona con un BIS menos sensible y un BAS altamente sensible no detectará el riesgo de la misma manera, sino que un BAS activado hará que esa persona vea oportunidades y posibilidades de obtener la recompensa. ¿Cómo se comunican estas dos personas?

Supongamos que a Daniel y a Tom les han asignado un proyecto en el que tienen que trabajar juntos. Se pueden complementar perfectamente porque Daniel cubre los riesgos y Tom ve las oportunidades y lleva la voz cantante en las interacciones sociales. Sin embargo, en algunas situaciones, sus personalidades diferentes podrían llevarles a tener problemas de comunicación. Supongamos que Tom ha preparado una presentación para un nuevo cliente y se la manda a Daniel para que la revise. El BIS de Daniel se puede activar rápidamente cuando piensa que al día siguiente tiene que hacer la presentación para el nuevo cliente, lo que le permite ver con más facilidad el posible riesgo de recibir una respuesta negativa por parte del cliente respecto a los plazos de entrega y el presupuesto. La conversación podría discurrir del siguiente modo:

> DANIEL [*con la intención de proteger a Tom ante una posible situación de riesgo*]: Tom, gracias por la presentación, pero realmente tienes que hacer algo respecto a la fecha límite y el presupuesto. ¡Así no podemos comprometernos!
>
> TOM [*sintiéndose inmediatamente minusvalorado por esta afirmación*]: Daniel, ya sé que el presupuesto es un poco ajustado, pero yo lo considero más como un desafío que seremos capaces de asumir cuando llegue el momento.
>
> DANIEL [*sintiéndose ligeramente incómodo por el desconocimiento de Tom*]: Aquí hay un problema serio y, si lo hacemos tal como se ha expuesto, es muy probable que fracase el proyecto.
>
> TOM [*ya completamente desmoralizado*]: Daniel, no te entiendo. ¡Es una gran oportunidad para nuestras carreras y tú la estás destruyendo!
>
> DANIEL [*ahora muy enfadado*]: Tom, no lo entiendes. ¿Por qué no me quieres hacer caso?

Lo que ocurre aquí es que Daniel y Tom hablan dos idiomas distintos porque perciben el mundo de manera diferente. No es que no estén dispuestos a escuchar y a intentar comprender al otro, pero no se entienden. Los dos están atrapados en sus propias vivencias y las emociones que conllevan.

Este tipo de malentendidos suele surgir a menudo en las situaciones personales, como, por ejemplo, en los matrimonios. Tom y Marie llevan varios años juntos y tienen una hija de dos años, Lise. Varios ejemplos nos muestran cómo las diferencias de la sensibilidad BIS y BAS de Tom y Marie pueden conducirles a discusiones violentas. Marie se lleva a Lise al parque y Tom le dice que no la deje alejarse porque podría perderse, y que, por supuesto, no la deje subirse sola al tobogán porque se podría hacer daño. Marie le contesta «Sí, que te diviertas tú también». Cuando vuelven a casa, Tom abre la puerta y le dice enseguida a Marie que le lave las manos a Lise, porque el arenero está lleno de tierra, los animales hacen allí sus necesidades y obviamente debe haber muchos microbios. Marie le contesta que por qué no les pregunta si se lo han pasado bien. Más tarde, Marie tiene que ir a una revisión médica y Tom está preocupado y espera que todo salga bien. En cuanto a Marie, ella no tiene la menor preocupación respecto a esta revisión.

Ejercicio: formación de la memoria

Si te dijeran que menciones los cinco eventos personales o sucesos ajenos a tu vida personal que te hayan provocado un estímulo emocional más importante, ¿cuáles escogerías?

Como se ha mencionado en el primer capítulo, todo lo que capta nuestra atención y finalmente también nuestra memoria depende, en gran medida, de la conciencia emocional que nos despierta. Si nos fijamos en el sistema límbico, no es sorprendente, porque el hipocampo, que es el responsable de la formación de nuevos recuerdos, y la amígdala, que le da valor emocional a los estímulos externos, trabajan en estrecha colaboración. Cuando hay un evento que provoca una activación emocional fuerte, captará nuestra atención más fácilmente y, por último, influirá también en nuestra memoria. Esto explica por qué casi todo el mundo recuerda muy bien lo que estaba haciendo cuando se enteró de los ataques del 11 de septiembre. Yo recuerdo que estaba sentada (por supuesto) delante del televisor en la esquina derecha de un sofá de piel negra y mi amigo Jan estaba sentado a mi izquierda. Fuera ya era de día y estábamos comiendo patatas fritas. Cuando nos enteramos de los ataques, Jan se levantó y llamó a su madre. Nuestra relación no duró mucho más.

Cuando estás muy enamorado de alguien, es más fácil que recuerdes todo lo que te dijo, lo que no ocurre con alguien de quien no estás enamorado. Al ver a esa persona tienes un flechazo que te produce emociones positivas. Todos los sucesos y las historias que suceden al mismo tiempo que las emociones positivas se recuerdan con más facilidad. Es más fácil recordar lo que le gusta a tu pareja al comienzo de una relación, cuando las emociones están altas, que después de diez años de matrimonio.

¿Has pensado principalmente en sucesos positivos o en sucesos negativos? Las personas con un BIS altamente sensible tienden a experimentar emociones negativas provocadas por un determinado evento, y estas les conducen a tener más recuerdos asociados a una valencia emocional negativa. Por otro lado, las personas que tienen un BAS altamente emocional experimentan más emociones positivas y, por tanto, tienen más recuerdos positivos en su mente.

Llegado a este punto, probablemente ya te hayas hecho una idea de la sensibilidad de tu BIS y tu BAS. Además de haber comprendido tu propio BIS y BAS, quizá tengas una mayor comprensión del comportamiento de los demás. Puede ser que tengas la impresión de que tu pareja tiene un BIS muy sensible o de que tu jefe es una persona absolutamente BAS. Si tienes la oportunidad de preguntárselo a estas personas, hazlo y comprueba qué recuerdos les vienen a la memoria.

Ahora que conozco mi personalidad, ¿para qué me sirve?

James Springer y James Lewis eran hermanos gemelos, pero fueron separados nada más nacer. Ambos se casaron con una mujer llamada Linda, se divorciaron y se volvieron a casar con una mujer llamada Betty. Los dos James tenían intereses comunes y en los test de personalidad presentaban niveles de sociabilidad, flexibilidad y autocontrol muy parecidos.

Con Barbara Herbert y Daphne Goodship ocurre algo muy parecido. Eran dos gemelas que fueron separadas y volvieron a reunirse a los treinta y nueve años. En el encuentro, ambas llevaban un vestido beige y una chaqueta de terciopelo marrón. Barbara y Daphne solían ridiculizar y reírse de las cosas más de lo que se suele considerar normal.

Estas historias reales hacen que mucha gente crea que es imposible cambiar la personalidad porque está profundamente arraigada a nuestros genes. Sin embargo, cada vez hay más investigaciones que sugieren que la personalidad es flexible y dinámica, cambia a lo largo de nuestra vida y se va modificando con la experiencia. Nuestra personalidad se podría considerar como un conjunto de características dinámicas y organizadas, que influyen de manera única en nuestro entorno, percepciones, emociones, motivaciones y comportamiento en las diferentes situaciones. En las últimas décadas, ha habido un gran número de estudios que investigan el sustrato neuronal de la personalidad. Estos estudios han intentado desentrañar las diferencias cerebrales de las distintas personalidades, como la sensibilidad del BIS y el BAS. Pero ¿qué tiene esto que ver con el mindfulness?

Una de las consecuencias más importantes de la práctica del mindfulness es que modifica la función y la estructura de la amígdala. Esto significa que la amígdala de las personas que practican mindfulness se activa menos, e incluso puede cambiar de estructura: ¡la amígdala disminuye de tamaño! Por los estudios que citamos a continuación, sabemos que la amígdala tiene un papel esencial en lo que respecta al BIS. Al disminuir de tamaño, la sensibilidad del BIS parece reducirse, lo que conlleva una disminución del sentimiento de ansiedad. Trasladado a la vida real, esto significa que, si nos enfrentamos a una situación en la que podemos mostrar tanto una reacción de aproximación (producida por el BAS) como una reacción de evitación/estrés (producida por el FFFS), la disminución de la sensibilidad del BIS y, en consecuencia, de los sentimientos de ansiedad no activará la reacción estrés/evitación. Si estás en una reunión y te gustaría dar tu opinión, un BIS con una sensibilidad más baja hará que no te preocupes tanto pensando que a alguien puede no gustarle tu idea. Como resultado de esto, tendrás más posibilidades de dar tu opinión y te encontrarás mucho más cómodo.

Muchas organizaciones tienen que llevar cabo grandes cambios, sobre todo en esta época regida por la revolución digital. Es un hecho sabido que los cambios organizativos tienen un profundo efecto en los empleados, y el éxito del proceso de cambio se ve directamente afectado por la resistencia de estos a aceptar e implementar este cambio. ¿Qué está ocurriendo? A nuestra mente le gusta la estabilidad, siempre busca estructuras y le gusta que las cosas sean previsibles. Cambiar significa que hay que adaptarse a una nueva situación, lo que provoca inseguridad y está asociado a un nivel elevado de activación de la amígdala. Esta activación hace que la gente se ponga nerviosa y provoca una resistencia natural a efectuar un cambio. La práctica del mindfulness tiene un efecto positivo en los procesos de cambio porque cambia la estructura y la función de la estructura cerebral que es la fuente de esta resistencia al cambio: las amígdalas.

La activación de las amígdalas a menudo es responsable de la mala comunicación, tanto en casa como en el trabajo. ¿Cuántas veces te has *sentido* atacado y has permitido que tu comunicación posterior se base en eso? ¡Son tus amígdalas expresándose! Cuando las amígdalas se activan, provocan un estado negativo que te lleva a emprender inmediatamente la acción. Es más probable que ocurra en situaciones de mucho estrés, ya que el estrés activa aún más la amígdala. Esta activación, ya sea en ti o en el otro, crea un ambiente (interno) que nos hace sentir inseguros. Nuestro reducto de seguridad se siente amenazado. Nuestros ancestros nos han enseñado a actuar con la mayor rapidez posible en situaciones de inseguridad, luchando, huyendo o quedándonos paralizados. Traducido a palabras y a unas acciones que todos conocemos: decidimos actuar con violencia, salir corriendo o quedarnos callados.

Cuando hay violencia en una conversación, esto significa que estamos tratando de imponer nuestra opinión a los demás para que la situación vuelva a estar bajo control y nos sintamos a salvo. La violencia puede tomar muchas formas, como, por ejemplo, hacer que nuestro interlocutor se sienta tonto: «Todo el mundo debería darse cuenta inmediatamente de que esto no va a funcionar. Cualquier persona con dos dedos de frente seguiría mi plan». Lo que en realidad significa: «No tengo argumentos suficientes para ganarte, de modo que te voy a hacer sentir como un idiota para conseguir lo que quiero». La violencia frecuentemente va mucho más allá de un simple ataque a la otra persona, como, por ejemplo: «No puedo creer que nos estés haciendo esto, Tim. Siempre estás fingiendo que haces el trabajo duro, pero, en realidad, es otra persona la que hace el trabajo sucio. Siempre haces lo mismo y nos desmoralizas a todos. Lo siento, pero alguien tenía que tener el valor de decírtelo». En realidad, lo que estás diciendo es: «Para hacer valer mis derechos, solo tengo que hablar mal de ti y fingir que soy la única persona íntegra de esta oficina». Salir corriendo o quedarse callado cuando las amígdalas están activadas suele conducir a un comportamiento de evasión o ignorancia absoluta. Podrías decir: «Ah, ¿querías hablar de la pelea que tuvimos el otro día? Perdona, pero tengo que atender una llamada. Es una cuestión urgente». En realidad, estás queriendo decir: «Uff, esta llamada de la tintorería me ha salvado. Prefiero cortarme un brazo antes que hablar con ese desgraciado».

Independientemente de la conversación que estemos manteniendo, la activación de la amígdala a menudo provoca que nuestro objetivo solo sea beneficiarnos nosotros mismos o ganar una pelea, en vez de conseguir el objetivo inicial que teníamos en mente o intentar llegar a una meta común o a un entendimiento con el otro. Piensa en el caso extremo que hemos descrito en el primer capítulo: la amígdala se apoderó de los agentes de policía, desatando el FFFS para ACTUAR AHORA y dispararle al joven. La amígdala desempeña una función parecida en muchos casos, aunque sin llegar al extremo de este ejemplo. El efecto negativo de la activación de la amígdala en nuestros pensamientos, emociones, motivaciones y comunicación se desarrolla frecuentemente en dos pasos. El primero es que, cuando observamos un determinado suceso y este suceso no se ajusta a nuestras expectativas, la amígdala lanza una emoción negativa a nuestro cerebro. Podríamos decir que la amígdala se activa por medio de las historias que nos contamos y que alimentan nuestras emociones.

Imagínate que estás a punto de ser ascendido, vas a convertirte en socio de tu empresa, y te han invitado a comer con el resto de los socios. Sabes (lee mientras piensas) que uno de los socios está en contra de tu ascenso. Solamente pensar en él o en ella dispara la activación de tu amígdala, y su simple presencia hace que te sientas amenazado. La comida transcurre sin problemas hasta que ese socio menciona a un colega tuyo que este año también se presenta a la promoción de nuevos socios y que acaba de firmar un importante proyecto. Tu amígdala se puede sobrecargar y confirmarte que realmente está en tu contra. Te empiezan a asaltar las emociones negativas. En el paso siguiente, la activación de la amígdala lleva a tu cerebro a un estado en el que te desafía a ACTUAR AHORA, y esto restringe tu visión al objetivo peligroso, probablemente por medio de un comportamiento agresivo. La activación de la amígdala limita tu visión y tu comprensión, y no puedes evitar mencionar un proyecto fallido de tu colega. Este comentario negativo no pasa desapercibido para el resto de tus compañeros. Nada más hacer el comentario te das cuenta de que eso dice más de ti que de tu compañero. Habría sido preferible que hubieses alabado a tu compañero y hubieses actuado como parte de un equipo. Te arrepientes de haberlo dicho, pero sientes que has perdido el control. Y, de hecho, lo has perdido. A pesar de todo, sigues pensando que tu compañero, que *sabes* que te rechaza, tiene la culpa de este comentario. Al fin y al cabo, es él quien ha mencionado a tu colega.

En nuestra vida personal se nos presentan a menudo situaciones similares. Si nuestra pareja no nos contesta en la comida cuando le contamos un tema del trabajo que nos preocupa, podemos originar una emoción negativa asociada con una alta activación de la amígdala que nos hace gritar: «Nunca me escuchas» o «No te interesan mis problemas» o peor aún: «Ya no me quieres». Este ejemplo ha empezado con la necesidad de que nuestra pareja nos escuche porque tenemos un problema en el trabajo. Necesitamos que nos quieran y que nos apoyen. Sin embargo, la combinación de los problemas de los que queremos hablar y la sensación de que no nos escuchan (¡nunca!) hace que nuestra amígdala se active y nos impulse a ACTUAR AHORA de una forma un poco agresiva: hace que nos enfademos con otros y, en un momento dado, apuntamos incluso a hacer daño.

La práctica del mindfulness impide que la amígdala se sobreactive porque cambia su función y su estructura. La amígdala no se activará en respuesta a lo que ocurre fuera o dentro de nosotros. Esto significa que estaremos menos estresados y no nos sentiremos amenazados, habrá menos posibilidades de que nos comportemos de una forma violenta o nos quedemos en silencio, experimentaremos menos emociones negativas, y no le daremos un matiz negativo a los sucesos hasta el extremo de influir en nuestros pensamientos, emociones, motivaciones y conducta. Si la amígdala no hubiese estado tan activa durante la comida con los socios, no habrías sentido una emoción negativa hasta el punto de llevarte a hacer un comentario negativo. No habrías experimentado un impulso tan fuerte de pelear con tu socio. Esto hace que haya menos probabilidades de decir cosas hirientes. En pocas palabras, no se siente inseguridad en situaciones similares, por lo que no es necesario que haya una reacción de pelea, huida o parálisis.

¿El cambio de la función y la estructura de la amígdala a través del mindfulness pone en peligro nuestras vidas? No. Lo importante es que el mindfulness tiene un efecto sobre la sensibilidad del BIS y sobre nuestra sensación de preocupación en las situaciones que no constituyen una verdadera amenaza. Hay muchas situaciones en las que no hay una verdadera amenaza que, sin embargo, pueden desencadenar una sensación de nerviosismo que puede hacer que se active el FFFS, lo que produce una enorme reacción/evitación del estrés. Algunos ejemplos son: opinar en una reunión, opinar frente al público, llamar a tu jefe, decirle a alguien que está ocupando tu asiento en el tren, decirle a tu suegra que prefieres que no venga hoy, trabajar junto a una persona a la que no soportas, decirle al cajero que te ha devuelto menos dinero, acabar con una relación infeliz, decirle que no a tu jefe. Para la mayoría de la gente, estas situaciones desencadenan la activación de la amígdala, que nos pone nerviosos y probablemente activa el FFFS. Sin embargo, en el caso de una verdadera amenaza, como, por ejemplo, si se acerca un coche a toda velocidad por la calle o nos apunta alguien con una pistola, el FFFS se activa inmediatamente y nos hace luchar, huir o paralizarnos para salvar la vida. Incluso más aún, el mindfulness nos aporta un mayor nivel de conciencia que nos permite ver cualquier amenaza más rápido y con más claridad.

En resumen

Según la teoría de personalidad biopsicológica de Gray, hay tres sistemas motivacionales que accionan nuestro comportamiento. El primero es el BAS, que predice nuestra sensibilidad a la recompensa y controla nuestro comportamiento de aproximación. Las personas con un BAS dominante experimentan muchas emociones positivas, como la felicidad o estados elevados. En el caso de que se detecte un elemento estresante en el mundo exterior, el FFFS inicia una reacción de lucha, huida o parálisis. El hecho de que se active el FFFS depende del BIS. Este predice nuestra sensibilidad al castigo o a los eventos negativos externos.

La sensibilidad a la recompensa y al castigo son una parte integrante de nuestra personalidad que influye en lo que vemos, en nuestra forma de procesar el mundo, en cómo nos sentimos y, por último, en nuestra conducta.

Nuestro cerebro en estado de reposo muestra muchas fluctuaciones espontáneas. Estas fluctuaciones no son al azar y definen el estado de nuestro cerebro, a través del cual procesamos el mundo exterior. Muchos rasgos de la personalidad, como la sensibilidad BIS y BAS, se pueden predecir por la activación de la mente en reposo. La sensibilidad BIS está ligada a la organización espacial de la activación neuronal en las amígdalas y el hipocampo. La sensibilidad BAS se puede predecir basándose en la organización temporal de la activación neuronal del ventral estriado y el córtex orbito-frontal.

Las diferencias de la sensibilidad BIS y BAS pueden conducir a dificultades de comunicación. Comprender estas diferencias nos conduce a escoger estratégicamente las palabras que usamos para comunicarnos, permitiéndonos alcanzar un entendimiento común.

Nuestra personalidad puede cambiar. La neurociencia ha contribuido al conocimiento de las estructuras neuronales que aportan determinados rasgos de la personalidad. La neuroplasticidad, que es la capacidad de alterar la función y el cerebro, también está presente en los adultos y permite cambiar la personalidad. La práctica habitual del mindfulness modifica la estructura y la función de la amígdala, y esto conlleva una gran cantidad de consecuencias positivas.

3. Las reglas cerebrales del rendimiento y la toma de decisiones

Está oscuro y hay silencio. De repente, unas luces de colores muestran imágenes de hombres vestidos de traje que caminan hacia el público llevando un maletín. Entre ellos está Natasha Tsakos, aunque forma parte de la marcha y lleva un maletín, la diferencia es que ella es real. Los hombres se transforman súbitamente en mujeres que bailan con vestidos hechos con globos. Natasha baila al compás, plenamente sincronizada con las imágenes que se proyectan a su alrededor. La tecnología la acompaña en el escenario, ella lo vive y se ha vuelto parte de esa realidad virtual, aunque ella sea real. Crea una vida que está entre el sueño y la realidad, juega innovadoramente con los humanos y la revolución tecnológica. Combinando ciencia y arte, movimiento y emoción, Natasha nos aporta una nueva y creativa versión del arte de orquestar y sincronizar varias disciplinas para la ejecución de producciones de teatro de alto nivel. Natasha es la fundadora de NTiD Inc., para la que produce una nueva forma de teatro donde el sonido y las imágenes generadas por ordenador y el artista se mueven en sincronía para generar un entorno de ensueño y, al mismo tiempo, un escenario real. Esta valiente y creativa combinación de las disciplinas existentes que evolucionan rápidamente, trae consigo un espacio lleno de posibilidades en el cual ella siempre consigue que el público encuentre una experiencia humana que sorprenda al alma. Natasha ha actuado en más de trescientas obras, ha escrito doce títulos originales, ha dirigido treinta obras de teatro, seis largometrajes para Ford Motors y dos vídeos musicales.

Aunque es evidente que Natasha tiene talento artístico, para tener un rendimiento tan alto se necesita algo más que talento. De hecho, ella combina creativamente un conocimiento que ya existe para crear un producto innovador. Todos tenemos algún talento en nuestro interior, pero ¿qué es lo que provoca que algunos lo desarrollen y otros no?

Rendimiento: ¿qué se necesita?

Ejercicio: tu vida en un escenario

Supongamos que hoy te pidieran representar una obra en el escenario para un público de cien personas. Tienes libertad absoluta para elegir el tema de la obra. Tómate un tiempo para pensar lo que te gustaría representar y luego contesta a las siguientes preguntas:

- ¿Cuál es el tema de tu función? ¿Qué te gustaría hacer?
- ¿Cómo te sientes? ¿Estás deseando representar la función?
- Si lo estás dudando, ¿qué es lo que te detiene exactamente? ¿Las emociones? ¿Los pensamientos? ¿Las expectativas?

Aunque todos sepamos que disponemos de algún talento o capacidad, mucha gente se siente insegura haciendo este ejercicio a la hora de demostrar su talento en un escenario frente al público. Lo que nos hace dudar a la hora de subirnos a un escenario es el sentimiento de inseguridad, de ser el punto de mira y de que probablemente se rían de nosotros. Quizá lo que nos frena es la sensación de no ser capaces de hacerlo bien o puede que dudemos si realmente tenemos talento, sobre todo cuando nos comparamos con los demás. Sea lo que sea que no te impulsa a actuar, te podemos asegurar que todos lo podemos hacer sin que nos tengan que agobiar una sensación de nerviosismo o estrés. Aunque es bastante improbable que te pidan actuar en un escenario hoy, hay muchísimos ejemplos que provocan en la gente la misma sensación: presentar un trabajo, desarrollar nuevas ideas que quizá no tengan mucho apoyo en un principio, pedirle consejo a tu socio, decirle a tu jefe que tienes una opinión diferente a la suya, permitirte pintar libremente con tu hijos, decirle a alguien que lo sientes o mostrar lo que sabes hacer a los demás. En muchos de estos casos, las emociones, los pensamientos, las expectativas, etc., bloquean a la gente, y esto afecta negativamente a su rendimiento. ¿Qué es lo que ocurre?

Aquí vamos a usar la siguiente definición de rendimiento:

Rendimiento = potencial – interferencias

Todos tenemos un potencial, que es la base para llevar a cabo algo o sacar lo mejor de nosotros mismos. Pero también tenemos interferencias que se interponen en el camino, y esto es lo que nos impide alcanzar nuestro máximo potencial. Estas interferencias se podrían considerar bloqueos internos que no nos dejan desarrollar y utilizar nuestro potencial. Hay interferencias típicas, como las emociones negativas («Cuando estoy poseído por un sentimiento de rabia, no puedo pensar»), los impulsos («No me puedo resistir a ese cigarrillo o a esa porción de tarta, aunque sé que va a influir mucho en mi entrenamiento para el maratón») y pensamientos («No puedo dejar de pensar que me estoy comportando como un idiota, y eso hace que me sienta inseguro y sea incapaz de mostrar lo que realmente sé hacer»).

Con esa definición es evidente que, si somos capaces de disminuir las interferencias, tendremos más acceso a nuestro potencial y eso aumentará nuestro rendimiento. Hay una capacidad que denominamos autorregulación que nos sirve para gestionar las interferencias de una forma eficiente. La autorregulación es la capacidad de gestionar los procesos ascendentes (emociones, sentimientos, impulsos y pensamientos) a favor de un comportamiento que esté en consonancia con metas a largo plazo, como los ideales, los valores, la moral y otras expectativas sociales. En un mundo civilizado, que está asociado a una riqueza y un elevado bienestar, la autorregulación se convierte en una función aún más importante, porque la arquetípica conducta de elección impulsiva podría ser perjudicial para la salud y/o el estatus social. Una autorregulación fuerte y sana nos sirve para controlar las emociones negativas cuando recibimos una crítica negativa por parte de nuestro jefe, cuando queremos resistirnos a tomar una segunda porción de tarta y cuando no queremos dejarnos llevar por el impulso de comprar aparatos electrónicos que no nos hacen falta, y de cuya compra nos arrepentiremos al día siguiente. Para comportarnos de la forma que deseamos, necesitamos autorregularnos. La autorregulación se ocupa de la batalla entre los procesos ascendentes y los procesos descendentes. La autorregulación interviene en casi todas las decisiones o conductas y abarca aproximadamente un tercio del tiempo que estamos despiertos. La autorregulación explica por qué nos comportamos como lo hacemos: es una historia de dos.

Para que entendamos bien qué es la autorregulación, es importante entender primero qué son los procesos ascendentes que intentan manejar nuestro comportamiento. Los procesos ascendentes son las emociones, impulsos y pensamientos que surgen espontáneamente, están presentes sin esfuerzo por nuestra parte, y pueden generar un determinado patrón de comportamiento. Los procesos ascendentes han sido el tema del primer capítulo de este libro. Las emociones son un tipo de proceso ascendente; se apoderan de nuestro cuerpo y nuestra mente sin ningún esfuerzo, a veces en los momentos más inoportunos. Cuando hay mucha presión en el trabajo y nos enfadamos o estresamos, cuando reciben un premio por nuestro esfuerzo y nos enfadamos con nuestros compañeros, cuando lamentamos que le duela algo a nuestro hijo o cuando estamos incómodos por encontrarnos con nuestro o nuestra ex en una fiesta. En segundo lugar, podemos tener impulsos y deseos muy fuertes, como el deseo de tomar una copa de vino, fumar un cigarrillo o practicar sexo. Estas necesidades pueden ser tan fuertes que se apoderen de tu mente y la tengan constantemente ocupada.

Por último, huir de nuestros pensamientos espontáneos parece una tarea imposible. Mucha gente tiene la costumbre de cavilar o, dicho de otra forma, sienten que hay pensamientos que les interrumpen en todo momento, como «Tengo que ir a comprar», «Todavía tengo que mandar un correo electrónico», «Si hubiera reaccionado de otra forma...», «No debería haber dicho eso», etc. En muchas ocasiones, estas emociones, pensamientos y antojos no se perciben conscientemente, pero, aun así, dirigen nuestro comportamiento y consumen nuestra energía.

Ejercicio:

Piensa en una situación de tu vida en la que te bloquees y no puedas comportarte de la forma que quieres. Podría ser cualquier ejemplo, pero debes intentar recordar una situación concreta, por ejemplo, no atreverte a decirle que no a tu jefe o rechazar una invitación a comer con un compañero que no te cae muy bien. Podría ser también no poderte negar a comer una porción de tarta de postre o a beber una copa más de vino. Quizá te gustaría poder hablar un poco más en las reuniones o tener más paciencia con tus hijos. Podría ser que estás bloqueado y no consigues apuntarte de una vez a las clases de yoga o buscar seriamente un nuevo trabajo.

¿Qué emociones, pensamientos y/o impulsos te impiden comportarte como te gustaría?

Los ejercicios muestran que las emociones o expectativas negativas tienen un importante papel cuando te sientes bloqueado: «Me da miedo que no me asciendan si le digo que no a mi jefe?», «Me da miedo que se ofenda si rechazo su invitación a comer». No solo las emociones negativas nos hacen comportar de un modo que no nos gusta, también nos puede ocurrir lo mismo con los sentimientos positivos, deseando, por ejemplo, comer una porción de tarta o tomar otra copa de vino. Por último, nuestros pensamientos tienen un papel importante en muchas ocasiones porque influyen en nuestro comportamiento: «No soy lo suficientemente bueno», «Oh, no, nunca voy a ser capaz de hacerlo», «¿Estoy haciendo lo correcto?», «¿Cuál es la mejor opción?», «No tengo tiempo para eso».

Sea cual sea la emoción, el sentimiento, el impulso o el pensamiento que te impiden comportarte de una forma más adecuada, te pedimos que durante los próximos días observes estas emociones, sentimientos, impulsos o pensamientos, sin luchar con ellos. Ten en cuenta que estamos hablando de ser consciente de lo que afecta a tu comportamiento, y no del comportamiento en sí.

Aunque estos pensamientos, emociones e impulsos tengan una importante función y sean una destacada guía en tu vida, pueden ser destructivos en muchas ocasiones, porque no están en consonancia con nuestros valores o expectativas sociales. Tenemos que pensar en lo que queremos comprar cuando estemos en una tienda, pero no cuando estemos en una reunión. Un cierto nivel de estrés puede ser necesario para tener la energía que necesitamos para llevar algo a cabo, pero un exceso de estrés nos hace perder la paciencia en casa con nuestros hijos o con nuestra pareja. Sentir un impulso sexual puede llevarte a disfrutar de maravillosos juegos íntimos con tu pareja en casa, pero no es conveniente que te ocurra cuando estás en un sitio público. Siempre que hay conflicto entre estas reacciones automáticas y el comportamiento deseado o aceptado, es necesaria la autorregulación . No podemos evitar estos impulsos, pero podemos controlarlos.

La autorregulación está presente como un rasgo de la personalidad, esto significa que tenemos de nacimiento un cierto grado de autorregulación (o no), que se mantiene más o menos estable a lo largo de nuestra vida. La fuerza de la capacidad de autorregulación se detecta incluso en los niños. Hay un test que mide la capacidad de autorregulación de los niños, se denomina el test del merengue. Llevan a los niños a una habitación y les piden que se sienten en una mesa en la que hay un merengue. El investigador les informa que se van a quedar solos con el merengue y que pueden comérselo cuando quieran. Sin embargo, si consiguen esperar hasta que vuelva el investigador, les darán otro merengue más. De ese modo, los niños que son capaces de regular su deseo de comerse el merengue (es decir, la respuesta impulsiva) recibirán una recompensa mayor en el futuro o dos merengues (es decir, el objetivo). Las diferencias entre cada niño es inmensa; hay niños que se empiezan a comer el merengue cuando les están dando las instrucciones, mientras otros se aguantan el deseo con valentía durante quince minutos.

Una serie de estudios de seguimiento muestran que la autorregulación como rasgo de la personalidad está asociado a un mayor éxito personal y profesional en la vida. La gente que tiene una capacidad de autorregulación más fuerte se maneja mejor frente a las respuestas emocionales negativas, tienen mejores relaciones sociales, un bienestar psicológico mayor y una mejor salud física. En lo que se refiere al trabajo, la gente que tiene una capacidad de autorregulación mayor tiene más éxito buscando empleo, y los gerentes que tienen una autorregulación alta son catalogados mejor por los empleados y los compañeros. E inversamente, se ha descubierto que la falta de autorregulación es el origen de muchos problemas personales y sociales, como las compras compulsivas, la criminalidad, la obesidad, la drogodependencia y más probabilidades de acabar en la cárcel. Esto significa que, aunque tú y tu hermano os hayáis criado en la misma familia y tengáis el mismo nivel socioeconómico, tú puedes acabar siendo un eficaz directivo, mientras que tu hermano puede terminar en la cárcel.

¿Qué podemos hacer entonces si hemos nacido con un nivel de autorregulación bajo? Por suerte, hay varias formas de compensarlo. Antes que nada, además de la autorregulación como rasgo de la personalidad, dependiendo de las circunstancias, somos capaces de emplear la autorregulación en mayor o menor grado. Esto quiere decir que nuestro nivel de autorregulación varía dependiendo del entorno interno y externo. Un análisis de los factores que influyen en el fracaso de nuestra autorregulación nos sirve como herramienta en las situaciones difíciles. En segundo lugar, las investigaciones recientes han contribuido en gran medida a comprender cómo podemos mejorar nuestra capacidad de autorregulación a largo plazo. Como ya hemos mencionado en el capítulo anterior, el mindfulness modifica nuestra estructura neurológica, pero, tal como vas a aprender, también modifica el origen de muchos de los bloqueos internos, de forma que puedas acceder a tu potencial de una manera más fácil y mejor, logrando, finalmente, que la trabajosa autorregulación sea cada vez menos necesaria para alcanzar un alto rendimiento.

La autorregulación del cerebro

¿Cómo actúa la autorregulación dentro del cerebro y cuáles son las normas de este? Como hemos mencionado antes, la autorregulación es la capacidad de superar los impulsos, pensamientos y emociones automáticas, a favor del comportamiento deseado o de las metas a largo plazo. Estos impulsos automáticos son ascendentes y están regidos por áreas del cerebro que se ocupan de darle un valor positivo o de recompensa o un valor emocional negativo a las situaciones, a la gente y los estímulos que hay a nuestro alrededor. Una de estas áreas es el ventral estriado, que es el principal sistema de recompensa que hay en nuestro cerebro. Cuando vemos una apetitosa porción de tarta, se activa e intenta llevarnos hacia ella. También desempeña una función importante en lo que se refiere al placer, la risa y el aprendizaje reforzado, así como la impulsividad y la adicción. Hay una segunda parte del cerebro que influye en los procesos ascendentes, que es la amígdala. La amígdala derecha y la amígdala izquierda están involucradas principalmente en las emociones negativas, y nos ponen en estado de alerta cuando se aproxima una amenaza, como un perro que ladra o un ruido inesperado por la noche. Estas zonas del cerebro se activan de forma automática y tienen un función de supervivencia importante. Aunque son extremadamente importantes para nuestra supervivencia, a menudo se activan también poniéndonos en un estado emocional que no se corresponde con nuestras metas a largo plazo, como, por ejemplo: el hecho de ver comida suculenta activará de repente nuestro sistema de recompensa, intentando llevarnos hacia esa comida. ¡Pero estamos a régimen! Una discusión con tu pareja te lleva a un estado emocional negativo, que intentará imponerse y hacerte gritar. ¡Pero no queremos perder los estribos!

El control descendente de estos estados e impulsos emocionales es una función de la corteza prefrontal, una estructura cerebral que está mucho más desarrollada en los seres humanos que en los animales. La corteza prefrontal tarda mucho en desarrollarse; solo está plenamente desarrollada después de cumplir veinte años. Además de gestionar nuestras emociones e impulsos, la corteza prefrontal tiene muchas otras responsabilidades, como la solución de los problemas, el rendimiento cognitivo, la toma de decisiones y la planificación. En otras palabras, la corteza prefrontal regula casi todas las funciones mentales que contribuyen en nuestro rendimiento. Aunque seamos capaces de hacer casi lo imposible, las capacidades de la corteza prefrontal son limitadas. Los estudios de neurociencia nos muestran que, a lo largo del día, su actividad va disminuyendo con cada acción que requiere autorregulación. Dada la amplia gama de funciones que regula, tenemos que respetar ciertas reglas para que la corteza prefrontal siga funcionando a la perfección. Solo así podremos usar plenamente esta parte del cerebro, acceder a nuestro máximo potencial y expresarlo.

El modelo que hemos expuesto arriba nos muestra que hay dos factores que influyen en nuestro comportamiento. Las decisiones son una forma de comportamiento importante y podrían considerarse incluso el precursor de cada comportamiento que manifestamos. Dicho de una manera comprensible, o bien seguimos un impulso automático, o bien regulamos este impulso y actuamos de otra forma. Esta decisión podría ser el resultado de un proceso de consideración consciente, aunque la decisión de actuar, de alguna manera, en muchos casos se tome de forma inconsciente. En el último caso, nos dirige un piloto automático sin que nos demos cuenta de los procesos internos y externos que controlan nuestra toma de decisiones. Aunque los procesos ascendentes, como las emociones y los impulsos, se consideren a menudo destructivos, sí tienen un papel relevante a la hora de tomar decisiones. Es importante que haya un equilibrio entre el proceso ascendente y el proceso de regulación/gestión descendente, que es el que nos hace pensar y reflexionar. Se tiene, a menudo, la idea equivocada de que las emociones nos conducen a tomar decisiones equivocadas, y sobre todo que las personas «frías» o «racionales» son las que toman mejores decisiones, como, por ejemplo, mi tío que es gestor de riesgos. Mi tío no podría tomar buenas decisiones de riesgo si no supiera la desazón que produce perder mucho dinero. ¡Para tomar buenas decisiones él necesita tener emociones! En un estudio que se llevó a cabo en el Stanford Graduate School of Business, Kuhnen y Knutson investigaron los mecanismos cerebrales asociados a los errores de los inversores que se alejaron de lo racional al tomar una decisión económica. Se enfocaron en dos tipos de decisiones: los errores de riesgo (una persona que se arriesga cuando no debería hacerlo) y los errores de aversión al riesgo (una persona no se arriesga cuando debería hacerlo). Podríamos deducir que los sentimientos positivos de una ganancia económica anticipada (por ejemplo, la excitación) contribuyen a que tomes un riesgo, mientras que los sentimientos negativos de una pérdida anticipada (por ejemplo, la ansiedad) contribuyen a la aversión al riesgo. Aunque necesitemos estos sentimientos para tomar la decisión financiera correcta, una activación excesiva de las zonas del cerebro asociadas a la anticipación de una decisión de riesgo, nos conduce a tomar decisiones equivocadas. Para investigar esta hipótesis, les pidieron a las personas que participaron en este estudio que tomaran una serie de decisiones económicas mientras grababan la activación de su cerebro. El análisis de la activación cerebral sugería que una excesiva activación de las regiones del cerebro asociadas al efecto de anticipación (la excitación frente la ansiedad) nos lleva a cometer errores de inversión. La sobreactivación de las regiones del cerebro asociadas a las emociones es la que provoca estos errores de decisión, y no la activación en sí. Para tomar buenas decisiones, necesitamos las emociones, pero la activación equilibrada cumple una función primordial.

Autorregulación: una cuestión de recursos limitados

Imagínate la siguiente situación:
Ayer tuviste una noche de pasión. Hiciste el amor dos veces. Después de dormir profundamente, te vistes para ir a trabajar, tu pareja te felicita y te dice que estás muy guapa (él también ha disfrutado del sexo). Por su parte, los niños colaboran responsablemente y se preparan para ir al colegio. Te pasas todo el día trabajando en un proyecto apasionante, te sientes en tu salsa, estás fenomenal y sobresales. Esto –por supuesto– no le pasa desapercibido a tu jefe, que te envía un correo electrónico en el que recalca tu valiosa intervención. Por la tarde, mantienes una larga conversación con una amiga de la que no sabes nada desde hace mucho tiempo. Y, ¿por qué no?, quizá vuelvas a tener sexo esta noche. La vida es maravillosa.

Ahora imagínate la siguiente situación:
Anoche le dolía la cabeza a tu pareja. No hay sexo. Otra vez. Te sientes rechazada y empiezas a preguntarte si has dejado de ser atractiva. ¡Y solo tienes cuarenta y dos años! Después de estar cavilando toda la noche y dormir poco, tus hijos se despiertan a las cinco de la mañana y se empeñan en no volver a la cama. Fuera está

diluviando, pero tu hija insiste en ponerse un vestido. Mientras intentas negociar con una niña de tres años y hacerle ver la diferencia entre el otoño y el verano, se te hace tarde y empiezas a estresarte. Por fin consigues meterlos en el coche, pero el retraso hace que te encuentres con un atasco. Más estrés. Por lo menos has conseguido que tu hija no se ponga el vestido. Tienes una jornada repleta de reuniones, tu equipo parece que está perdido y tú no tienes tiempo de volverlo a encauzar. Después de un día exasperante, te pones a preparar la cena a la vez que bañas a los niños. La comida se te quema, pero logras reparar el daño de alguna forma, y finalmente toda la familia se sienta a cenar. Por fin un poco de paz, hasta que tu pareja te pregunta: «¿Qué diablos le pasa a la comida?» Antes de que decidas pedir el divorcio, permítenos hablarte (a ti y a tu pareja) del agotamiento y de lo que ocurre en tu cerebro.

Uno de los modelos más relevantes en este campo es el modelo del poder de la autorregulación, que utiliza la metáfora de un músculo para describir las características de la cualidad de la autorregulación. Del mismo modo que un músculo no puede estar siempre en tensión, tampoco podemos aplicar la autorregulación continuamente sin que haya momentos de descanso. Esto implica que cuando estamos de manera constante involucrados en actividades de autorregulación podemos acabar en algún momento en un estado en el que no tenemos suficiente poder de autorregulación para relacionarnos con nosotros mismos y con las situaciones. Este estado se denomina agotamiento de la autorregulación. Intentar no cavilar por la noche, luchar contra la falta de sueño o gestionar el sentimiento de estrés en la batalla matinal requiere tener autorregulación. Si no controlamos nuestras emociones y no nos controlamos a nosotros mismos de la forma correcta, acabaremos agotados. En este momento ya no podremos luchar contra los sentimientos negativos y acabaremos diciendo cosas de las que nos arrepentiremos, o bien perderemos la paciencia en una discusión. Todos hemos experimentado estos momentos. Necesitamos descansar.

Un estudio reciente ha investigado lo que ocurre en el cerebro cuando estamos en un estado de agotamiento de la autorregulación. El resultado demuestra claramente que, en comparación con las personas que no están agotadas, aumenta la reacción de las amígdalas en respuesta a los estímulos negativos. Esto quiere decir que en un estado de agotamiento estaremos más sensibles a los sucesos negativos de la vida. Interpretarás situaciones neutrales como si fuesen una crítica negativa y verás la crítica negativa como una amenaza.

Por si fuera poco, los resultados muestran una disminución de la interacción entre las amígdalas y la corteza prefrontal involucradas en la regulación de las emociones. Esto indica que, además de ser más sensibles a los sucesos negativos, ya no conseguimos activar las zonas del cerebro que regulan los sentimientos negativos. Por eso es más probable que nos enfademos desmesuradamente con nuestra pareja después de un día estresante, cuando nos pregunta: «¿Qué diablos le pasa a la comida?», y esto explica por qué perdemos la paciencia con los niños cuando nos damos cuenta de que hemos engordado en lugar de adelgazar, o por qué es más fácil que tomemos esa copa de vino por la noche cuando no hemos conseguido cerrar un contrato. Estamos perdidos.

Ejercicio:

Piensa en uno o más problemas de autorregulación que hayas experimentado en tu vida diaria. Puedes usar los impulsos que has descubierto en tu interior cuando hiciste los ejercicios del primer capítulo. Los ejemplos podrían ser estos: querer interrumpir menos a los demás, comer menos, pasar menos tiempo en internet durante la jornada laboral, no evitar tanto a tu compañero menos preferido, no perder la paciencia tan rápido, no interrumpir tu trabajo de inmediato en cuanto oyes el sonido de un mensaje, no dejar que te afecte negativamente ver el nombre de la persona que te envía un correo electrónico, etc. Con respecto al tema de la autorregulación, contesta las siguientes preguntas:

¿Cuáles son, en tu caso, los procesos de tipo ascendente (por ejemplo, el impulso de interrumpir) y qué comportamiento te gustaría tener (interrumpir con menos frecuencia)? Recuerda que en los procesos en los que hay un impulso ascendente no se encuentra involucrado un comportamiento, sino emociones, impulsos y pensamientos.

Puede que en algunos momentos sea más difícil manejar estos conflictos de autorregulación que en otros. ¿Cuándo es más probable que te dejes llevar por los procesos ascendentes (por ejemplo, interrumpir cuando te apetezca)? ¿Cuándo es más probable que logres imponer tu autorregulación en un conflicto (por ejemplo, resistirte al impulso de interrumpir)?

Las investigaciones analizan cuáles son las circunstancias en las que es más probable que la autorregulación tenga éxito en un conflicto y cuando es más probable que falle. A continuación haremos un breve repaso de las más importantes. El hecho de que nuestra capacidad de autorregulación no sea infinita tiene que ver con que la capacidad de la corteza prefrontal es limitada. Es una estructura cerebral joven dentro del proceso evolutivo, cuyo tamaño y función nos diferencia del resto de los animales: podemos gestionar nuestros instintos, impulsos y emociones. Podemos pensar, cooperar con los demás, dar sin esperar nada a cambio, tenemos paciencia, podemos organizar y resolver problemas complejos. Todas estas funciones corresponden al córtex prefrontal. Conservar la capacidad de la corteza prefrontal nos permite usar plenamente todo nuestro potencial para sacar lo mejor que tenemos.

Conservar la capacidad de la corteza prefrontal

Una de los primeros métodos que podemos aplicar es evitar los factores que sabemos que afectan negativamente al funcionamiento de nuestra corteza prefrontal o buscar los factores que te ayuden a recargar las reservas de la corteza prefrontal.

La investigación nos dice que romper las reglas tiene un efecto perjudicial para la capacidad de autorregulación. Si nuestro objetivo es perder peso, beber menos alcohol o dejar de fumar, decidir «comer un par de patatas», «beber solo una copa» o «fumar el último cigarrillo» suele acabar en que terminas comiéndote toda la bolsa de patatas fritas, tomándote más de una copa o fumándote todo el paquete de cigarrillos. Romper una vez la regla suele ser la receta del desastre.

¿Por qué ocurre esto? Puede haber dos mecanismos que influyen en este efecto. El primero es que, cuando decidimos comernos esas patatas, bebernos esa copa de vino espumoso o fumarnos ese cigarrillo, el consumir estos productos activa el sistema de recompensas, y esto refuerza nuestros impulsos y hace que sea más difícil gestionarlos. Los impulsos derrotan el control descendente de la corteza prefrontal y ganan la batalla. Estamos perdidos. El segundo mecanismo que contribuye a este efecto es el típico razonamiento: «Si hemos roto la regla una vez, podemos disfrutar el resto de la jornada, puesto que, de cualquier manera, hoy ya nos hemos saltado la dieta». Este razonamiento es el motivo de que este efecto se llame a menudo «Qué más da». Esta discusión ilógica desgraciadamente nos hace engordar más que adelgazar.

El abuso de la autorregulación es probablemente la mayor amenaza para la autorregulación, sobre todo porque muchas veces no nos damos cuenta de cuándo empieza este efecto. Como se ha mencionado en la sección anterior, las reservas de la autorregulación no son ilimitadas, y además la autorregulación depende de la corteza prefrontal que tiene otras muchas funciones. Desde el momento en que nos despertamos hasta que nos acostamos, le asignamos un millón de tareas al córtex prefrontal. Además de las funciones como planificar, el rendimiento cognitivo, la resolución de problemas..., nuestro córtex prefrontal está aplicando la autorregulación una tercera parte del tiempo que estamos despiertos. Si nos despertamos después de haber dormido poco, esto implica que nos tenemos que resistir a la tentación de quedarnos adormilados o dejar de prestar atención en muchos momentos del día..., que es una tarea importante de la corteza prefrontal. Gestionar las emociones negativas, dominar el estrés o no perder la paciencia son actos de autorregulación que dependen de la función de la corteza prefrontal. Puesto que sabemos que ejecutar la autorregulación continuamente puede acabar agotando sus reservas, es fundamental que dejemos descansar lo suficiente a nuestro córtex prefrontal, le demos un impulso positivo y lo entrenemos para su función. Aunque tratar con niveles altos de estrés se podría clasificar fácilmente como «abuso», merece prestarle especial atención. La vida se ha vuelto más compleja, más exigente, y se supone que todos podemos realizar un millón de tareas para ser, en teoría, felices. Queremos ese ascenso, queremos tener una familia, queremos correr en el maratón algún día y, ¿por qué no?, adoptar un perro también. Organizar todo esto tiene un precio, y es aumentar el nivel de estrés. El estrés acaba con la autorregulación y finalmente somos incapaces de conseguir nuestros objetivos. Las investigaciones nos demuestran que el estrés desencadena nuestros impulsos y deseos aún más al enfrentarnos a la tentación o a las señales asociadas a esta. Cuando estamos sometidos al estrés, el ventral estriado o sistema de recompensa se activa con más facilidad al ver una porción de tarta, un cigarrillo o una copa de vino. Esta sensibilidad excesiva hace que sea más difícil resistirse a los impulsos, y suele acabar casi siempre en niveles de estrés aún más elevados.

A muchos nos gusta tomar un aperitivo antes de comer, una cerveza en el bar con nuestros amigos o una copa de vino espumante mientras escuchamos música. No tiene nada de malo, pero muchos de nosotros también nos avergonzamos de nuestro comportamiento o el de otras personas después de haber bebido demasiado alcohol. Beber alcohol reduce nuestra capacidad de autorregulación porque afecta directamente al funcionamiento de la corteza prefrontal, ¡que es nuestro sistema de control! Salir de copas por la noche, disfrutar de la vida y bailar encima de la mesa puede, sin duda, mejorar nuestro humor positivo y nuestro espíritu de equipo, pero también puede llevarnos en la dirección opuesta. Debido a la disminución de la capacidad de inhibición de la corteza prefrontal, las emociones negativas también pueden acabar triunfando y provocando un conflicto cuando perdemos los estribos. La ausencia de autorregulación hace asimismo que sea más difícil gestionar los antojos de comida, lo que nos puede llevar a romper la dieta o fumar un cigarrillo después de tomar una copa de vino, cuando en realidad lo estábamos dejando.

Todos sabemos que dormir lo suficiente y descansar frecuentemente es importante. En el contexto de la autorregulación, principalmente, no nos queda otra opción que dejar descansar al cerebro. Si ejerces la autorregulación sin descansar lo suficiente y sin tomarte pequeñas pausas, esto agotará la capacidad de la corteza prefrontal, acabarás tomando decisiones equivocadas y bajará tu rendimiento.

La investigación demuestra que la capacidad de autorregulación funciona mejor por la mañana, y se debilita cuando llega la hora de hacer cosas importantes, como pasar tiempo con la familia y los amigos, animarnos para hacer deporte en vez de estar sentados viendo la televisión o comer cosas saludables en lugar de pedir una pizza. Cuando no has dormido lo suficiente, el agotamiento de la autorregulación puede hacernos estar más susceptibles al estrés, los antojos y las tentaciones. Además, experimentaremos problemas cuando queramos gestionar nuestras emociones y centrar nuestra atención. La falta de sueño perjudica el aprovechamiento de la glucosa del cuerpo y el cerebro, su principal fuente de energía. Más concretamente, las células no consiguen absorber glucosa del riego sanguíneo, y esto acaba provocando más cansancio y mayores antojos de azúcar y cafeína para seguir despiertos. Sin embargo, esto no nos beneficia debido al fallo de las células a la hora de absorber la glucosa. La corteza prefrontal, que es responsable de la mayor parte de las tareas diarias, paga muy cara esta falta de energía, y no puede funcionar de forma adecuada. Como resultado, la corteza prefrontal es incapaz de controlar la activación de la amígdala, de modo que esta parte del cerebro está más expuesta al estrés de la vida diaria. La consecuencia de esto es que tenemos más estrés y menos autorregulación, y ello se convierte en un círculo vicioso.

Las investigaciones, en cambio, nos muestran que una noche de sueño profundo puede restaurar el funcionamiento del cerebro a su estado optimo. Después de una semana estresante, nos ayudará mucho recuperar horas de sueño durante el fin de semana. No solo es importante dormir, sino también tomarnos pausas frecuentes para que nuestro cerebro tenga tiempo de recuperar su capacidad y volver a tener el control. Estar solos unos minutos nos puede ayudar a recuperar las reservas de autorregulación. Sabiendo que las reservas de autorregulación son limitadas y que ejecutarla constantemente puede llevar a un estado temporal de agotamiento de la misma, podemos aprovechar este conocimiento cuando hagamos nuestra programación. Siempre que puedas, planifica las reuniones importantes a primera hora del día o después del almuerzo. Programa las tareas que exigen más trabajo a principio de la semana, mejor que al final. Dormir y tomarse pausas favorecen un mayor rendimiento.

Recuerda la última vez que estuviste exhausto, habiendo agotado toda tu energía y que, a pesar de todo, lo hiciste muy bien. ¿Te acuerdas en qué contexto ocurrió o qué fue lo que precedió a este brote de productividad? En muchos casos te darás cuenta de que lo que recargó tus reservas fue una emoción positiva, un momento divertido o una gran carcajada. Después de un día estresante de trabajo, si tu pareja te dice lo maravillosa que eres, ya no te parecerá tan malo hacer tareas del hogar. Reírnos durante la comida con nuestro equipo puede recargar la autorregulación para funcionar por la tarde. Una crítica negativa es más fácil de digerir si está precedida de un elogio.

Las investigaciones nos muestran que, cuando induces a la gente estados de ánimo positivos, no solo aumenta el funcionamiento de la autorregulación, sino que se neutraliza el efecto de agotamiento. En otras palabras, si nosotros o nuestro equipo estamos con la energía por los suelos, cambiar el estado de ánimo nos puede ayudar mucho. Estos encuentros positivos refuerzan el sistema de recompensa del cerebro y ejercen un efecto positivo en el funcionamiento de nuestro córtex prefrontal. Recuerda que este no es solo responsable de la autorregulación, sino que es la base de nuestra resolución, e interviene en la resolución de problemas, el razonamiento, la toma de decisiones y la planificación. Todas estas funciones están implicadas en la mayoría de las tareas que llevamos a cabo en nuestra vida profesional y privada, y sentirse bien –en esto también– es esencial en la vida. Recibir un cumplido o hacer un cumplido, expresar nuestro agradecimiento a los demás y participar en actividades que realmente nos gustan no solo mejorará nuestro funcionamiento, sino que ayudará a los demás.

En nuestra apretada agenda de trabajo y también en casa, muchas veces no encontramos tiempo para hacer deporte. Bueno, te vamos a convencer de que hacer deporte es una actividad que reporta muchos beneficios. El deporte es una de las actividades que aumenta la capacidad de autorregulación en muchos aspectos. En un famoso estudio, le regalaron a un grupo de personas que antes no hacía ejercicio físico el acceso gratuito a un gimnasio durante dos meses. Después de esos dos meses, las condiciones físicas de esas personas mejoraron, al mismo tiempo que mejoró otro amplio abanico de conductas. También presentaban una mejora en la focalización de la atención y en la habilidad de evitar que la información desviara su atención. Asumieron estilos de vida mucho más sanos al reducir el consumo de tabaco, bebida y comida basura, y adoptar una alimentación saludable. La toma de decisiones económicas también mejoró: se gastaron menos dinero en comprar por impulso y ahorraron más. Además, todas estas personas declararon que tenían más control sobre sus emociones. El deporte no solo tiene un efecto inmediato en la autorregulación y la productividad, sino que además tiene efectos a largo plazo. El ejercicio físico aumenta el número de neuronas (la materia gris) y, al incrementar la capa de aislamiento (la materia blanca), les permite comunicarse más rápido y de forma más eficiente. El deporte hace que tu cerebro crezca y funcione más rápido, y sobre todo actúa sobre la corteza prefrontal. Hay más noticias buenas: las pausas de cinco minutos para tomar aire fresco reducen el estrés, favorecen la atención, mejoran el estado de ánimo y aumentan la autorregulación y la productividad.

Mindfulness: la autorregulación del cerebro

Incluso cuando conocemos perfectamente las situaciones que constituyen un peligro para nuestra autorregulación y nuestro rendimiento, a menudo no podemos evitar abusar del uso de la corteza prefrontal y acabar en un estado de agotamiento. Como hemos descrito antes, en este estado, la amígdala está extremadamente sensible a los sucesos negativos, y la colaboración entre la amígdala y la corteza prefrontal disminuye. Esto quiere decir que nos inclinamos a percibir los mensajes y las situaciones como más negativas de o que realmente son. A lo que hay que añadir que la capacidad de utilizar las zonas del cerebro que están involucradas en la inhibición de este tipo de pensamientos y sentimientos es inferior. En pocas palabras, ¡no estamos en forma!

Ejercicio:

En el ejercicio anterior, te pedimos que pensaras en un problema de autorregulación en tu vida. Quizá hayas reconocido los factores que tienen un efecto positivo o negativo y entiendas cómo afectan esos factores a tu capacidad de autorregulación. No obstante, en muchas situaciones no podemos controlar los factores que contribuyen de forma positiva o negativa al éxito de nuestro comportamiento de autorregulación. Si recuerdas uno o más de los problemas de autorregulación que has mencionado antes, ¿qué estrategia usarías para superar tu problema de autorregulación? ¿Qué método emplearías para superar las emociones negativas que tienes cuando trabajas con un compañero que no te gusta? ¿Qué método utilizas cuando notas que los niños están poniendo a prueba tu paciencia? ¿Cómo consigues no comer demasiado y resistirte a un segunda porción de tarta?

Además de este ejercicio, te vamos a pedir que no pienses en un perro verde en todo el día.

Aunque durmamos lo suficiente, participemos en diversas actividades de ocio y practiquemos deporte regularmente, seguirá habiendo ocasiones en las que nos invada el sentimiento de ira y nos encontremos a punto de gritar en una discusión. Todavía podemos percibir que los impulsos, los sentimientos o los pensamientos nos quitan la energía, y que nosotros mismos nos boicoteamos a la hora de actuar.

En el ejercicio anterior, puedes haberte dado cuenta de que aplicas diferentes estrategias para intervenir en un conflicto de autorregulación. Los más habituales son la represión, desviar la atención y la reinterpretación cognitiva. La represión significa que intentas no pensar en una emoción, impulso o pensamiento o que tratas de apartarlos. Aunque este método te sirva a corto plazo, tiene consecuencias negativas y, a menudo, empeora el problema. Esto es lo que los investigadores denominan el efecto rebote irónico: intentar conseguir algo y acabar consiguiendo lo contrario.

Un famoso estudio dirigido por Daniel Wegner y sus colegas de la Universidad de Harvard ha investigado este efecto. En su estudio, invitaron a dos grupos de personas a ir a un laboratorio para un experimento llamado lista de pensamientos. En uno de los grupos, la gente recibió instrucciones de no pensar en un perro verde, mientras que en el otro grupo la gente podía pensar en lo que quisiera. Wegner descubrió que en el grupo que se había reprimido el pensamiento del perro verde los participantes acabaron teniendo más pensamientos del perro verde, en comparación con el grupo que podía pensar en cualquier cosa.

Basándose en una serie de estudios, Wegner propuso la teoría de los procesos de control mental irónicos, que describen cómo el efecto de rebote irónico tiene un efecto destructivo en muchos de nuestros pensamientos, emociones y comportamientos. Para ilustrar la historia, vamos a suponer que queremos que nuestra mente se enfoque menos en los pensamientos negativos y más en los positivos para mejorar nuestro estado de ánimo. Cuando lo hacemos, nuestra mente activa intencionadamente el sistema operativo que dirige nuestra atención consciente hacia los pensamientos positivos. Sin embargo, este proceso va acompañado de un sistema de monitoreo irónico que comprueba constantemente nuestra falta de atención e intenta encontrar las situaciones negativas para asegurarse de que no nos estamos enfocando en ellas. Al hacerlo, el sistema de monitoreo irónico saca a la luz los pensamientos negativos (¡se deben a un fallo del sistema y tenemos que comprobarlos!) y podría provocar un estado de ánimo negativo, justo lo contrario de lo que queríamos. Este efecto es mucho peor cuando estamos estresados o tenemos mucha carga mental, en otras palabras, cuando hemos usado gran parte de nuestra capacidad de autorregulación. Otro ejemplo típico es cuando intentas quedarte dormido y el sistema de monitoreo irónico te pone al día constantemente para que sepas que «todavía no has alcanzado tu meta», y, de este modo, te mantiene despierto. Aunque el efecto irónico de rebote se analizó primero en relación con los pensamientos, los estudios han demostrado que este efecto también está presente en las obsesiones y la ansiedad, y puede conducir a realizar acciones no deseadas en los deportes y en situaciones que involucran al rendimiento. Desviar tu atención a otra actividad puede parecerte una solución atractiva, pero esta estrategia solo funciona a corto plazo. Los pensamientos, impulsos y emociones no se resuelven y vuelven a aparecer más tarde y en otro momento, y a veces con mayor intensidad.

Otro método que la gente suele aplicar para gestionar sus pensamientos, emociones e impulsos es la revisión cognitiva. Este método nos hace buscar un motivo para no intervenir en una emoción, pensamiento o impulso, que no esté en concordancia con nuestras metas a largo plazo. Si queremos dejar de fumar o queremos perder peso, nos podemos contar a nosotros mismos que no queremos fumar ese cigarrillo o comer esa porción de tarta porque «los cigarrillos no son sanos» y «esa porción de tarta contiene tanta grasa que nos vamos a saltar la dieta completamente». Cuando nos enfadamos durante una discusión, podemos convencernos a nosotros mismos diciendo que «no deberíamos enfadarnos porque no queremos que esa discusión vaya a más, y, en el fondo, lo que queremos es una conversación constructiva». Si has terminado de vestir a los niños para ir al colegio y, de repente, la pequeña se enfada y no se quiere mover del sitio, gritando que quiere vestirse ella sola, argumentamos que «tiene un carácter fuerte y le deseamos buena suerte a su futura pareja». Apretamos el botón de reseteo mental y la dejamos vestirse sola. ¿No es así? Cuando experimentamos un conflicto de autorregulación, aplicamos el método de «autoconvencernos». Los estudios demuestran que este método realmente reduce la activación del ventral estriado y la amígdala, y disminuye nuestros impulsos y el estímulo emocional. Sin embargo, tiene una desventaja, y es que el córtex prefrontal está muy involucrado en él. Como hemos mencionado en varias ocasiones, la corteza prefrontal tiene muchas otras funciones, y su capacidad no es ilimitada. En otras palabras, cuando nos encontramos en un estado de agotamiento (o casi), los argumentos como «fumar no es sano», «esta tarta tiene muchas calorías» o «no quiero pelear, quiero colaborar» no nos ayudarán. En este caso, si queremos resistirnos al cigarrillo o a la porción de tarta, o queremos conservar la calma en una discusión, necesitaremos un método que no se apoye en la corteza prefrontal. La revisión cognitiva depende del control descendente y afecta al proceso que queremos realizar.

Hay otro método. Es un método que reduce directamente los procesos ascendentes, lo que significa que interrumpe tus pensamientos, emociones e impulsos, sin depender de la corteza prefrontal. De hecho, esta estrategia no lingüística no requiere un esfuerzo mental para disminuir inmediatamente tu activación emocional, la presencia de pensamientos inoportunos y los impulsos molestos. Volviendo a la definición de rendimiento (rendimiento = potencial – interferencias), este método reduce las interferencias, sin explotar tus recursos mentales y, por tanto, permitiéndote acceder a tu potencial y sacar el máximo partido de él. Mejor aún, la práctica y aplicación regular de este método disminuye la intensidad de las interferencias, lo que conlleva una menor necesidad de gestionar tus pensamientos, impulsos y emociones, y establece un puente hacia tu potencial. Estamos hablando del mindfulness.

En resumen

El rendimiento es igual a nuestro potencial menos las interferencias. Las interferencias de las que estamos hablando en este libro son las interferencias internas, como las emociones, los impulsos y los pensamientos. La autorregulación es la capacidad que tenemos de gestionar estas emociones, impulsos y pensamientos que se accionan automáticamente, de manera que podamos acceder a nuestro potencial y lo podamos emplear.

Estas emociones, impulsos y pensamientos se accionan de manera automática por nuestro ventral estriado y nuestra amígdala, dos áreas del cerebro que se activan muy rápido. La autorregulación activa de estos procesos automáticos se acciona desde el córtex prefrontal y cuesta más trabajo activarla. La corteza prefrontal, en términos de evolución, es el área del cerebro más reciente y está involucrada en casi todas nuestras funciones ejecutivas, como la planificación, la organización, la focalización de la atención y el razonamiento.

Nuestra capacidad de autorregulación no es un recurso ilimitado, al contrario, puede agotarse relativamente rápido debido al hecho de que la corteza prefrontal tiene una capacidad limitada, y además es responsable de otras muchas funciones ejecutivas. Este efecto es lo que llamamos agotamiento de la autorregulación.

En un estado de agotamiento de la autorregulación en la corteza prefrontal, las amígdalas son hipersensibles a los estímulos exteriores y nos conducen a un estado con una inclinación hacia lo negativo. Por si fuera poco, hay una disfunción en la conexión entre la amígdala y la corteza prefrontal.

Podemos conservar la capacidad de la corteza prefrontal evitando los factores que le afectan, como romper las normas de la dieta que potencian nuestros impulsos, abusar de nuestro córtex prefrontal cuando no es necesario o beber mucho alcohol. Los factores que la potencian de forma positiva son las pausas regulares, el sueño, las emociones positivas y practicar deporte regularmente.

Los métodos de autorregulación más corrientes son la represión o desviar la atención. Aunque puedan parecer una solución, se ha descubierto que, a la larga, empeoran los problemas de autorregulación. La reinterpretación cognitiva es una buena manera de enfrentarnos a nuestras emociones e impulsos, aunque depende de la corteza prefrontal.

El mindfulness es una forma no cognitiva y no lingüística de enfrentarnos de manera efectiva a las emociones, los impulsos y los pensamientos que se interponen. Los efectos positivos más sorprendentes en la conducta se desprenden de un cambio significativo en la función y la estructura de la amígdala. Dado que la sobreactivación de la amígdala frena seriamente el desarrollo de nuestro potencial, el mindfulness nos ofrece una vía de acceso a este. El mindfulness es la clave de un alto rendimiento.

4. El mindfulness y mi cerebro. ¿Cómo funciona esta relación?

Tengo 33 años y vivo con mis dos hijas pequeñas, de cinco y cuatro años. Me separé de su padre cuando mi segunda hija acababa de cumplir un año. Siempre he trabajado a tiempo completo, y eso me ha mantenido muy ocupada y estresada, sobre todo justo después de separarme de mi pareja. Creía que todos mis sueños se habían esfumado. Mis emociones estaban desbocadas. Me pasaba casi toda la noche despierta porque mi hija menor tenía dificultades para dormir por la noche, lo que me llevó a tener una falta de sueño constante. Sin embargo, confiaba en que podría arreglármelas yo sola, enfrentarme al mundo y tener una vida feliz. Algún día. Ya me faltaba menos. Con el poco tiempo libre que me quedaba, me iba a correr y a escalar para estar en forma. Siempre estaba fuerte y estable, tenía todo bajo control y había recibido una fuente ilimitada de reservas, o eso creía.

En un momento que estaba un poco perdida en la vida, decidí tomarme un descanso, y me fui yo sola en avión a Egipto, porque necesitaba unos días de vacaciones. No me podía relajar, no podía estar quieta, así que me llevé mi trabajo para «leer en paz». Además salía a correr todos los días, o bien a las seis de la mañana o justo después de atardecer, para evitar el calor. Una día salí a correr un poco tarde y me «encontré» con una puesta de sol maravillosa. Nunca había visto unos colores cálidos tan ricos, saqué el móvil e hice unas fotos, pero no, no conseguía captar lo que estaba viendo. No captaba la auténtica belleza que había, ¡pero tenía que llevar unas fotos de vuelta a casa! ¡Se las enseñaría a mis hijas y mis amigos! ¡O quizá las podía enmarcar y ponerlas en la oficina para acordarme de esta vacaciones! Irritada, me relajé y miré en mi interior. Y entonces encontré algo mucho más grande que un atardecer. ¡Me encontré a mí misma! Al final de este capítulo encontraréis un poema que habla de esta experiencia.

Este viaje a Egipto fue el principio de mi camino en la práctica del mindfulness. Si miro atrás a la persona que era, o que yo creía que era, veo muy claramente cómo he cambiado. Me cambió la mente y, de ahí en adelante, cambiaron muchas cosas en mi vida. No puedo evitar que el mundo sea activo y abrumador, pero puedo intentar hacer todo lo que tengo que hacer con paz interior. Aspiro a hacerlo con conciencia.

Mindfulness: la clave de un alto rendimiento

En el capítulo anterior hemos definido el rendimiento como nuestro potencial menos las interferencias. La naturaleza de estas interferencias es interna, como nuestros pensamientos (la ensoñación o pensar en el pasado), las emociones (sentir enfado) y los impulsos (comprobar el móvil constantemente). Estas interferencias internas a menudo bloquean el acceso y la utilización de nuestro potencial: pensamos que no lo conseguiremos y eso nos frena, despilfarramos energía enfadándonos en una discusión porque lo que dice la otra persona no concuerda con lo que pensamos. Nos ponemos tristes porque nuestra pareja no nos presta atención como pensamos que debería hacerlo si realmente nos quisiera. Nos molesta que nuestro compañero haya *vuelto* a hacer su trabajo mal. Nos enfadamos porque nuestro jefe no cumple nuestras expectativas. Una expectativa simplemente es proyectar el conocimiento que tienes ahora en el futuro. Las expectativas constituyen el origen de muchas emociones negativas en la vida. Una expectativa significa implicar al otro en una tarea: «Si te comportas o piensas como yo quiero, todo está bien. Si no lo haces, me vas a decepcionar». El mundo de los pensamientos y las expectativas son simples pensamientos que se han repetido varias veces a lo largo de nuestra vida y se convierten en una parte nuestra o en algo aún peor, porque empiezan a funcionar como si fuesen un filtro a través del cual vemos el mundo. Esto significa que solo son verdad para nosotros, y a través de nuestras experiencias le hemos dado una forma singular a esta verdad.

Cuando nos enfrentamos a situaciones donde ocurre algo que no concuerda con nuestra manera de pensar y nuestras expectativas, experimentamos inseguridad. Si la situación tiene un mínimo interés para nosotros, la amígdala se activará desmesuradamente para provocarnos una sensación de inseguridad. No nos gusta esta sensación, de modo que intentamos disminuirla buscando la forma de reducir la activación de la amígdala, para volver a sentirnos bien. Cuando desarrollamos un proyecto en el trabajo, nos sentimos satisfechos al entregarlo, pero si recibimos una crítica negativa, esto no estará en concordancia con nuestra propia experiencia, y con nuestras expectativas en relación con este proyecto. El resultado es que la activación de la amígdala conduce a una emoción negativa. Los eventos que no concuerdan con lo que pensamos y esperamos, provocan una reacción emocional más fuerte que los que están de acuerdo con ello. Si tu jefe te hace el siguiente comentario: «Este proyecto está muy bien redactado, las imágenes realmente sirven para definir las ideas, ¡pero todavía tienes mucho que aprender!». ¿Qué es lo que te va a provocar la reacción emocional más fuerte? Desde luego, el hecho de que tu jefe te diga que todavía tienes mucho que aprender.

Aunque sea importante que haya un estímulo emocional para tu supervivencia (por ejemplo, reaccionar a un sonido extraño por la noche), la activación de la amígdala a menudo nos pone en un estado negativo y se adueña del funcionamiento de la mente. La amígdala es el mal necesario. Las amígdalas están implicadas en el aprendizaje de la importancia emocional de los estímulos potencialmente ambiguos y nos ayudan a distinguir la amenaza de la seguridad, y a valorar y a responder a los eventos emocionalmente significativos. Sin embargo, como las amígdalas tienden a activarse de forma desmesurada, desencadenan el modo lucha, huida o parálisis, y nos hacen estar a la defensiva. En el peor de los casos, la activación de la amígdala es tan fuerte que acabamos inmediatamente agotados, y en este estado el córtex prefrontal se queda fuera de juego. Ya no podemos razonar ni escuchar y, mucho menos, cambiar de perspectiva. No es una foto en blanco y negro, pero la activación de la amígdala tiene distintos grados que tienen un efecto diferente sobre nuestro pensamiento y, en consecuencia, sobre nuestra conducta.

El hecho de que la amígdala responda muchas veces a las situaciones difíciles con una intensidad inapropiada provoca estados mentales negativos que reducen involuntariamente nuestro enfoque, la habilidad de enfrentarnos al conflicto, la agilidad, la flexibilidad y, generalmente, nuestra capacidad de pensar con claridad. Los problemas con estas variables fundamentales limitan nuestra habilidad de alcanzar el máximo rendimiento. A su vez, esto tiene una larga lista de consecuencias negativas a nivel personal o empresarial. Si la amígdala no respondiera de manera desmesurada, nos podríamos beneficiar de una comunicación más productiva, una regulación más efectiva de los impulsos automáticos emocionales y de conducta, un enfoque más inteligente acerca del cambio organizativo, una implicación en las tareas más natural y el aumento de la capacidad de concentrarnos, pasando de una filosofía que considera la diferencia y el conflicto como enriquecedores a una visión más amplia y a un bienestar personal más elevado.

Cuando experimentamos una emoción negativa que se inicia por la activación de la amígdala, podemos intentar reducirla mediante la autorregulación. Hay un amplio abanico de métodos, y todos podemos encontrar al menos uno que funcione bien. Los más habituales son la represión, la distracción, la revaluación cognitiva y la toma de distancia.

El primero, que es la represión, significa intentar deliberadamente no pensar en una emoción o un pensamiento que te inquieta, e intentar alejarlo de manera activa. Sabemos que provocará el efecto irónico de rebote, y la mayor parte de las veces ocurrirá lo contrario: que la emoción empeorará. Las investigaciones también nos muestran que la represión activa de las emociones o los pensamientos, aunque solo sea durante cinco minutos, puede llevarte a un estado de agotamiento, que favorece que la amígdala actúe sola. Por su parte, la distracción acaba dando un resultando negativo parecido. Otro método corriente que solemos aplicar para gestionar las emociones o los pensamientos es la revaluación cognitiva: redefinimos la emoción («No debería enfadarme porque ese proyecto no es vital para mí») o la situación para reducir nuestra emoción negativa («No debería enfadarme porque probablemente mi jefe estaba cansado y no ha querido decir lo que ha dicho»). Tomar distancia es un método muy parecido en el que intentamos ver el mundo por medio de los ojos de la parte contraria, para llegar a un entendimiento y reducir las opiniones en conflicto. Cada individuo varía en su propensión para implicarse espontáneamente en la revaluación cognitiva o en la represión de las emociones. Por lo general, las personas que eligen de forma inconsciente la revaluación cognitiva presentan un nivel más bajo de influencia negativa, tienen más relaciones interpersonales y un bienestar psicológico y físico más elevado. En las personas que reprimen espontáneamente sus emociones, encontramos los efectos contrarios. Aunque la revaluación cognitiva y la toma de distancia/cambio de perspectiva funcionen bien, siguen siendo estrategias cognitivas. Esto quiere decir que, para tener éxito, dependen de la corteza prefrontal, y como hemos descrito antes, la corteza prefrontal está directamente involucrada en un gran número de funciones ejecutivas, y su capacidad es limitada. Esto significa que aplicar estos métodos para gestionar las emociones consume energía de la corteza prefrontal, y tus funciones ejecutivas no funcionarán a la perfección. A esto hay que añadir que las estrategias cognitivas no funcionan cuando se agotan las reservas de la corteza prefrontal. Y el efecto del agotamiento es un evento diario, no lo olvides.

Aquí es donde el mindfulness desempeña un papel único. El mindfulness es una estrategia no cognitiva para gestionar los estados emocionales y conseguir un estado mental equilibrado. Asimismo, es un método no lingüístico y no requiere el uso del lenguaje. Esto implica que el mindfulness es un método que no requiere esfuerzo y, al mismo tiempo, tiene capacidad para gestionar las emociones, los impulsos y los pensamientos sin tener que utilizar las reservas de la corteza prefrontal. Por tanto, no solo puedes gestionar bien las emociones, los impulsos y los pensamientos sin necesidad de usar la corteza prefrontal, sino que también liberas su capacidad para otras funciones. Y no acaba aquí la historia. Practicar la meditación mindfulness con regularidad cambia la estructura del cerebro de tal modo que las emociones y pensamientos negativos se activan menos y no nos importunan tan a menudo. De modo que el mindfulness no solo nos ayuda a regular instantáneamente las interferencias cuando surgen, sino que también reduce la intensidad de las mismas si se practica de forma habitual. Esta importante reducción de las interferencias se traduce en una mejor forma de acceder al uso de las reservas internas que poseemos: nuestro potencial.

Antes de introducir los principios del mindfulness, nos gustaría hacer un resumen de sus efectos más importantes en el cerebro y la conducta.

¿Cómo se puede beneficiar mi cerebro con el mindfulness?

¿Todavía puede cambiar mi cerebro? Sí, el cerebro cambia a lo largo de toda la vida. Se denomina neuroplasticidad al fenómeno que define la capacidad del cerebro de cambiar.

Un famoso estudio que ha investigado la neuroplasticidad comparaba el cerebro de unos taxistas experimentados de Londres con el cerebro de otras personas que no eran taxistas. Los taxistas tienen que someterse a una preparación muy dura y difícil para sus dotes de orientación. Para convertirte en taxista en Londres, tienes que saber conducir por las treinta mil calles de la ciudad sin mirar un mapa ni un navegador. La comparación del cerebro de los taxistas con el del otro grupo demostró que los primeros tenían un hipocampo significativamente más grande. El hipocampo es una parte del sistema límbico, y sabemos que tiene un papel fundamental en la formación de recuerdos y en la navegación espacial. El resultado mostro que el volumen del hipocampo está relacionado con la experiencia del taxista.

¿Cómo se transforma el cerebro con el mindfulness? En la última década, se han llevado a cabo un gran número de estudios que investigan el efecto de la práctica del mindfulness en la mente. Muchos de estos estudios tuvieron lugar en un marco clínico, ya que el mindfulness se usa a menudo como parte de la terapia para tratar enfermedades psicológicas como la depresión. Nos llevaría mucho tiempo enumerar todos los estudios de neuroimagen relacionados con el mindfulness, de modo que nos hemos centrado en aquellos que hemos considerado que tienen los efectos más sorprendentes.

La doctora Sara Lazar, neurocientífica en el Departamento de Psiquiatría del Hospital General de Massachusetts y profesora de Psicología en Harvard Medical School, y su equipo llevaron a cabo varios estudios interesantes en el campo de la neurociencia y el mindfulness que revelaron nuevos descubrimientos en los cambios estructurales fundamentales que experimenta el cerebro mediante la práctica del mindfulness.

En un primer estudio, Lazar y sus colegas compararon a un grupo de meditadores experimentados con un grupo de referencia. En el grupo de los meditadores experimentados encontraron una cantidad significativamente menor de materia gris en la corteza prefrontal, en comparación con el grupo de referencia. Como hemos señalado antes, la corteza prefrontal desempeña un papel muy importante en las funciones de la memoria operativa y la ejecución. Los resultados también mostraron que el cerebro aparentemente no sufría el mismo proceso de envejecimiento en los dos grupos. En casi todas las personas, el cerebro empieza a reducirse cuando eres más viejo, y esto afecta al pensamiento, la memoria y la conducta. Este estudio demostró que los meditadores no experimentaban este proceso. Un meditador de cincuenta años tenía la misma cantidad de córtex que una persona de veinticinco años. En otras palabras, la práctica de la meditación ralentiza o incluso impide el envejecimiento de la estructura cortical. Aunque este estudio haya hecho interesantes descubrimientos acerca de los cambios neuronales asociados a la meditación, la mayor crítica que tiene es que no ha sido un experimento controlado. Es muy posible que la diferencia principal entre los meditadores y los participantes existiera antes de la medición. ¿Es posible que las personas que tienen un córtex prefrontal más grande tengan más facilidad para meditar? Otra posibilidad es que las diferencias observadas hayan sido causadas por una variable distorsionante que estuviera naturalmente presente en los dos grupos, como una dieta distinta o un estilo de vida diferente.

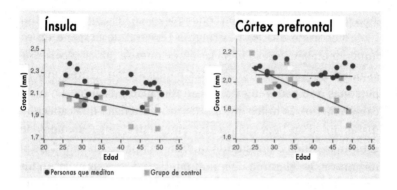

Figura 5: Partes del cerebro (ínsula y córtex prefrontal) que revelan más masa cerebral en las personas que meditan frente al grupo de control. Fuente: Lazar et al., NueroReport, 2005.

Para excluir las explicaciones alternativas a las diferencias observadas en el cerebro, el equipo de Sara Lazar llevó a cabo un estudio experimental de seguimiento. En este estudio, invitaron a participar a un gran número de personas que nunca habían meditado. Se dividió el grupo en dos al azar. A uno de los grupos le pidieron que practicaran un programa de reducción de estrés basando en el mindfulness durante ocho semanas, que consistía en encuentros semanales para practicar mindfulness, seguido de la práctica en casa. Les facilitaron grabaciones que contenían una práctica de meditación guiada para llevarla a cabo en casa. Las personas que estaban en el grupo de mindfulness emplearon unos veintisiete minutos de promedio diario para practicar la meditación mindfulness. Los escáneres cerebrales del grupo que meditaba y del grupo de control se compararon antes de empezar, y tras ocho semanas de ejercicio. En el grupo de mindfulness, la materia gris del hipocampo, que es la estructura del cerebro que se ocupa de la creación de memorias, la navegación espacial y la regulación emocional, había aumentado notablemente en comparación con el grupo de control.

El hecho de que esta estructura cerebral desempeñe un rol fundamental en la gestión de las emociones se refuerza con otros estudios que demuestran que las personas con depresión y las personas que padecen estrés postraumático presentan un hipocampo menor. Es típico que los dos grupos tengan una capacidad disfuncional en la gestión de las emociones. Los resultados del estudio también demostraron que, en comparación con el grupo de control, en el grupo de mindfulness se podía apreciar un importante aumento de la materia gris en la unión temporoparietal (TPJ), que es una estructura del cerebro localizada encima de la oreja que tiene una importante función en la capacidad de cambiar de perspectiva, en la empatía y en la compasión. Además de los cambios estructurales de la TPJ, los cambios que se perciben en la habilidad de tomar distancia, sentir empatía y sentir compasión se han encontrado también en las declaraciones verbales de las personas del grupo de mindfulness.

Y, por último, este estudio nos muestra los cambios fundamentales que experimenta la amígdala en comparación con el grupo de control. En el grupo de mindfulness, hay un notable descenso del tamaño de la amígdala, mientras que en el otro grupo no se observan cambios. En el grupo de mindfulness, los mayores cambios en el tamaño de la amígdala estaban relacionados con la intensidad de los síntomas que experimentaron vinculados al estrés: las personas que experimentaron una mayor disminución del tamaño de la amígdala notificaron que habían experimentado menos síntomas vinculados con el estrés. El mundo no había cambiado en ocho semanas. Las vidas de estas personas seguían siendo estresantes, la economía no había mejorado mucho, en cambio, sus síntomas vinculados al estrés se redujeron notablemente debido a una disminución del tamaño de la amígdala. Esto quiere decir que la reducción de la amígala no representaba que hubiera habido cambios en el entorno, sino que había habido cambios en la forma de estas personas de responder al entorno. No se puede evitar que el mundo sea bullicioso y abrumador, pero puedo hacer lo que tenga que hacer con paz interior. Aspiro a hacerlo con conciencia.

Hay una gran cantidad de investigación que ha contribuido a estos descubrimientos, y nos provee de un entendimiento más claro del porqué el mindfulness tiene esos efectos positivos en la función ejecutiva y en el bienestar. Los estudios indican que estos efectos se deben principalmente a un descenso de un pensamiento limitado provocado por las emociones negativas (inconscientes), que se inicia con la activación de la amígdala. La reducción de la activación de la amígdala nos permite usar la corteza prefrontal al máximo y eso mejora de manera sustancial nuestra capacidad de desviar la atención y enfocarnos, de inhibir patrones de conducta o costumbres aprendidas de memoria, y de tomar decisiones deprisa y bajo presión teniendo la mente clara. Además, las emociones negativas no nos frenan tanto para hacer y demostrar lo que sabemos hacer bien. En pocas palabras, tenemos mucho más acceso a nuestro verdadero potencial. Las investigaciones demuestran, asimismo, que practicar mindfulness fortalece la conexión entre la corteza prefrontal y el sistema límbico, especialmente la conexión con la amígdala. Esto implica que estamos mucho más preparados para modular las funciones emocionales del cerebro. Seguimos experimentando emociones, pero somos conscientes de ellas, y somos más capaces de gestionar la expresión de estas emociones a través de una conexión fortalecida entre la corteza prefrontal y el sistema límbico.

Además, la amígdala no solo experimenta cambios estructurales al cabo un periodo de ocho semanas de meditación mindfulness, sino que también manifiesta una menor activación en respuesta a un estímulo con carga emocional. Un estudio reciente ha estudiado el efecto de la práctica de la meditación en un plazo de tiempo sobre la respuesta de la amígdala. El grupo de personas que hicieron el curso de mindfulness durante ocho semanas (dos horas de clase a la semana y veinte minutos de meditación mindfulness al día) mostraron una disminución longitudinal de la activación de la amígdala en respuesta a los estímulos emocionales en comparación con el grupo de control, que no había hecho el curso de mindfulness. Hay que destacar que no se le pidió a los participantes que meditaran mientras veían las imágenes. Esto demuestra que el efecto de la meditación mindfulness en los procesos emocionales se transfiere a los estados no meditativos. Las amígdalas reducen su activación en respuesta a los estímulos emocionales y, en consecuencia, disminuyen los estados negativos y las reacciones de estrés. De este modo, la meditación mindfulness está perfectamente indicada para prevenir el estrés o la extenuación. En un estudio realizado con pacientes a los que les habían diagnosticado trastornos de ansiedad generalizada (TAG), se obtuvieron resultados similares. Las personas con TAG se dividieron en dos grupos: uno participó en un curso de ocho semanas de mindfulness y el otro grupo recibió una formación de gestión del estrés. Había un tercer grupo de control sano. Antes de empezar la formación, midieron la activación del cerebro en respuesta a las expresiones faciales de enfado y neutras. En cuanto a las caras enfadadas, tanto los participantes con TAG como los sanos mostraron un nivel de activación de la amígdala parecido. Sin embargo, en los participantes con TAG se observó un aumento notable de la activación de la amígdala en respuesta a las caras neutras, en comparación con el grupo de control, lo que indica que un estímulo ambiguo puede desatar un estímulo negativo en los participantes con TAG. Después de ocho días de práctica, la activación de la amígdala en respuesta a las caras neutras se redujo de forma significativa en ambos grupos. Esto significa que un estímulo ambiguo causaba una activación de la amígdala mucho menor, con su consecuente estímulo negativo. Por otra parte, la conectividad funcional entre la amígdala y las regiones del córtex prefrontal disminuyó considerablemente en el grupo de TAG que recibió la formación de mindfulness. El aumento de la conectividad funcional sugiere que estas personas mejoraron mucho su gestión de la activación de la amígdala. Estos resultados coinciden con otros descubrimientos que sugieren que la meditación mindfulness contribuye a mejorar la capacidad de gestión emocional y la focalización de la atención.

Resumiendo, la meditación mindfulness disminuye el tamaño de la amígdala y, en consecuencia, su activación en respuesta a los estímulos emocionales. Además, la conectividad entre la amígdala y el córtex prefrontal se fortalece a través de la meditación mindfulness y permite tener una mayor capacidad de regular nuestras expresiones emocionales. Muchos de los problemas personales y empresariales están directamente relacionados con una sobreactivación de la amígdala. En este sentido, la reducción de la activación de la amígdala y el aumento de la capacidad de gestionarla tienen un efecto positivo notable en la comunicación, la gestión efectiva de los impulsos emocionales y de conducta, la gestión del cambio empresarial, la implicación natural en tareas y proyectos actuales, y la capacidad de enfoque. El mindfulness contribuye a una filosofía empresarial que considera que las diferencias y los conflictos son un camino para tener una visión más amplia y un bienestar personal mayor. En este sentido, el mindfulness crea una filosofía empresarial caracterizada por una salud sistémica amplia.

La neurociencia del mindfulness

Aunque las investigaciones nos den una visión de los cambios estructurales y funcionales que tienen lugar en el cerebro con la meditación mindfulness, esto no responde a la pregunta de qué mecanismos del cerebro intervienen en la meditación mindfulness. Antes de entrar en detalles acerca de estos mecanismos, queremos recordarte que el cerebro está organizado en redes funcionales. Se trata de un conjunto de áreas del cerebro que sincronizan su actividad y se dedican a una función específica. Una de las redes más investigadas es la red neuronal por defecto (RND).

Primero vamos a dar un salto y a hacer un ejercicio. «¿Qué estás pensando, cariño?» –me preguntó. «¿Yo? ¿Qué debería estar pensando? ¡No estoy pensando en nada!» –respondí. «Venga, me lo puedes contar. Me doy cuenta de que estás pensando en algo». «¿Qué quieres decir? También se puede no pensar, ¿o no?». Sería muy interesante que pudiéramos ver lo que ocurre dentro de tu cabeza en este momento, porque también estás pensando, ¡estás inventándote tu propia historia! ¿Estás dispuesto a hacer un pequeño test para comprobar lo que pasa en tu cabeza?

Ejercicio: convertir los pensamientos inconscientes en conscientes

Lee primero la descripción de este ejercicio y luego deja el libro a un lado mientras lo realizas. Durante los próximos cinco minutos escribe los pensamientos que se crucen por tu mente. Deja que surjan todos los pensamientos sin intentar filtrarlos. Si saltan de un tema a otro, deja que lo hagan. El propósito es ver la cantidad de pensamientos y el tipo de pensamientos que crea tu mente constantemente.

Cuando termines este ejercicio, lee en voz baja lo que has escrito. Suponiendo que no hayas intentado filtrar ni controlar tus pensamientos, ¡te damos la bienvenida al «club de los locos»! Nuestra mente es como un mono. Si la dejas suelta, empezará a saltar de rama en rama, y en cinco minutos puede inventarse una increíble lista de temas que aparentemente no tienen conexión. ¡La mente crea ochenta mil pensamientos por día! Algunos son absurdos, otros son brillantes y otros bastante idiotas o triviales. Normalmente, nuestro pensamiento es una mezcla de los tres. Por lo general, solo tenemos conciencia de una parte de los pensamientos, y cuando hacemos este ejercicio por primera vez, lo que ocurre es que intentamos estructurar los pensamientos, y esto, por supuesto, afecta a su curso natural. Si has estructurado tus pensamientos, el resultado no te parecerá tan loco. La tendencia a estructurar se puede observar por el uso de determinadas palabras, puntos clave o el tipo de puntuación en la escritura. Solemos tardar un tiempo en poder penetrar y entrar en una capa de pensamientos más sutil y profunda.

Este ejercicio te ha hecho experimentar la actividad que hay en la RND, que está activa cuando no haces absolutamente «nada». Cuando estás sentado en el sofá sin estar centrado en ninguna tarea, se activa tu RND y te hace pensar. Puedes pensar en lo que has hecho el día anterior, en una reunión que tendrás al día siguiente, en limpiar tu casa porque ves el polvo o en cómo te sientes. Tu RND está involucrada en la planificación, las ensoñaciones y las cavilaciones. Va tomando forma a través de tus experiencias vitales y, por tanto, contiene sucesos que han ocurrido en tu vida, tus opiniones y tu perspectiva del mundo, así como tus ambiciones y expectativas. Esta red es muy dominante, y a tu cerebro le gusta activarla porque no conlleva un gran consumo de energía: solo piensas en las cosas que ya sabes. Es tu piloto automático que habla, tu zona de confort.

Cuando se activa la RND, algo que en la mayoría de la gente ocurre todo el tiempo, opera como un filtro a través del cual ves el mundo; de hecho, funciona como una predisposición a ver ciertas cosas y otras no. Si eres diseñadora de interiores, tu RND contiene muchos datos relacionados con el diseño interior. En consecuencia, estarás más predispuesta a ver y recordar más detalles del interior de una casa que una persona que no tiene interés en este tema. Aunque sea un ejemplo muy obvio, el mismo mecanismo actúa de formas más sutiles. Por ejemplo, si crees que expresar amor es mostrar afecto, esto forma parte de tu RND a través del cual ves las interacciones personales con tu pareja. Si tu pareja, por otra parte, cree que expresar amor es aportar dinero, verá las interacciones personales a través de esta red. Cuando tu pareja aporta dinero, sabe que esto significa amor, mientras que tú puedes sentirte ignorada porque tu RND no ha detectado amor debido a la falta de afecto.

Cada uno de nosotros tiene una RND única, y esto significa que hay tantos filtros por los que se puede ver el mundo como personas. La RND es tu propia verdad. Por eso es tan natural que pases tiempo con alguien que tenga la misma opinión sobre un tema que desempeña un papel importante en tu vida, como educar a los hijos juntos. Tu forma de educar a los niños se forja a través de las experiencias, ambiciones y expectativas que tú sientes que son las correctas. Si tu pareja tiene una RND parecida, naturalmente educaréis a vuestros hijos de un modo determinado, y os entenderéis sin necesidad de usar demasiadas palabras. Si vuestra RND funciona de un modo diferente, requerirá más esfuerzo llegar a un entendimiento, porque eso significa que tú y tu pareja os tenéis que adaptar, salir de vuestra zona de confort y desactivar el piloto automático. Así pues, cuando interaccionan dos RND que no encajan bien y no se dan cuenta de que tienen verdades distintas, es fácil que se den muchos conflictos.

La RND se forja constantemente a través de nuevas experiencias vitales. Cuando una experiencia se repite de la misma forma varias veces, tendrá un rol más dominante en la RND y se convertirá en un hábito, y no solo en lo relativo a nuestra conducta, sino también a nuestros pensamientos. Si has experimentado varias veces en tu trabajo que la empresa no valora tu labor, es probable que fomentes la creencia de que «no aprecian nada de lo que haces». Esta creencia se puede convertir en parte de tu RND a través del cual ves el mundo: tenderás a ver más situaciones que confirmen esta creencia («¿Te das cuenta? Mi jefe ni siquiera se ha tomado la molestia de darme las gracias» o «Mis compañeros solo me felicitan cuando me quieren pedir algo»). Cuanto más se confirme esta creencia (a través de la predisposición de tu visión), más dominante será, hasta que al final se convierta en ¡un fuerte patrón cognitivo y de conducta!

De ese modo, a medida que vas caminando o corriendo por la vida, observas y experimentas el mundo mediante esta red, y usas la RND como filtro, a lo que añades tus propias interpretaciones basadas en tus pensamientos, experiencias y opiniones. Esto contribuye en gran manera a la creación de las emociones. Recuerda el ejemplo que hemos empleado en el primer capítulo, cuando tu compañero llamó para decir que estaba enfermo. El hecho de que tu compañero siempre «llama para decir que está enfermo» se ha añadido a tu RND y por eso te enfadas. Ver el mundo a través de la RND es muy fácil, pero también es limitante.

Ejercicio: ¿me estoy escuchando a mí o te estoy escuchando a ti?

Este ejercicio está inspirado en un ejercicio de Dough Silsbee. Solo puedes hacerlo interactuando con otra persona. Por eso, la próxima vez que tengas una conversación con alguien, te animamos a incorporar este ejercicio. Los valientes podéis pedirle a un amigo que os cuente por teléfono algo que le haya causado una fuerte impresión. Mientras la otra persona te cuenta la historia, aprieta imperceptiblemente el puño cada vez que dejes de prestarle atención.

Si eres sincero, te darás cuenta de que has estado apretando el puño casi todo el tiempo. En nuestros seminarios, llevamos a cabo este ejercicio por parejas. Le pedimos a uno que cuente una historia y al otro que levante la mano en vez de apretar el puño cada vez que deja de prestar atención a lo que le están contando. La mayor parte de la gente solo levanta la mano cuando realmente han dejado de prestar atención y su mente se ha puesto a pensar en algo que no tiene nada que ver con lo que le están diciendo. Sin embargo, muchos afirman que estaban atentos al narrador de la historia casi todo el tiempo «porque se identificaban totalmente con la situación». Aunque identificarse totalmente con la situación del narrador o la narradora no es estar atento a lo que dice. Todo lo contrario, estás con tus propias experiencias: «A mí me ocurrió algo parecido y esto es lo que me ayudó, ¡tienes que probarlo!». Esto significa que tu RND se ha activado y está hablando y filtrando la información entrante. Eso no está mal, siempre que seamos conscientes de que estamos creando nuestras propias suposiciones e ideas mientras nos están hablando y de cómo estas influyen en nuestra comunicación y en nuestra conducta.

Si quieres, puedes preguntarte qué significan para ti las consecuencias de tu reflexión acerca de este ejercicio: ¿qué significa para tu comunicación en las reuniones de empresa? Después de una larga discusión de la que no ha surgido ninguna idea, ¿realmente puedes decir que «estamos de acuerdo» en un tema en concreto, y que se espera que todas las partes implicadas se comporten según el «acuerdo general»? ¿Puedes hacer una presentación especializada de treinta diapositivas a una audiencia no especializada y pretender que capten algo de lo que has expuesto? ¡Y eso sin mencionar el uso de los móviles y los ordenadores portátiles durante las reuniones!

Otra red funcional del cerebro que consta de varias estructuras cerebrales es la llamada red de experiencia directa (RED). Esta red contiene regiones del cerebro especialmente involucradas en la experimentación de sensaciones físicas y la focalización de la atención. Cuando esta red está activa, experimentas el mundo a través de los sentidos, sin necesidad de pensar en él. Puedes oler, oír, ver y sentir la abundancia de la información que entra por los sentidos. Hay que destacar que la activación de esta red está en relación inversa con la activación de la RND. Esto quiere decir, que si activas la RED, se desactivará la RND automáticamente. Las dos redes no pueden operar al mismo tiempo. Y se traduce en que si tienes una taza de café en la mano y sientes el calor en la piel, no puedes pensar al mismo tiempo «qué agradable es estar sentada en esta cafetería tomando una taza de café». En cuanto entras en contacto directo con los sentidos, se acaban las ensoñaciones, las planificaciones y las cavilaciones. No puedes saborear toda la intensidad del sabor de la comida y al mismo tiempo pensar en una reunión que ha ido mal esta mañana. Por tanto, cuando estás a punto de tener una reunión estresante, es de gran ayuda que te enfoques en tus sentidos. Lo que te estresa es *el pensamiento de la reunión*. Si te enfocas en los sentidos, desactivarás espontáneamente la creación de pensamientos y enseguida estarás menos estresado. Sentirás la abundancia de tu experiencia en tiempo real sin necesidad de pensar. Experimentar el mundo a través de la RED te acerca a la realidad de cada evento.

Observar el mundo aquí y ahora a través de la abundante información sensorial te da más flexibilidad en tu forma de actuar y de respuesta. Inversamente, observar el mundo a través de tu RND limita enormemente el número de acciones posibles, ya que ves y actúas a través de tu red de experiencias, hábitos, suposiciones y expectativas del pasado. Activar la RED te permite responder a cada evento en el momento que se presenta.

Farb y sus colegas de la Universidad de Toronto llevaron a cabo un estudio que ha aportado una información esencial sobre las redes neuronales que se desactivan durante la meditación mindfulness. Las personas que meditaban con regularidad notaron más claramente si se activaba la RND o la RED, y podían alternar sin problemas entre las dos redes. Las personas que no practicaban la meditación tendían a activar automáticamente su RND, y esto significa quedarse atrapado con más facilidad por los pensamientos o las emociones asociadas a ellos. Ten en cuenta que el estado natural de la mente es la RED. Todo el mundo tiene una RED que se puede activar con la meditación. Activar esta red es un acto que no requiere ningún esfuerzo, el lenguaje no está involucrado en ella, y tampoco usa las reservas cognitivas, simplemente es darse cuenta de qué red está activada y volver al RED.

Recuerda que en los capítulos anteriores dijimos que el córtex prefrontal desempeña un papel primordial en casi todas las funciones ejecutivas, que son funciones imprescindibles para sobresalir en el trabajo. Además de las funciones ejecutivas, el córtex prefrontal es necesario para regular las emociones mediante las estrategias cognitivas, como la revaluación cognitiva y el cambio activo de perspectiva. ¡Lamentablemente, sabemos que la capacidad del córtex prefrontal es limitada! En la historia de antes, está claro que si activas regularmente la RED en vez de la RND, se desactiva tu red interpretativa, tus pensamientos, tus expectativas y las emociones asociadas. Esto quiere decir que activar regularmente tu RED, en primer lugar, te impedirá sentir una emoción fuerte. En este sentido, el córtex prefrontal tiene menos trabajo y ahorras energía para tus funciones ejecutivas. En segundo lugar, activar tu RED mientras experimentas estrés o una emoción negativa bloquea la RND, que es la responsable de provocar el estrés o la emoción negativa. El resultado inmediato es una reducción del estrés o la emoción negativa, y esto disminuye significativamente la carga del córtex prefrontal.

Ser capaces de darnos cuenta de qué red está activa y hacer el cambio de la RND a la RED es la parte fundamental de la meditación mindfulness. Si eres capaz de cambiar regularmente de una red a otra experimentarás menos estrés y menos emociones negativas, y esto tendrá un efecto duradero en tu cerebro. Por ejemplo, se ha demostrado que la práctica regular de la meditación mindfulness modifica la función y la estructura de la amígdala, lo que ayuda a tener un nivel más reducido de reacción al estrés y a las emociones negativas. Además de la ausencia de un estado mental negativo, la habilidad de percibir la red que está activada y cambiar de red si es necesario tiene una gran cantidad de efectos positivos.

Beneficios cognitivos y en la conducta del mindfulness. Una selección resumida

Aunque preferimos que tú mismo experimentes estos beneficios, en la figura 6 te ofrecemos una selección de algunos de los efectos cognitivos y de conducta interesantes que nos proporciona la meditación mindfulness.

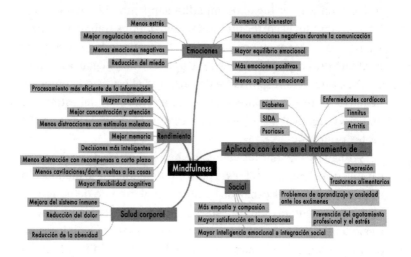

Figura 6: Efectos positivos del mindfulness. Un resumen. Fuente: Karolien Notebaert.

En resumen

El rendimiento es igual a tu potencial menos tus interferencias. Muchas de estas interferencias están relacionadas con las emociones negativas, en las que la amígdala desempeña una función fundamental. Por otra parte, la amígdala suele responder a las situaciones con una intensidad desmesurada, bloqueando tu potencial aún más. Hay estudios recientes que demuestran que la meditación mindfulness reduce el tamaño de la amígdala y, en consecuencia, su activación en respuesta a un estímulo emocional. A esto hay que añadir que la conectividad entre la amígdala y el córtex prefrontal se fortalece con la meditación mindfulness y nos aporta más capacidad de regular nuestras expresiones emocionales.

Muchos problemas personales y empresariales están directamente relacionados con la sobreactivación de la amígdala. En este aspecto, una reducción de su activación, junto con un aumento de la capacidad de regular esta activación, tiene importantes efectos positivos en la comunicación, en la gestión efectiva de los impulsos automáticos emocionales y de conducta, en la gestión del cambio empresarial, en la implicación natural en tareas y proyectos actuales, y en la capacidad de focalizar.

La mente está organizada en redes funcionales, que son conjuntos de estructuras cerebrales que sincronizan su activación.

Una red dominante que le gusta activar a la mente es la llamada red neuronal por defecto (RND), que está activa la mayor parte del tiempo y está involucrada en la planificación, la ensoñación y la cavilación. La RND filtra la información que entra, lo que provoca una visión limitada del mundo y a menudo bloquea tu potencial.

Otra red es la llamada red de experiencia directa (RED), a través de la cual experimentas el mundo por medio de tus sentidos sin filtrarlo y sin pensar en él. La activación de la RND y la RED es inversamente proporcional, lo que quiere decir que una de las dos puede estar activada de forma dominante y es la que procesa la información entrante.

El estado natural de la mente es la RED. Todo el mundo posee una RED que se puede activar mediante el mindfulness. Activar esta red es un acto que no requiere ningún esfuerzo y en el que no interviene el lenguaje ni el uso de recursos cognitivos, simplemente es darse cuenta de qué red está activa y hacer el cambio a la RED.

Darte cuenta de qué red está activa y hacer el cambio de la RND a la RED, es la parte más importante de la meditación mindfulness. Si eres capaz de cambiar regularmente entre las dos redes, experimentarás menos estrés y menos emociones negativas, y esto tendrá un efecto duradero en tu cerebro.

Poema

Soy el actor de mi vida, el payaso.
Cegado por mi máscara, casi me pierdo una Belleza
    realmente inmensa.
Bolas de malabares mientras el sol se ponía lentamente.
Me agarré a la rueda para tener el mando.

Intenté ambiciosamente tocar los rayos del sol.
Sentí que debía hacerlo, ¡por favor no me lo puedo perder!
Lo quiero ahora, un instante para saborear mis sueños.
Me quité el disfraz de payaso, oh, por favor, permíteme.
    desecharlo.

Contrariada por no poder sentir.
No podía oler, no podía tocar, no podía sentir.
La Belleza pura estaba demasiado lejos, aunque era enorme.
Y ahí estaba yo, aún en mi rueda de hámster.

Desolada y perdida, le permití *ser* a este momento.
Con aceptación, cerré despacio los ojos
y, de repente, ahí estaba, infantil pero sabio,
    el Amor puro, justo en *mi* interior.

KAROLIEN NOTEBAERT
Poema escrito en Egipto

Parte II. Mindfulness: una visión de la vida cualitativamente distinta

Un erudito oyó hablar de un sabio que vivía en el lejano Oriente, así que se aventuró a las montañas para que le enseñara. El erudito estaba deseando hacerle preguntas y discutir con este hombre lo que pensaba. Pero al llegar a la cabaña del sabio, le dijeron que esperara fuera. Cuando, por fin, le dejaron pasar, estaba tan impaciente que empezó a hacerle preguntas inmediatamente. En vez de contestarle, el sabio dijo:

–¿Te apetece una taza de té?

Él la aceptó de mala gana. A fin de cuentas, no había ido hasta allí para tomar té. El sabio se marchó en silencio a preparar el té. Al volver, sirvió el té en silencio hasta que la taza del erudito empezó a rebosar, pero el sabio seguía echando té.

–Para –dijo el erudito–. ¿Qué estás haciendo? ¿No ves que la taza ya está llena?

–Ese es precisamente tu estado –dijo el sabio–. Vienes hasta aquí queriendo hacer muchas preguntas y aprender, pero tu taza está tan llena que todas mis respuestas solo van a hacer que se desborde–.[1]

Si admitimos que la percepción del sabio es correcta, ¿qué es lo que hace que se rebose la taza del erudito? ¿Qué percibes en este erudito? ¿Te parece que está muy disperso (con muy poca red neuronal por defecto) o, al contrario, que está muy concentrado, retóricamente hablando, es claro y articulado? ¡Tanto un estado de dispersión como uno de mucha concentración disminuyen nuestra receptividad! Cuando nuestra red neuronal por defecto está muy activa, nuestra mente solo está ocupada consigo misma, con sus últimas experiencias y las emociones que le han evocado. Naturalmente, puede parecer que no estemos del todo presentes, y los demás podrían pensar que «no sabemos escuchar». Por el contrario, cuando estamos muy concentrados, bloqueamos todo lo que viene de fuera. Estamos tan convencidos de que sabemos, que es muy difícil incorporar información nueva. En ese sentido, nuestras tazas están bastante llenas. Cuanto más firme sea nuestra certeza, menos cosas nos querremos cuestionar. Esta certeza puede ser muy útil en muchas ocasiones, porque nos orienta y nos da confianza. Sin embargo, cuando un estado de una profunda concentración o el de una mente muy dispersa cobran vida y rigen nuestra vida interior, perdemos toda la flexibilidad necesaria para absorber la información nueva y así ganar experiencia.

También hay otros muchos factores que hacen que nuestra taza rebose: el estrés, las emociones arrolladoras, ser multitarea, tratar constantemente de reprimir nuestros impulsos, la adicción a los teléfonos móviles o a una copa de vino, la falta de un sueño profundo y reparador; en pocas palabras, todos los mecanismos que agotan el córtex prefrontal, como hemos descrito en la primera parte del libro, siguen llenando nuestras tazas y por ello nos roban la capacidad de estar lo suficientemente tranquilos y abiertos para permitirnos asimilar información nueva. «Información nueva» dentro de este contexto no significa solo nuevos conocimientos sobre un tema concreto. También se refiere a darte cuenta de lo que le ocurre a la gente que está a tu alrededor, lo que le ocurre a tu propio cuerpo, a tus propios sentimientos y emociones, y darte cuenta de cómo todo esto influye en la toma de decisiones y en la interacción con los demás.

Para poder prestarle más atención a estas cosas, al menos cuando es necesario, nos ayudaría mucho tener alguna forma de que nuestra taza esté lo suficientemente vacía. Esto podría evitar que nos pongamos enfermos justo cuando hay un problema en el trabajo o en casa. Quizá podríamos aumentar de antemano nuestro grado de serenidad para evitar reaccionar a los comentarios críticos de un compañero sobre nuestra presentación en la reunión semanal de la dirección. Y así conservar la claridad que tanto necesitamos para tomar una decisión importante y difícil. Sin embargo, la pregunta sigue ahí: ¿realmente somos capaces de vaciar nuestras tazas? ¡No quiero decir que nos cerremos voluntariamente para no percibir lo nuevo, pero esta vida que nos obliga a estar disponibles las veinticuatro horas al día, siete días a la semana, realmente es un gran desafío! Por eso, el hecho de que «se rebose la taza» no significa que sea algo malo ni que seamos estúpidos. De todos modos, el efecto suele ser desfavorable –o no deseable– tanto para nosotros como para los demás. ¡El mindfulness es un método que te permite que haya más sitio en tu taza!

5. ¿Qué es mindfulness? Introducción, definición y primeros ejercicios prácticos

En la primera parte de este libro, hemos demostrado ampliamente que el mindfulness puede ser muy útil. Pero ¿qué es exactamente el mindfulness? Para que se cumpla el propósito de este libro, te vamos a pedir que dejes a un lado todo lo que hayas oído o practicado hasta ahora relacionado con la conciencia, el mindfulness o la meditación y contemples la definición que vamos a darte. No lo hacemos porque creamos que es la única definición que existe, pero creemos que es importante que lo hagas para que puedas llegar a todas las conclusiones posteriores y para los ejercicios que te vamos a ofrecer. Nosotros creemos que el mindfulness es una cualidad, un recurso interno al que tenemos acceso en cualquier momento en nuestra vida cotidiana. Aunque sea una cualidad innata, nuestro estilo actual de vida lo deja en segundo plano. El mindfulness es la cualidad de ser consciente de todo lo que ocurre en nuestro interior y a nuestro alrededor en el momento presente, de forma intencionada e indiscriminada, sin juzgarlo.

¿Qué significa eso exactamente?

1. Es una *capacidad*. Es una forma de ser, una actitud interna, una manera de afrontar a la vida.

2. Es la capacidad de *darnos cuenta de lo que ocurre a nuestro alrededor*. Prestar verdadera atención a lo que sucede a nuestro alrededor, y no estar fantaseando ni contemplando, sin estar presente en este momento. El neurobiólogo Gerhard Roth ha estimado que solo somos conscientes del 0,1% de la actividad de nuestro cerebro. Los estudios también confirman que solo percibimos conscientemente menos de un 1% del 1% de lo que sucede a nuestro alrededor. Esto no es necesariamente malo, puesto que no queremos sobrecargarnos hasta el punto de volvernos locos o hacernos daño. Sin embargo, debido al ajetreo frenético de nuestra vida diaria, con todas las personas y situaciones que dan vueltas a nuestro alrededor, además de todos los pensamientos, emociones y sensaciones físicas que nos evocan, no es difícil que nos perdamos la información que es relevante para nosotros: el lenguaje corporal de un cliente, la incomodidad como un indicador del conflicto latente entre dos compañeros, el estado de ánimo de un niño cuando tiene una necesidad importante que no puede expresar, un hermoso atardecer o lo que Edmund Hallowell denominaba el «momento humano» en el encuentro con otra persona. Nuestros arrolladores pensamientos no dejan de distraernos de lo que ocurre realmente en el presente y, excepto unos pocos, la mayoría de ellos están anclados en el pasado o en el futuro. El mindfulness nos puede proporcionar calma interior y una percepción más precisa del momento. De ninguna manera es un estado místico e inaccesible para darle la espalda al mundo. Al contrario, el mindfulness es una cualidad que nos permite tener una base que nos ayude a estar presentes en el mundo en que vivimos.

3. La cualidad de *darnos cuenta de lo que ocurre en nuestro interior*. En cada momento de nuestra vida experimentamos

sentimientos, pensamientos y sensaciones corporales, pero raramente nos damos cuenta de ellos. Prestar atención de forma consciente a estos pensamientos es algo nuevo para nosotros. Quizá por eso te ha resultado difícil enumerar las emociones del ejercicio de las páginas 24-25. Hoy en día estamos tan ocupados que la mayor parte del tiempo solo sentimos las sensaciones físicas más pujantes (el hambre, la necesidad de ir al servicio, el agotamiento extremo). Normalmente nos perdemos muchas de las señales sutiles del cuerpo. En el caso del estrés, solemos hablar de «señales de aviso tempranas», como un dolor de espalda o un dolor de cuello, los cambios de humor y los cambios emocionales sutiles. Nos llevamos al límite ignorando nuestro cuerpo y nuestras emociones o, peor aún, calificamos de «debilidad» la percepción de las sensaciones físicas. Quizá, precisamente la percepción de esta incomodidad emocional sea lo que más nos pueda ayudar a abordar la próxima conversación con nuestro jefe.

4. Ser consciente también significa sacar las antenas para percibir nuestras necesidades físicas. No todos los pensamientos, sensaciones y emociones son igualmente relevantes para nosotros. Y, a pesar de todo, muchos de ellos nos afectan sin darnos cuenta. Esto influye, a su vez, en nuestro rendimiento y aumenta el estrés y la ansiedad. Casi no nos damos cuenta de todas estas cosas, y, si lo hacemos, lo consideramos «un ruido de fondo» y no un proceso personal reconocible. Cuanta menos atención prestemos a las señales sutiles del cuerpo, más nos costará estar receptivos a las sensaciones placenteras. ¿Cuándo fue la última vez que estuviste tan relajado que pudiste disfrutar del simple placer de respirar? ¿Cuándo fue la última vez que pudiste comer y disfrutar de tu comida sin tener que comprobar tu móvil o trabajar al mismo tiempo?

5. *Sin juzgar*: lo decimos en el sentido más amplio. No estamos hablando de los juicios negativos, ya que la cualidad del mindfulness no es positiva ni negativa. Y no se trata de un juicio moral. En un estado consciente, solo está activa la red de experiencia directa. También lo llamamos la red de «datos sin procesar», porque se trata de asimilar los datos que recibimos, sin valorarlos ni interpretarlos. Al mismo tiempo se desactiva la red neuronal por defecto, que normalmente es la responsable de evaluar y juzgar. Esto incluye también la comparación. Definir o etiquetar lo que percibimos se considera un juicio, y es inversamente proporcional a la experiencia directa de cada momento. Cuantos más juicios tengas, menor será la experiencia del momento. El arte del mindfulness es, por tanto, la capacidad de alejarnos de esta valoración y evaluación constante, para tener un contacto directo más intenso con lo que realmente ocurre en este momento. Pero, dicho esto, somos incapaces de detener todos esos pensamientos que discurren por nuestra mente. Por eso, cuando vuelven a aparecer juicios en la mente, los incorporamos a la práctica del mindfulness; permitimos que haya juicios sin juzgarlos. En principio, esto podría parecer paradójico, sin embargo, en el siguiente paso empezarás a entenderlo a nivel de experiencia.

6. La cualidad de *darnos cuenta de lo que ocurre en el momento presente*. Todo sucede en el momento presente. El pasado ya no existe y el futuro todavía está por llegar. La única realidad es este momento. Aunque es más fácil decirlo que hacerlo. Según un estudio que se publicó en 2010, titulado *A wandering mind is an unhappy mind* [Una mente que divaga es una mente infeliz], nos pasamos la mitad del tiempo pensando en el pasado o el futuro y, en consecuencia, nos perdemos el presente (¡y solo está refiriéndose al proceso de los pensamientos

conscientes de los participantes!). Mindfulness significa alejarse de los pensamientos que nos alejan del momento presente.

Imagínate que estuvieras en una reunión para estudiar un determinado tema desde varias perspectivas, y todo el mundo pudiera
estar sentado escuchando con atención la presentación de sus compañeros para entender mejor el tema ¡y hacer una valoración más
tarde! El diálogo sería más tranquilo, se tendría en cuenta un amplio
abanico de opiniones y, probablemente, se tomarían decisiones más
inteligentes y todos los presentes las aceptarían.

Sin embargo, los procesos son muy rápidos y automáticos, y de
repente te ves envuelto en una cadena de pensamientos que se parecen a esto: «Ella ha dado una opinión parecida hace un rato, pero al
final resulta que no había tenido en cuenta los costos de desarrollo;
la verdad es que no la veo capaz de valorar el riesgo debidamente; en
realidad, si no fuera porque el compañero X ha aceptado un extraño
trabajo en nuestra filial, lo haríamos con él [...], aunque seguramente
ha sido un motivo político [...], creo que querían quitárselo de encima. Es la típica política de los recursos humanos [...]». En el momento
que me doy cuenta de que mis pensamientos están en el pasado o en
el futuro, me puedo distanciar de ellos y volver al momento presente. Por eso es tan importante en este enfoque la capacidad de estar
atentos a lo que ocurre, tanto dentro de nosotros como fuera. Si hubiésemos estado atentos, habríamos podido escuchar y atender a la
presentación, en vez de atender a nuestros pensamientos erráticos.

En este libro solemos usar una metáfora muy bonita: «ser un
espejo». El mindfulness es como un espejo que te refleja tal como
eres. El espejo solo refleja, no tiene predisposiciones ni juicios. La
característica del espejo es que siempre se mantiene igual, independientemente de quién o qué se ponga delante. El reflejo viene
y va, pero el espejo siempre sigue igual de claro. Al principio, puede

parecer un poco difícil tener la claridad de un espejo para poder mirar. Si el espejo no se ha usado desde hace mucho, es probable que la superficie tenga una gruesa capa de polvo. Con el tiempo, sin embargo, la práctica del mindfulness limpia el espejo y empezamos a ver con más claridad y a distinguir nuestras capas más profundas. Nuestra percepción se vuelve más penetrante. La capacidad de alejarnos de las valoraciones y los juicios se fortalece, y podemos entrar en contacto con nosotros mismos y con el mundo que hay a nuestro alrededor. Esto, a su vez, nos permite tener un acceso libre a nuestro máximo potencial y alcanzar un mayor rendimiento, tanto en los deportes como en una afición, en el trabajo o en una relación.

¿Cuándo es importante ser conscientes?

Piensa en las diferentes situaciones de las páginas 38-40. En términos generales, el mindfulness es útil siempre que queramos conservar las reservas de la corteza prefrontal (y reducir el poder de los impulsos automáticos). Vamos a describir a continuación varias situaciones en las que varía su efecto y su resultado, dependiendo de que seamos conscientes o no.

- Vas de camino al trabajo y parece que los demás conductores, el tráfico y el tiempo gris estuvieran compitiendo por el puesto «ser la molestia más irritante».
- Basta que le eches un vistazo a tu correo electrónico para ponerte de mal humor. Si eres como la mayor parte de la gente, también tendrás «apnea del correo electrónico»; casi todos respiramos de forma irregular y contenemos con frecuencia la respiración cuando trabajamos con el ordenador; especialmente cuando estamos trabajando con los correos electrónicos.[1]

- Estás hablando con alguien que tienes al lado, y es la segunda vez que te pregunta: «¿Cómo? ¿Qué has dicho?».
- Necesitas descansar, pero hay una persona «inoportuna» que no hace más que llamarte e interrumpirte.
- Estás en una reunión que te parece una pérdida de tiempo absoluta. Prefieres trabajar con tu móvil. De repente, alguien te pregunta qué opinas acerca una cuestión concreta de la presentación.
- Cuando revisas tu correo, encuentras una factura que no sabes a qué corresponde, y ahora te tocará perder un montón de tiempo para averiguarlo.
- Un operador telefónico te deja esperando siete minutos.
- Estás en casa y alguien te llama por teléfono a las ocho de la tarde pare venderte algo que no necesitas.
- Se te cae algo mientras cocinas y ahora todo el suelo está pringoso.
- Estás haciendo cola, por ejemplo en el supermercado o en la gasolinera, y tu nivel de estrés sube lenta pero progresivamente.
- Tu cabeza está llena de pensamientos incómodos e inútiles.

Julia Häuser, que vive en Dortmund, Alemania, es una consultora independiente especializada en desarrollo del máximo rendimiento. Lleva practicando mindfulness los últimos años y esto es lo nos que cuenta sobre su experiencia: «Cuando medito, tengo más claridad y estoy más atenta a lo largo del día, incluso aunque esté trabajando hasta las once de la noche. Antes de empezar a meditar, cada mañana me tocaba volver a casa tres veces porque siempre me dejaba algo. La meditación ha acabado con el caos matinal. En general, tengo un nivel de concentración más elevado y puedo estar concentrada más tiempo. Uno de los mayores descubrimientos ha sido que, entre cada detonante externo que experimento y mi reacción a este, hay un espacio. Este espacio me permite hacer una pausa, parar y escoger mi reacción conscientemente y con cuidado. Esto me ha tranquilizado mucho en mi vida llena de estrés. Ahora caigo mucho menos en el patrón de detonante-reacción, y puedo tomar mejores decisiones, más conscientes y que no provoquen conflictos. Realmente, el día que no medito noto la diferencia».

Sören Fischer tiene cuarenta y dos años. Como vicepresidente de Airbus, tiene muchas responsabilidades, pero también es un joven padre, de modo que uno de sus mayores desafíos es mantener el equilibrio. Nos cuenta cómo descubrió el mindfulness y de qué forma le ha beneficiado: «Lo descubrí porque estaba interesado en mi salud y, en general, en el tema de cómo evitar el agotamiento. Había leído varios libros sobre este tema y después intenté practicar varias técnicas de mindfulness en un proceso de *coaching*. Gracias a mi práctica, ahora estoy mucho más equilibrado, experimento menos estrés y más felicidad en mi vida, y he reducido mi estrechez de miras. Estoy mucho más tranquilo, y puedo guardar distancia con las cosas que pasan. Un ejemplo concreto: tengo que volar con frecuencia. Hace poco, después de una semana agotadora, decidí quedarme despierto conscientemente en estado de alerta, tras lo cual luego pude dormir profundamente. Fue un sueño mucho más reparador y rejuvenecedor que el que solía tener. Tuve una experiencia muy positiva».

Se puede decir que no hay ninguna situación en la que el mindfulness no te beneficie ampliamente. El mindfulness aumenta nuestra flexibilidad a la hora de actuar y responder, y nos ayuda a desbloquear nuestro potencial. La cualidad de aceptar el momento presente sin juzgarnos a nosotros mismos, a los demás o a las situaciones que se plantean es algo que se puede desarrollar. Esto se puede conseguir mediante la práctica de técnicas de meditación o aportando conciencia a cada una de las actividades en las que estamos involucrados en nuestro día a día. Te recomendamos practicar las dos cosas. No obstante, antes de empezar, tenemos que considerar varias cuestiones importantes.

La aceptación, el «modo ser», y su incorporación en la vida diaria

La aceptación incondicional: ¡esto significa que no puedes esconderte del espejo! Antes que nada, este libro no es un curso de autoayuda. No es una crítica a tus pasadas elecciones de vida, y desde luego no pretende que adoptes una filosofía de vida o ética mejor. Tampoco estamos intentando convertirte en una «buena persona», ni te estamos animando a salvar el planeta y a promover la paz mundial. No te pedimos que sonrías de forma compasiva cuando tu compañero te acusa falsamente de un error. El mindfulness no es una ciencia objetiva, sino, más bien, una ciencia interior subjetiva, que cada uno tiene que descubrir y experimentar por su cuenta. No basta con saberlo. Solo te permite acceder al mindfulness tu experiencia personal. Como autores de este libro, es prácticamente imposible que sepamos la clase de experiencias subjetivas que vas a tener con el mindfulness. Lo que sí podemos hacer, en cambio, es animarte e inspirarte para que tú mismo lo descubras.

Los principiantes se preguntan a menudo si están teniendo la experiencia «correcta». Cualquier experiencia que tengas es «correcta» porque es tu experiencia. El mindfulness no te aporta algo que venga de fuera. Al contrario, lo que hace es sacar lo que hay en tu interior para que florezca. Lo que tienes dentro es tu potencial. ¡Y es lo mejor que tienes! ¡No hay mayor experiencia que su florecimiento! Por eso, te invitamos a que te aceptes incondicionalmente. Recuerda que el espejo refleja lo que hay. El truco consiste en aceptarte como eres.

No pretender ser otra persona. No efectuar un cambio superficial. No fingir. El espejo también refleja nuestro sufrimiento y todo lo que no nos gusta de nosotros. Esta podría ser, en principio, la regla básica del juego. Y no te olvides de añadirle una pizca de humor.

Como persona responsable que eres, únicamente tú tienes el derecho de juzgar el efecto de tus experiencias sobre tu conducta con la práctica de mindfulness. Nos queremos mantener al margen de todo lo que se refiere al comportamiento. No obstante, queremos compartir contigo nuestras experiencias y las de otros meditadores a los que hemos entrevistado para este libro. Y también vamos a reflexionar sobre cómo podrían mejorar las interacciones y la colaboración dentro de las empresas, si toda la gente que trabaja en ellas practicara el mindfulness.

Calidad no es cantidad: suponemos que tú también estás saturado. Por eso no queremos pedirte que, para mejorar tu calidad de vida, tengas que sumar otra hora a tu ya apretado calendario. Si tienes una hora, perfecto. Y si puedes hacer un poco de hueco sustituyendo algunas cosas que no te gusta hacer con la práctica del mindfulness, ¡adelante! Sin embargo, lo que venimos a enseñarte debería ser posible, aunque no tuvieras una hora extra. Lo que estamos procurando es emplear la menor cantidad de tiempo para conseguir una mejora sustancial de nuestra calidad de vida.

Hacer o ser, esa es la cuestión aquí: prepárate, por favor, para que, con la práctica del mindfulness, se produzca un cambio de paradigma en tu visión de la vida. La MBCT (terapia cognitiva basada en el mindfulness, una nueva forma de psicoterapia que combina la terapia conductual y el mindfulness) describe dos estados: el «modo acción» y el «modo ser». El modo acción es nuestro *modus operandi.* Nos pasamos el día «haciendo», si no es físicamente, mentalmente. La MBCT nos ayuda a aceptar nuestros problemas y a distanciarnos de ellos al mismo tiempo. Esto reduce un 50% el riesgo de recaer en la depresión clínica en comparación con las formas de terapia tradicionales.[2] Al actuar como un espejo interno, el mindfulness nos saca del modo acción y nos pone en el modo ser. Esto quiere decir sencillamente ser capaz de estar en contacto directo contigo y con tu entorno en el momento presente.

El doctor Rohde tiene cuarenta y cinco años, es un apasionado del triatlón y le interesan mucho los deportes, el desarrollo personal y el liderazgo; esto último, por supuesto, desempeña una función fundamental en su posición de vicepresidente de contratación de Airbus. «En un proceso de *coaching* –nos cuenta– me percaté de que la impaciencia es un patrón que afecta a mi actitud y a mi conducta. Esto se manifiesta en el trabajo en querer concluir la negociación enseguida, en el momento en que las partes se han puesto de acuerdo, y no intentar aprovechar para buscar otras opciones que se podrían agregar. Me doy cuenta de que cuando conduzco, si el tráfico no va tan rápido como a mí me gustaría, mi impaciencia aumenta mi nivel de estrés. Gracias a la práctica diaria del mindfulness, soy mucho más consciente de estas dos formas de impaciencia, y me es más fácil aceptar que son impulsos de los que me puedo librar». Reflexionando sobre su experiencia del modo acción frente al modo ser, dice: «Me apasiona saber que no tengo que renunciar a hacer planes de futuro. He aprendido que la cualidad de mi presente influye muchísimo en la cualidad de mi futuro. Para darle forma al futuro tengo que estar en el aquí y ahora».

Lo que muestra el ejemplo anterior es que no se trata de convertirse en un observador pasivo y dejar de estar activo. Al contrario, tus actos, tu acción se vuelve mucho más efectiva con el mindfulness. Aunque esto parezca paradójico en un principio, tus experiencias te lo descubrirán con el tiempo.

Nuestro dilema como autores de este libro es querer transmitir a nuestros lectores algo que solo se puede entender completamente si lo has experimentado. En este sentido, el mindfulness tiene mucho en común con la natación, porque no hay ninguna teoría del mundo que te pueda transmitir lo que se siente en el agua hasta que tú mismo no lo pruebes. Pese a esto, tenemos que darte alguna explicación antes de empezar. En consecuencia, a menudo acabamos con más preguntas de las que podamos contestar, por eso te recomendamos insistentemente que, como lector, intentes hacer los ejercicios prácticos de este libro antes de seguir leyendo.

Clasificación: en qué difiere el mindfulness de otros métodos

Mindfulness, meditación, conciencia, etc., hay muchos términos bastante confusos. Nos vemos tentados a inventar un nuevo término para lo que queremos transmitir en este libro. Sin embargo, para diferenciar claramente el mindfulness de los demás términos utilizados, vamos a dar unos ejemplos de *lo que no es*.

La diferenciación que vamos a hacer ahora no disminuye en modo alguno el valor de los demás métodos, todos ellos tienen medios y fines diferentes que pueden ser muy útiles en una situación determinada. La actividad física, los deportes, el baile, el *gibberish*[3] (un tipo de catarsis consciente que consiste en «hablar un idioma que desconoces», consulta el ejercicio de la página 180), los ejercicios de relajación o la hipnosis[4] pueden servirte de preparación para el mindfulness. También puede ser útil la denominada técnica «tecnología personal»,[5] como la bioretroalimentación (por ejemplo, el Emwave de Heartmath) o el monitor respiratorio Spire,[6] de la misma compañía.

Para la mayoría de nosotros, es muy difícil estar sentados y quedarnos quietos, así que, si conoces alguna manera de que esto te resulte más fácil, úsala, por favor. No obstante, no confundas el medio con el fin, incluso cuando los medios te hagan mucho bien. Cuando sabemos qué es mindfulness y qué no es mindfulness, y lo practicamos regularmente, algunos de estos métodos nos pueden ser útiles para conseguir que el mindfulness se convierta en una característica vital.

La mejor forma de definir qué es mindfulness y qué no es seguir esta definición: no es mindfulness todo lo que no involucra a nuestra atención que no juzga lo que está ocurriendo aquí y ahora dentro de nosotros mismos o a nuestro alrededor, es decir, cualquier cosa que no signifique estar en el estado de espejo. Eso incluye, por ejemplo, la maravillosa hipnosis de relajación[7] y las visualizaciones guiadas, que te llevan a un lugar acogedor y agradable en un viaje interior imaginario. Esto no es mindfulness, porque los sitios a los que vas no existen. Como tampoco lo son las técnicas de visualización de «estados con recursos»[8] (estados que nos permiten tener un acceso óptimo a nuestras aptitudes y cualidades internas) y que son muy efectivos en el *coaching* y en el desarrollo personal, porque una visualización es una entelequia, y no una aceptación de lo que hay. La contemplación y la autorreflexión tampoco es mindfulness, ya que en el mindfulness observamos los pensamientos sin intentar modificarlos. La relajación autógena (en la que te imaginas que el cuerpo es muy pesado y/o caliente para aumentar la relajación) no es mindfulness, porque, en vez de aceptar esta situación sin juzgarla, generamos algo específico por medio de la concentración. Por eso insistimos en decir que el mindfulness no es concentración. El origen latino del verbo *concentrarse* tiene su raíz en dos palabras: *com*, que significa «juntos», y *centrum*, que significa «centro», en el sentido de atraer hacia el centro; en otras palabras, una concentración enfocada de la atención (que es el origen de la metáfora de la visión túnel), mientras que por medio de la intención excluimos otros elementos de nuestra atención.

Durante la práctica de la meditación no podemos suprimir nuestros pensamientos, sino que los convertimos en el objeto de esta práctica. Les prestamos atención sin juzgarlos ni intentar controlarlos. No pretendemos cambiar nuestros pensamientos, ¡simplemente no reaccionamos a ellos! Se podría decir que, mientras que en las técnicas que acabamos de mencionar, los pensamientos están organizados y estructurados, en el mindfulness se nos reflejan sin suprimirlos ni censurarlos, como en un espejo. La palabra *reflexión* no significa aquí «pensar en algo después de un hecho». Al contrario, los pensamientos se convierten en el objeto de nuestra práctica en el mismo momento que aparecen. La meditación se convierte, por tanto, en un estado alternativo de la mente. Normalmente, la red neuronal por defecto es tan poderosa que es como estar a merced de nuestros pensamientos y, en vez de controlarlos, son ellos los que nos controlan. Una salida es usar la concentración: para no pensar en un perro verde (acuérdate del capítulo 3, página 90), nos enfocamos en una tarea. En el estado de mindfulness, lo experimentamos de tal forma que podemos usar nuestros pensamientos: tenemos poder sobre ellos y no al contrario. De modo que no tenemos que controlar a los perros verdes, y simplemente los dejamos salir a dar una vuelta. De hecho, el mindfulness es el único estado de conciencia en el que los perros verdes se marchan sin que tengamos que volver a dirigir nuestra atención.[9] El mindfulness te da una idea muy depurada de los diferentes estados de atención. Y otro punto a tener en cuenta: cuando hablamos de pensamientos en el contexto del mindfulness, estos incluyen también imágenes y voces internas. Básicamente, en este libro se define como *pensamiento* todo lo que nos da vueltas en la mente y nos aleja de tener un contacto directo y sin juicios con lo que está ocurriendo en realidad en el momento presente.

Dentro de este contexto, un análisis interesante es saber hasta qué punto están concentrados los atletas de un equipo. Por un lado, tienen que estar completamente presentes. En cuanto se pierden en sus pensamientos, ya no están pendientes del juego. Tienen que estar muy enfocados. No pueden permitir que sus bulliciosos seguidores les distraigan. Por otro lado, cuando un jugador simplemente está muy concentrado, hay riesgos de que se pierda lo que está haciendo el resto del equipo. Un jugador de fútbol que mira a la izquierda y que, al mismo tiempo, hace un pase perfecto a la derecha no está simplemente concentrado, si no, no se habría dado cuenta de que su compañero corría por el lado derecho del campo. En este contexto, lo que lo describe con más exactitud es la palabra *presente*.

No estamos recomendando que renuncies a tu capacidad de concentración. ¡En todo caso, la ciencia ha confirmado que el mindfulness favorece la capacidad de enfocarnos y concentrarnos! El mindfulness disminuye la tendencia a distraernos con los procesos ascendentes y nos ayuda a enfocarnos. Por ello, ¡el mindfulness efectivamente te ayuda a concentrarte cuando lo necesitas!

Esta técnica fusiona la relajación –tanto del cuerpo como de la mente–, el estar alerta y la ausencia de esfuerzo. Esta noción discurre contrariamente a la idea convencional de relajación (la que dice que «cuanto más relajado estás, menos atento»). Según nuestra experiencia, el mindfulness puede ir acompañado de estados de alerta increíbles a los que tienes acceso sin tener que hacer ningún esfuerzo. Por tanto, un método que te relaje pero requiera un esfuerzo o te canse no puede definirse como mindfulness.

Para ilustrar la paradoja de la alerta relajada, imagínate un mamífero que está muy alerta, como un ciervo que está pastando o un gato que está al acecho. O quizá la imagen de un niño completamente absorto en lo que está haciendo. Lo que ves es relajación pura y una alerta pura dentro del mismo estado.

¿Cuándo es particularmente fácil o difícil el mindfulness?

La pregunta sobre qué actividades pueden considerarse mindfulness y en qué situaciones podemos estar atentos, no depende solo de lo que hagamos, sino de cómo lo hacemos. Hemos hecho hincapié repetidas veces en que el mindfulness no es una disciplina o una actividad «formal», sino una actitud vital, una postura interna, algo que forma parte de nuestra vida. Por eso el objetivo es estar atento en todas las situaciones que sea posible en nuestra vida cotidiana. Las actividades que se combinan mejor con la práctica del mindfulness son las que al mismo tiempo nos permiten mirar a través de una ventana para ver nuestro mundo interior con una atención que no juzga. En otras palabras, cuando una actividad requiere nuestra atención hasta el punto de que no podamos prestarle atención, al mismo tiempo, a lo que ocurre en nuestro interior y a nuestro alrededor sin juzgarlo, entonces esa actividad no es muy apropiada, por lo menos al principio. Por ejemplo, si una coyuntura repentina requiere de todos mis recursos intelectuales, es mejor que me olvide del mindfulness de momento. Sin embargo, una tarea que se pueda hacer mientras estoy durmiendo es ideal para practicar la atención. Esto incluye actividades como el yoga (los tipos de yoga que no trabajen con el control de la respiración),[10] el *chi kung* (un arte marcial chino que trabaja con la respiración y con movimientos lentos y conscientes) y otros tipos de movimientos sencillos.

Lamentablemente, si los movimientos son muy sencillos acaban siendo «aburridos» de hacer, y entonces nos empiezan a asaltar los pensamientos. El mindfulness significaría entonces volver a enfocar la atención en el momento presente, y ser consciente de tu cuerpo durante la actividad, ser consciente de los movimientos, la respiración y los pensamientos que van y vienen. Muchas de nuestras actividades son tan automáticas que nos permiten caer fácilmente en la ensoñación: ducharnos, conducir, cocinar, comer, caminar, etc. Por favor, ten en cuenta que cuando te pedimos que cierres los ojos durante los ejercicios que hay a continuación, ¡no tienes que aplicarlo cuando estés caminando, cocinando o conduciendo!

La práctica: simple y complicada a la vez

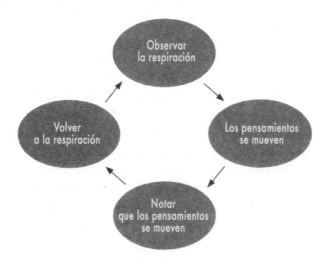

Figura 7: Meditación mindfulness. Fuente: Peter Creutzfeldt.

Los cuatro pasos de la práctica de la meditación
Los científicos estadounidenses han estudiado los cuatro pasos que caracterizan claramente el proceso del mindfulness:

1. Observar sin juzgar (por ejemplo, la respiración).

2. La mente empieza a divagar.
3. Darse cuenta de que la mente está divagando.
4. Volver a observar sin juicios estando atento conscientemente.

Y así se repite el ciclo. El proceso de meditar es un combinación perpetua de estos cuatro pasos. Con el tiempo y la práctica, descubrirás que puedes estar atento más a menudo y durante un periodo de tiempo más largo, y que tus pensamientos errantes son menos dominantes. No obstante, cuando empiezas a practicar, es posible que al principio sientas que tienes más pensamientos que nunca en la cabeza. Esto es una señal de que tu atención está aumentando: tienes más conciencia de los pensamientos que hay en tu cabeza. Sin embargo, esos pensamientos siempre han estado ahí.

Ahora es un buen momento para experimentar lo que acabamos de describir. Para que puedas entender correctamente lo que es el mindfulness, te vamos a pedir que leas antes las instrucciones del primer ejercicio práctico, y lo hagas después, antes de seguir leyendo. Antes de empezar tengo que decirte algo: probablemente tengas ciertas expectativas de lo que debería suceder en este ejercicio o no. Si te observas con atención, verás que tu mente inconsciente crea estas expectativas involuntariamente y de forma inevitable.[11] Puesto que con las práctica del mindfulness vas a probar algo nuevo y, por tanto, no tienes una experiencia previa, estás adentrándote en un terreno desconocido. De modo que no puedes cumplir tus expectativas. Por eso, lo mejor es que simplemente te permitas tener esas expectativas, pero sabiendo que no son realistas.

Y otra cosa sobre la meditación y el tiempo. Para que no te pases todo el rato mirando el reloj constantemente, para los que vais a practicarla con regularidad os recomendamos que descarguéis una aplicación en internet (Android, Apple, etc.) como Zazen Suite, que puedes programar durante un periodo de tiempo concreto, y al final del cual oirás un sonido (también puedes buscar otra, llamada Mindfulness Bell).[12] También puedes poner un despertador normal y corriente, pero las aplicaciones tienen un sonido más agradable. Esto puede ser muy práctico, ya que el mindfulness puede aumentar tu sensibilidad, y por eso a veces no son tan recomendables los sonidos habituales.

¿Estás preparado? Vamos a empezar:

Ejercicio: observar las manos y respirar desde dentro

Por favor, siéntate cómodamente en una silla o en el suelo y aparta todas las cosas que puedan molestarte, como tazas, bolígrafos, etc. Esto es para que puedas cerrar los ojos y las manos durante el ejercicio. Ahora, sujeta durante un rato un cubito de hielo en cada mano. Alternativamente, puedes aplaudir de forma vigorosa tres veces. Luego cierra los ojos y dirige tu atención a tus manos durante un minuto. Límitate a observar lo que les ocurre. Sé un espejo. Se trata de no pensar en lo que le pasa a tus manos. Desde un punto de vista neurológico, ahora estás activando la red de experiencia directa.

Mantén los ojos cerrados y dirige tu atención de las manos a la respiración. Deja que tu respiración siga con normalidad. No hace falta que cambies nada. Observa la respiración durante dos minutos sin hacer nada más. Cuando pasen los dos minutos, sigue leyendo.

¿Qué te ha resultado más fácil, observar tus manos u observar tu respiración? ¿Qué significa «más fácil»? De hecho, hacer este ejercicio con los ojos cerrados debería ser lo más fácil de mundo, ¿no? En cambio, si has tenido la experiencia que tiene la mayoría de la gente, probablemente habrás notado que, en cuanto has empezado a hacer el ejercicio, han aparecido pensamientos en tu mente (incluyendo imágenes, voces internas, etc.). Estos pensamientos no tenían nada que ver con tus manos o con tu respiración, y han conseguido distraerte de lo que estabas haciendo. Si este es el caso, acabas de experimentar el obstáculo más importante y fundamental en la práctica del mindfulness.

Recuerda que si estás incómodo con los ojos cerrados mientras meditas, los puedes dejar ligeramente abiertos, manteniendo la mirada relajada en dirección al suelo que tienes delante, pero es preferible cerrar los ojos cuando lo practiques. La mirada absorbe mucha atención, y al cerrar los ojos es más fácil practicar mindfulness, sobre todo al principio.

Normalmente, a la gente le cuesta menos observar las manos en este ejercicio, porque los aplausos o los cubitos de hielo las estimulan y pueden sentirlas mejor. Cuanto más intensa sea la impresión sensorial, más fácil es que nuestra atención se mantenga ahí. Con este primer ejercicio, ya hay mucha gente que experimenta el primer beneficio importante del mindfulness. Quizá también hayas notado que tu respiración se va calmando, se va tranquilizando y se relaja o se ralentiza a lo largo del ejercicio. Si es así, una de las características singulares del mindfulness que se puede observar rápidamente es que dejamos de estar estresados de inmediato. Esto es un «efecto secundario», por llamarlo así, y no hay ninguna intención. Ten en cuenta que la tarea específica es que no debes alterar la respiración. A algunas personas les resulta difícil, sobre todo al principio, pero paulatinamente se vuelve más fácil.

No te preocupes si tu respiración no se ha relajado durante este primer ejercicio; ha sido la primera vez que practicas mindfulness y la actividad solo ha durado dos minutos. Te prometemos que vas a tener muchas experiencias relajantes con los ejercicios de mindfulness, y forman parte de la lectura de este libro.

El mindfulness y la mente errática (red neuronal por defecto): una simbiosis paradójica

Ahora te recomendamos hacer otra vez la práctica de observar la respiración, pero durante más tiempo, cinco minutos.

Ejercicio: observar la respiración

Cuando hagas el ejercicio de observar la respiración durante cinco minutos, acuérdate de que esto no significa pensar en algo o detener los pensamientos. De hecho, es bastante normal que los pensamientos te distraigan. En cuanto te des cuenta de que tu atención se ha alejado de tu respiración y va detrás de algún pensamiento, vuelve a hacer que observe tu respiración.

Las personas que empiezan a practicar mindfulness por primera vez muchas veces piensan que están haciendo algo mal, porque los pensamientos les distraen constantemente durante la práctica. En esos momentos, te recomendamos que te digas a ti mismo: «¡Muy bien! Estoy tan atento que me he dado cuenta de que mi mente estaba divagando, pero he vuelto!». Por supuesto, no te estamos diciendo que pienses exactamente esto durante la práctica, es más bien la actitud interna que te aconsejamos tener para que te encuentres a ti mismo en este proceso de aprendizaje. Desde que se descubrió el método del mindfulness, hace miles de años,[13] la gente siempre ha creído que podía detener esos pensamientos tan incómodos. Sin embargo, solo consiguieron lo contrario: cuanto más luchaban con ellos, más poder les daban. Si les das permiso para existir a tus pensamientos y, al mismo tiempo, te alejas de ellos, tampoco podrás pararlos, pero dejarán de distraerte tanto. Como la calma en el centro del huracán, el observador interno, el espejo interno, puede ver lo que ocurre a su alrededor, dejar que ocurra y luego dejar que se vaya. Y entonces la experiencia es casi inmediata: si no luchas con tus pensamientos, en un momento dado, se van. A continuación llegarán otros, pero también se irán. De ahí surgió la metáfora de las nubes blancas. Podemos ver las nubes que vienen y van (nuestros pensamientos, emociones, sensaciones y fenómenos a nuestro alrededor) como si fuéramos un espejo, sin que afecten a nuestro centro interno. Otra metáfora corriente es la del observador en la colina: está ahí sentado, tranquilo y observando lo que va y viene en el valle –el bullicio de las calles, quizá un río con todo tipo de cosas flotando en él–, como una metáfora de los pensamientos, etc., que hay en nuestro interior, así como los impulsos que recibimos de lo que nos rodea.

Si estás convencido del valor de practicar mindfulness regularmente, te recomendamos que empieces ahora mismo a observar tu respiración durante unos minutos cada día. Empieza por hacerlo solo unos minutos, y si tienes más tiempo, aumenta progresivamente el tiempo mientras te resulte fácil. Más adelante te presentaremos una amplia gama de diferentes prácticas de mindfulness.

Una paradoja evidente de la práctica del mindfulness es que es esencialmente a través de observar la mente errática que tenemos la oportunidad de desarrollar la cualidad del mindfulness de una forma acumulativa y duradera. Las investigaciones científicas sobre esta cuestión han descubierto reiteradamente que los principiantes obtienen numerosos resultados beneficiosos con solo practicar mindfulness con regularidad durante unas semanas o incluso unos días, y, en algunos casos, basta con unos minutos de meditación, de modo que esto último está relacionado con la regulación emocional.

Cuanto más se practica, más fuerte y definitivo será el cambio, y esto lo han podido observar los científicos en los escáneres cerebrales. ¡Lo que significa que el mindfulness realmente modifica tu cerebro de una forma muy positiva!

Ejemplo:

Enrico Rück es un ingeniero en la fábrica internacional de piezas de automóvil Continental en Frankfurt. Conoció el mindfulness a través de unos amigos. Aunque al principio era muy escéptico, después de oír las experiencias positivas de sus amigos decidió intentarlo: «Ahora suelo estar más atento y alerta, y me siento menos estresado que antes. Escucho más atentamente e interrumpo menos a la gente. Estoy más tranquilo incluso cuando conduzco. No acelero cuando el semáforo está en "naranja". No pongo la radio. Observo a mi alrededor y le cedo amablemente el paso a otros conductores. Es como si todo fuese una novedad, y disfruto con estos momentos».

En efecto, todos estos cambios solo son posibles si somos conscientes de que nuestro pensamiento divaga. En esto consiste básicamente el ejercicio del mindfulness. Si nuestro pensamiento divaga y no nos damos cuenta, es que no estamos atentos. Y por si eso no fuera suficiente, según el estudio que hemos mencionado antes en este capítulo, cuando nuestra mente divaga, también somos menos felices. De modo que practicar constantemente los cuatro pasos del mindfulness es al mismo tiempo deseable y conveniente. De hecho, la práctica del mindfulness ¡es como un aparato de gimnasia para nuestra mente errática! Gracias a él, mejoramos nuestra capacidad de atención.

Jutta Häuser, un ferviente hincha del club de fútbol Borussia Dortmund, dice: «Cuando tuve mi primera experiencia con las técnicas de relajación hace veinte años, decidí enseguida que eso no era para mí. Soy una persona que necesita moverse. "Túmbate, relájate y cálmate" es algo que no me funciona. Pero hace tres años eso cambió. Paralelamente a mi ajetreado trabajo diario, estaba escribiendo un libro que me había encargado un editor. Al mismo tiempo, me cambié de oficina y tuve que estar sin teléfono ni conexión a internet durante seis semanas en la nueva oficina. Mi enfado iba en aumento a medida que sentía la impotencia de estar sometido a los caprichos de las compañías telefónicas. Después de esta experiencia, me di cuenta de que todo esto me había creado unos patrones emocionales. Cuando salía del trabajo no podía desconectar, cualquier tontería me irritaba y no tenía todo bajo control como era habitual en mí. En esa época, un cliente me pidió que le aconsejara un programa de gestión de la salud y le recomendé a una facilitadora del programa de reducción del estrés basado en el mindfulness que había meditado durante treinta años. En nuestras conversaciones, noté inmediatamente que se comunicaba con claridad. Era al mismo tiempo directa y empática, tenía profundidad y sabiduría y no era esotérica en absoluto (algo que ya había percibido antes). Yo confiaba en ella, y para mí era el momento y la situación adecuada, de modo que participé en su curso de mindfulness. Desde el principio me di cuenta de que no se trataba de "desconectar" de los pensamientos negativos, sino de permitir que existieran los pensamientos que fuera, dejarlos estar y aceptarlos.»

En resumen

El mindfulness es un estado, una forma de afrontar la vida en la que no tenemos juicios y estamos absolutamente atentos a lo que ocurre en nuestro interior y a nuestro alrededor. El mindfulness, por un lado, es la práctica de la meditación y, por otro, es vivir de esta forma todas las situaciones que se nos presenten en la vida cotidiana. La metáfora del espejo que refleja las cosas como son, sin juzgarlas, es muy útil. Cuando decimos que «no haya juicios», no lo decimos en el sentido moral. En el contexto del mindfulness, juzgar significa todo lo que no se puede categorizar como parte de la red de experiencia directa, por ejemplo, etiquetar, valorar, analizar, no sacar de contexto, etc.

En mindfulness usamos la expresión «modo ser» para diferenciarla del «modo acción», que es el modo típico de nuestro estado habitual. «Hacer» no se refiere solo a las actividades visibles externamente, sino a la actividad interna constante de nuestra mente inquieta.

El mindfulness no pretende añadir nada a tu apretada agenda. Tampoco es una autorreflexión crítica. Al contrario, lo vemos como un herramienta muy importante para acceder a tu potencial.

Lo mejor es que los principiantes practiquen el mindfulness como una cualidad en las situaciones que no requieran toda nuestra atención consciente, como las acciones automáticas de la vida diaria. Te recomendamos que hagas cada ejercicio antes de seguir leyendo y que integres estas técnicas en tu vida cotidiana dentro de lo posible.

La práctica del mindfulness siempre se reduce al mismo proceso de cuatro pasos: observar sin juzgar, ver la mente divagando, darse cuenta de que la mente es errática y volver a observar sin juzgar. La mente errática es el mayor obstáculo que tendrás que afrontar en tu práctica. Aquí te proponemos que consideres la dispersión de la mente como una oportunidad para ejercitarte, más que como una interferencia.

6. Principios, mitos y consejos útiles

En tiempos de Lao-Tzu, había una vez un anciano que vivía con su único hijo en una diminuta cabaña a las afueras de un pequeño pueblo chino. Solo tenía una pertenencia, y era un hermoso caballo negro que era la envidia de todo el pueblo.

Un día, el caballo desapareció. Llegaron los vecinos y le dijeron: «¡Ay, pobre! ¡Qué mala suerte!» El anciano les respondió: «¿Mala suerte? Ya veremos, nunca se sabe».

A los pocos días el caballo volvió a aparecer junto a otro caballo salvaje que le había seguido. La gente del pueblo se quedó asombrada. «Tenías toda la razón –dijeron al anciano–. Tu mala suerte, en realidad, se ha convertido en buena suerte.» El anciano se limitó a decir: «¿Suerte? Ya veremos, nunca se sabe».

Al día siguiente su hijo decidió montar el caballo para domesticarlo. Pero la primera vez que lo montó el caballo salvaje se revolvió con tal violencia que el chico se cayó al suelo y se rompió las dos piernas. Los vecinos del pueblo fueron a ver al anciano y le dijeron: «Tenías toda la razón. Lo que parecía buena suerte en realidad ha sido mala suerte. Ahora el único hijo que tienes se ha quedado inválido». El anciano no se alteró y le contestó a la gente del pueblo: «¿Mala suerte? Ya veremos..., nunca se sabe».

Al cabo de unas semanas, se declaró una guerra. El rey necesitaba soldados y obligó a alistarse en el ejército a todos los jóvenes y hombres capacitados. Solo se salvó el hijo del anciano, porque no podía servir en el ejército con sus dos muletas. «¡Qué suerte tienes!, –le dijeron los del pueblo al anciano.» Y este solo respondió: «Ya veremos, nunca se sabe».[1]

¿Tú también pecas de esto? ¿También juzgas las situaciones demasiado pronto, como la gente de este pueblo, para darte cuenta después de que la mala suerte –o la buena suerte– no es lo que parecía? ¿Comparas, a veces, tu buena o mala suerte con la de los demás, creyendo que tú tienes más o menos suerte que ellos? Dices cosas como: «Gracias a Dios no vamos en la otra dirección, ¡fíjate cómo está el trafico!» o «¡Oh, no, mira qué atasco hay! ¡Nos vamos a quedar aquí parados por lo menos una hora! ¿Por qué me tiene que pasar siempre a mí?» o «Me podrían haber propuesto para el ascenso, ¡pero supongo que la dirección no me aprecia demasiado!». Crees que es mala suerte que la bolsa haya bajado un 5%, a pesar de haber tenido un rendimiento medio de un 25% en los últimos dos años.

Ejercicios: los juicios precipitados

Deja tu libro a un lado y dedica unos minutos a anotar los tres momentos en los que hayas juzgado demasiado deprisa, positiva o negativamente, la situación de una persona y luego esa situación se haya revertido.

Si todavía te acuerdas: ¿cuánto tardaste en juzgar esa situación?

¿Cómo te sentiste después de emitir tu juicio y cómo te sentiste cuando te diste cuenta de que había ocurrido algo diferente a lo que habías pensado en un principio que iba a ocurrir? ¿Te sentiste igual que el compañero que estaba enfermo en la historia inventada de las páginas 21-22? ¿Tu reacción estaba basada en tu evaluación prematura?

> Si es así, ¿cuáles han sido las consecuencias? Si hubieses adoptado la
> misma actitud del anciano de la historia anterior de este capítulo, ¿en
> qué sentido habría sido distinto?

Los humanos necesitamos entender y valorar las situaciones. Si no tuviéramos esta posibilidad, no seríamos creativos ni podríamos actuar en situaciones complejas. En principio, siempre tomamos nuestras decisiones de forma ascendente. Esto, en sí mismo, no es un problema, ya que nos ahorra muchas reservas de nuestra corteza prefrontal. El peligro de esta situación, sin embargo, es que tenemos la tendencia a creer que nuestra evaluación apresurada es la única forma de percibir la situación. Esto nos plantea enseguida un problema en todas las situaciones complejas y en los nuevos proyectos. Nuestros juicios ascendentes se basan en nuestras experiencias pasadas, con las que evaluamos el presente. Por eso hablamos de una «tendencia». Cuando confiamos demasiado pronto en nuestros juicios, la capacidad de afrontar las situaciones más complejas o nuevas se limitará a las experiencias del pasado, y esto, a su vez, limitará enormemente nuestras posibilidades de elección.

El mindfulness nos permite establecer una distancia prudente con nuestros impulsos ascendentes y, sobre todo, darnos cuenta de que existen. Esto, al mismo tiempo, mejora nuestra capacidad para emitir juicios más conscientes y tomar decisiones más acertadas, como en el ejemplo siguiente:

> La noticia se supo unos días antes de que tuviera lugar el taller de gestión para el lanzamiento del nuevo gerente de la empresa. Debido a un cambio de las prioridades de la administración, cancelaron su incorporación. La empresa estaba inmersa en un proceso de res-

tructuración que incluía una reducción de los recursos humanos, y se iba a realizar un nuevo reparto de competencias dentro de la empresa. La reacción de algunos jefes de departamento fue inmediata: «¿Cómo voy a defender los requisitos del departamento para que no les afecte? ¿Cómo sabré si voy a conservar mis competencias? ¡Si quieren reducir personal, es mejor que lo hagan en otros departamentos y no en el mío!». Sin embargo, entre los miembros del equipo de administración había un gran sentimiento de confianza, de modo que pudieron hablar libremente de sus impulsos durante el taller. «En los próximos meses, hasta que llegue el nuevo jefe, es imprescindible nuestra colaboración, de lo contrario, fracasaremos todos. No podemos perder de vista nuestros objetivos». El equipo de administración discutió la situación, hasta que todos se pusieron de acuerdo sobre la forma de proceder y sobre lo que querían alcanzar en los próximos doce meses. «¿Os parece bien que cada uno se represente a sí mismo, en vez de mandar a alguien de cada departamento? De esa manera tendremos un intercambio más directo, y siempre habrá alguien que entienda el propósito y el proceso del siguiente departamento». Al final del taller surgió por unanimidad un consejo de administración de la división informal, en el que todos los miembros se sentían responsables de todos los demás departamentos y, al mismo tiempo, eran capaces de representar los intereses de su propio departamento.

La capacidad de responder de una forma desapegada y consciente a sus juicios impulsivos le abrió a este equipo posibilidades que ni siquiera se habrían planteado si hubiesen dependido únicamente de sus experiencias pasadas o sus impulsos ascendentes. Los patrones viejos solo habrían provocado conflictos y no habrían sido eficientes. Con una perspectiva consciente es posible establecer un espíritu de colaboración y confianza.

Desde el *om* y las varillas de incienso a las personas contemporáneas conscientes

Las palabras como atención y conciencia y, especialmente, meditación se asocian a todo tipo de mitos: disfrutar del aquí y ahora sin importarnos el mundo siempre que podamos estar tranquilos; sentarse en postura de loto en el suelo, juntar el pulgar y el dedo corazón, mientras te ahogas con el humo del incienso y dices *om*. Un ridículo cliché tras otro.

Estas imágenes, por supuesto, deben haberse originado en algún sitio. Cuando se toparon con algo valioso, puede que algunas personas pensaran que debían diferenciarse de los demás para protegerlo. El incienso proviene originariamente de la India, pero también se usaba en los monasterios occidentales. Todo esto nace del origen religioso de la meditación. En el budismo y el hinduismo, donde surgieron el yoga y el mindfulness, las personas religiosas eran vegetarianas debido a su respeto por las demás formas de vida. Los meditadores «profesionales», dentro del contexto religioso, como tradicionalmente era el caso, no vivían en sociedad, sino recluidos en monasterios, cuevas, etc. ¿Qué mérito tiene esto? ¡Todo el mundo puede ser consciente cuando está alejado de las complicaciones de una relación normal, cuando está alejado del estrés, la presión y los conflictos! No, nosotros creemos que el verdadero desafío actual es trasladar esta cualidad, que tiene un valor inmenso, a nuestra vida diaria. Y no solo eso, creemos que hemos dado otro paso y que somos más valientes y, en cierto modo, más adelantados que los que decidieron alejarse de la vida para meditar. Obviamente, la imagen que se ha creado después de miles de años no va a desaparecer de la noche a la mañana. Siempre que preguntamos a los asistentes de nuestros eventos sobre su experiencia con la meditación, inevitablemente alguien dice *om*. Por eso es tan importante para nosotros comunicar lo que es el mindfulness y lo que, definitivamente, no es.

Entretanto, para nuestra sorpresa, la ciencia ha demostrado que los métodos de mindfulness en un entorno laico, completa y absolutamente alejado de las connotaciones y las raíces religiosas, son tan valiosos, si no más, que dentro de su contexto religioso. Ray Dalio, el fundador de Brigewater Investment Fund, nos transmite su experiencia personal: «El mindfulness me permite ver las cosas con mayor perspectiva». Durante las últimas décadas han investigado, amplia y extensivamente, los beneficios del mindfulness dentro de un entorno laico. Si nos resulta más cómodo, podemos meditar sentados en una silla, en vez de hacerlo en el suelo. Debemos tomar nota de cada olor y cada ruido sin juzgarlo, y para hacerlo no hace falta quemar incienso. En principio, un mercado asiático es tan adecuado para meditar como un templo budista. Hay más mitos en torno a la duración y el tiempo: debe durar, por lo menos, una hora, es lo primero que debes hacer al despertarte, de lo contrario, no vale la pena. Sin embargo, la ciencia también ha refutado esta afirmación. Obviamente, no tenemos nada en contra de meditar una hora entera, siempre que tengas tiempo de hacerlo sin que afecte a tus horas de sueño. El antiguo principio chino de los cinco elementos y la tradición ayurvédica hindú dictan la hora más conveniente de meditar de acuerdo con tu metabolismo. Los seres humanos modernos, en cambio, tenemos que intentar incorporar el mindfulness a nuestra vida diaria, sin que sea necesario vivir cerca de un parque, reducir la semana laboral a treinta horas o cambiar por completo nuestra dieta. Se ha demostrado que diez minutos de mindfulness por la noche también nos benefician. Lo importante es estar despiertos y sobrios (es decir, no estar bajo los efectos del alcohol, etc.), para que nuestra atención conserve la claridad, ya que las drogas afectan bastante. Lo que te recomendamos no es que cambies tu *forma de vida* –realmente no es necesario–, sino la *naturaleza de tu vida.*

Retomar los mantras, la motivación y la atención relajada

La función de un mantra (una palabra o un tono que se repite constantemente como parte de una meditación), como el *om,* es la misma que tiene observar la respiración en el mindfulness.[2] No obstante, cuando empleas un mantra, generas artificialmente el «objeto» de tu práctica de mindfulness (en lo que te enfocas), en lugar de observar un fenómeno que existe objetivamente, como tu respiración. Para que lo entiendas, repetir el mantra una y otra vez hasta aburrirte hace que tu mente empiece a divagar, y cuando te das cuenta de ello, vuelvas a repetir el mantra. No te recomendamos que comiences la práctica usando un mantra. En nuestra opinión, comparado con el modo acción, el modo ser es mucho más accesible, y se puede practicar más fácilmente cuando observas los fenómenos internos y externos. Recitando un mantra tienes muchas más posibilidades de quedarte estancado en el modo acción.

La paradoja de la motivación: mejorar la naturaleza de nuestra vida de una forma efectiva y duradera requiere una práctica diaria sistemática. Supongamos que te gusta el método de observar la respiración que hemos descrito en el capítulo anterior. Al inicio puede resultar bastante interesante. Es algo nuevo. Tienes experiencias emocionantes, pero enseguida te das cuenta de que deja de serlo. Observar los movimientos permanentes de entrada y salida de la respiración sin juzgar[3] –hasta unas veinte mil veces diarias– ¡no es peligroso ni atractivo! ¡Nuestra mayor motivación, sin embargo, ocurre en el terreno emocional con aquello que en potencia nos puede «recompensar» (aproximar a algo) o «castigar» (alejar de algo)! Si eres una de esas personas que se han dado cuenta de que no consigue encontrar fácilmente la motivación para meditar todos los días o tiene más resistencias y dudas internas de las que pueda gestionar, ¡bienvenido al club! Seamos francos, el panorama de sentar todos los días a tu mente emocional a observar la tediosa entrada y salida de la respiración no podemos decir que sea muy divertido, y, por si fuera poco, ¡ni siquiera puedes emitir un juicio!

Lo que nos puede ayudar en esta situación es encontrar una motivación adicional, como, por ejemplo, una persona a la que le ha ayudado esta práctica, y nos inspire a seguir haciéndolo. «De acuerdo, si es tan eficaz, lo seguiré haciendo». No obstante, hay mucha gente que llega al mindfulness después de sufrir un trauma o un sueño roto. Suelen ser momentos de la vida en los que una persona llega al límite y dice: «Está bien, ¡hay que cambiar algo!». Del mismo modo, también es habitual que la gente lo descubra después de haber cumplido todas sus metas en la vida, y no encontrar la satisfacción que esperaba. Ese es el momento adecuado para reflexionar sobre si la vida tiene otra dimensión que esté más allá de las cosas tangibles y medibles que se pueden conseguir, como el dinero, una carrera, un coche, una casa, y así sucesivamente.

Independientemente de que tus motivaciones busquen regular tus impulsos o emociones, aumentar tu rendimiento, mejorar tu sueño o potenciar tu creatividad, no debería ser demasiado difícil convencerte de que vale la pena intentar practicar el mindfulness, aunque solo sea una vez.

Sin embargo, ahora nos encontramos con un dilema. Mientras la expectativa de obtener un beneficio concreto te pueda alentar a practicarlo con regularidad, sencillamente es imposible practicar la atención en el momento presente sin juzgar y anticipar al mismo tiempo un beneficio en el futuro. ¡Imagínate que estuvieras sentado meditando y una voz en tu interior te estuviera preguntando una y otra vez cuándo vas a tener ese beneficio! En ese momento no estás practicando el mindfulness, sino que estás atrapado en un proceso de pensamiento, y el beneficio nunca llega, por lo que queda invalidado el propósito de la práctica. Por eso, aunque te animemos a que te motives todo lo que quieras antes de empezar a meditar, te pedimos también que te olvides de tu motivación cuando estés practicando la meditación.

Al principio de este capítulo, hasta cierto punto, hemos desmitificado el mindfulness. Te hemos propuesto que te sientes cómodamente sin orientarte hacia una imagen o una idea estereotipada. Ahora bien, tenemos una recomendación que darte para potenciar tu estado de alerta relajada, y es que la espalda esté recta. Cuanto más horizontal sea tu postura, menos te costará dormirte. Sabemos, por experiencia, en nuestra largas sesiones de mindfulness, que una postura que no sea vertical conduce rápidamente a un estado de «relajación cansada», y no es esto lo que buscamos. En las formaciones de mindfulness hablamos de «caer despierto», en vez de «caer dormido» para ilustrar lo que queremos decir. Aunque sea más fácil decirlo que hacerlo. Recuerda que, si es agotador, no es mindfulness. Cualquier tipo de tensión evoca una acción concentrada, seguida de una instrucción descendente para «movilizarte», y esto va en contra de los principios del mindfulness. «Caer despierto» es dejarte llevar, en el sentido de la metáfora siguiente: cuando caminas por un río removiendo el lecho, el agua se enturbia, y lo único que puedes hacer es esperar a que se vuelva a aclarar. No puedes hacer otra cosa para que el agua del río vuelva a estar clara. Así funciona el mindfulness. Para que el cansancio se convierta en un estado de alerta, es muy recomendable tener la espalda recta. Recuerda otra vez al relajado ciervo que estaba alerta (ver página 137).

«La conciencia sin elección» y la autonomía

Lo que buscan todas estas diferentes técnicas de meditación es que tengamos conciencia de lo que ocurre a nuestro alrededor y en nuestro interior. La secuencia clásica de esta práctica sería la siguiente: observa tu respiración durante varias semanas; luego pasa de observar tu respiración a observar tus pensamientos; después tus emociones; a continuación tu entorno (escuchar, ver, etc.); y, por último, una meditación mindfulness abierta en la que ya no te enfocas en un aspecto específico, sino que te conviertes en un gran espejo que refleja todo lo que hay (en el capítulo siguiente encontrarás una descripción y una ilustración detallada de todas estas técnicas de meditación). No obstante, es particularmente importante que no emplees tu concentración para observar algo concreto, por eso hablamos de «conciencia sin elección». Esto, por decirlo de algún modo, es lo contrario de la concentración, se debería llamar «des-centración». Cuando nos concentramos, estamos en el modo acción. Cuando estamos meditando, estamos en el modo ser, y no en el modo acción. Según Osho, la meditación es «no acción». Empleamos la acción de la concentración para eliminar explícitamente otros estímulos. Al cabo de algún tiempo, esta acción requiere que hagamos un descanso (porque agota las reservas prefrontales). La meditación, por otra parte, es muy tranquila y no hace falta eliminar ningún estímulo (sino tomar conciencia de ellos), y por eso no te cansa tanto.

«La conciencia sin elección» describe la actitud interna del anciano de la historia del principio de este capítulo. Él conserva la conciencia incluso en situaciones que habrían desencadenado una sobreactivación de la amígdala. Lo que le distingue de los que son menos conscientes, no es la falta de iniciativa o de acción. Este suele ser el malentendido habitual. El anciano sí tiene emociones. Cuando su hijo se hace daño, sufre como cualquier padre, y también sufre, como todos los campesinos, cuando su supervivencia se ve amenazada. La verdadera diferencia recae en su respuesta emocional y su postura interior al afrontar la situación. Está tranquilo en el ojo del huracán y no permite que le haga dar vueltas. La tormenta es la misma independientemente de que estemos tranquilos o nerviosos. Pero el efecto de la tormenta varía en cada persona. El anciano se ahorra una cantidad infinita de recursos de la corteza prefrontal que luego podrá usar en otras situaciones. Este anciano no necesita hacer un seminario de conciliación de la vida laboral y familiar. Vive en equilibrio interno.

Sobre la autonomía: mantenerte sin juzgar ni elegir durante la práctica de mindfulness, cuando te encuentras con el mundo interior y exterior en el momento presente, se debe convertir en un proceso automático. En potencia, cualquier interferencia externa puede estar en conflicto directo con «la conciencia sin juicios», ya que manipula el proceso desde el exterior. Por este motivo, generalmente no somos partidarios de las meditaciones guiadas. En estas técnicas, la atención vuelve constantemente al lenguaje y a la voz del facilitador de la meditación, mientras que el meditador tiene que «hacer multitarea» para volver al modo mindfulness, e inherentemente esto es irreconciliable. Este tipo de guía es necesaria en los talleres cuando, por ejemplo, el grupo emprende un viaje a través del cuerpo para tomar conciencia de todas sus partes sin juzgarlas, de lo contrario, esta intervención en sí misma no es útil. No obstante, ciertas intervenciones concretas pueden ayudarnos a interrumpir la tendencia a seguir nuestros impulsos y perdernos en nuestros pensamientos, sirviéndonos de recordatorio para estar atentos. Estas intervenciones pueden ser:

- En la tradición zen se usa un palo para golpear ligeramente la cabeza.
- Una intervención breve hablada.
- Un sonido que se considera un «recordatorio» a intervalos aleatorios. Ahora lo puedes encontrar en forma de aplicación y definitivamente te lo aconsejamos.

En resumen

El mindfulness nos transporta a un estado que nos permite aceptar lo que hay. Nos mantiene alejados de juzgar lo que está bien y lo que está mal, y, por eso, podemos mantener el equilibrio interno.

El mindfulness es muy pragmático y sencillo (y muy estimulante como disciplina regular). No requiere un ritual especial, y se puede incorporar a cualquier aspecto de la vida normal, por eso es más potente y enriquecedor que la práctica religiosa de la meditación en aislamiento.

Es muy recomendable que haya una motivación para hacer nuestra práctica diaria de meditación, porque nos impulsa a seguir con la disciplina. No obstante, debemos olvidarnos de nuestras metas y objetivos durante la práctica.

No podemos «hacer» mindfulness con la voluntad. La destreza del mindfulness consiste en estar relajado y alerta al mismo tiempo. Por eso no puede ser concentración. La concentración está en el modo acción. El mindfulness está en el modo ser. Mientras que la meditación guiada te puede ayudar al principio para que te acostumbres a la experiencia, te recomendamos encarecidamente que, al cabo de un tiempo, empieces a practicar la meditación de forma autónoma.

7. La meditación mindfulness: técnicas

Dos monjes mendicantes llegaron un día a la orilla de un río. Allí había una mujer joven que tenía miedo de cruzar el río porque era muy profundo. El mayor de los dos se colocó a la mujer sobre los hombros y la cruzó al otro lado. Una hora más tarde el monje joven le dijo: «Hermano, no puedo aguantarme más tiempo mi indignación. Nuestra religión nos prohíbe tener contacto físico con mujeres. ¿Por qué has pecado?». El monje mayor le respondió: «Hace una hora que he dejado a esa mujer en la orilla. Me parece que tú todavía la estás cargando».[1]

La práctica regular es la clave

Este capítulo es un resumen de varias técnicas y métodos para practicar la meditación. Con esto nos referimos a la práctica regular formal de la meditación, en contraposición a la incorporación del mindfulness en nuestra vida diaria, e integrar lo que has aprendido meditando (que describiremos en el próximo capítulo).

Una conclusión fundamental del estudio de Sara Lazar y sus colegas sobre los cambios de la estructura del cerebro como consecuencia de la meditación es que estos cambios se basan claramente en una práctica continuada. No es tan importante que las sesiones de práctica sean excesivamente largas. En otras palabras, es algo parecido a lo que ocurre en el entrenamiento físico: es más efectivo practicar ejercicio veinte minutos al día cinco veces a la semana que hacerlo una vez a la semana durante tres horas.

El objeto de tu práctica no tiene importancia; ¡no estás practicando la respiración o a la meditación, sino el mindfulness! Recuerda que no se trata de sentarte más cómodo y estar más derecho, o de estar más relajado y respirar más despacio. Todas estas cosas son los efectos secundarios y son ejercicios de preparación. ¡Estamos practicando mindfulness! En términos generales, sentarse es un curso para principiantes, a pesar de que los monjes tibetanos sigan haciéndolo después de cuarenta mil horas de práctica.[2] Pero no se trata de eso. Incluso para los meditadores «experimentados», la meditación sigue siendo un medio para conseguir un fin: aumentar nuestra calidad de vida y ser personas más conscientes. Para nosotros consiste sencillamente en convertir el mindfulness en una parte integral de nuestras vidas, a la vez que aspiramos a vivir esta cualidad veinticuatro horas al día, aspiración por la que luchamos, pero que quizá no consigamos nunca.

El fondo de nuestra reflexión en el epílogo de este libro es cómo sería nuestra vida si consiguiéramos cumplir este deseo.

Cuando te decidas por un método, te recomendamos que lo mantengas. No intentes variar de técnica de meditación, especialmente al principio. Si después de tres semanas no has experimentado ninguna mejoría positiva, cambia de método. Es probable que encuentres otro que te resulte más fácil.

Lo que refleja el espejo durante la meditación, en realidad, es irrelevante. Nosotros tenemos un enfoque muy pragmático. Más adelante te explicaremos porque es más fácil acceder al mindfulness experimentando con el cuerpo y, en particular, con la respiración. Así que empezaremos por ahí. No obstante, más adelante podrás experimentar caminando, haciendo deporte, escuchando, viajando, y en todo tipo de situaciones. Pero recuerda una vez más que cuanto más complejo sea el contexto en el que practicas o incorporas el mindfulness a tu vida diaria, y cuanto más probable sea que la distracción dure más, más difícil y, desde luego, más duro será ser consciente en esas circunstancias. Las condiciones favorables son aquellas en las que te cuesta menos y te resulta más fácil ser consciente, que es la capacidad de observar tus pensamientos erráticos y volver, a continuación, a un estado de observación sin juicios.

No obstante, nos gustaría recordarte de nuevo algo importante: el juicio de que no «consigues meditar» porque hay demasiados pensamientos dándote vueltas en la cabeza no es del todo exacto. Si no hubieses estado consciente, no te habrías dado cuenta de que esos pensamientos son erráticos. De ahí que el darse cuenta de que hay muchos pensamientos en la cabeza cuando meditas, sobre todo al principio, es una señal de que está aumentando tu mindfulness, y es una clara indicación de que estás consiguiendo meditar. Y, en un determinado momento, sentirás que empieza a disminuir el caos de los pensamientos que hay en tu cabeza, que te han hecho estar más atento al principio.

Enrico Rück, al que hemos mencionado antes, recomienda lo siguiente: «Primero escucha las explicaciones de los distintos métodos y principios y después reflexiona sobre tu experiencia personal..., ¿son verdad estas ideas para ti o no? ¿Lo que has oído te ha resonado? La meditación correcta llega con la práctica y la reflexión de nuestras experiencias, volviéndote a contar las experiencias a ti mismo. La calma interior conduce a una enorme flexibilidad en tu comportamiento».

Si tienes el lujo de poder practicarlo con otra persona o en grupo, esto puede ser tan útil como el entrenamiento físico con un amigo u otra gente. En primer lugar, te inculca disciplina. En segundo lugar, te ofrece la oportunidad de compartir tu experiencia con otras personas que han tenido experiencias similares a la tuya. Una de las recomendaciones más importantes que podemos dar es que lo compartas con otros meditadores. De lo contrario, te arriesgas a sentir que estás solo y perdido, acosado por pensamientos como: «Soy la única persona del mundo que tiene tantos pensamientos en la cabeza, estoy seguro de que me pasa algo...».

Y asegúrate de tomártelo con calma y de disfrutar de la experiencia. Obligarte a ti mismo a meditar puede ser contraproducente. Es normal que tengas cierta resistencia a practicar la meditación; como dijimos antes, ¡bienvenido al club! Simplemente tienes que tomarte todo este fenómeno y la resistencia con humor. Todas las formas de ser consciente, placenteras o no, forman parte de la práctica del mindfulness. Revelan sin piedad lo que somos, son como un espejo. El humor y el respeto hacia uno mismo son esenciales para entender que este maravilloso y valioso viaje interior enriquece nuestras vidas. Si puedes acercarte al mindfulness con esta actitud, no tendrás que forzarte. ¡Es posible, incluso, que tu propia resistencia interna se convierta en parte de tu meditación!

Jutta Häuser dice: «Yo he practicado los ejercicios regularmente según las instrucciones. Sin pensarlo, y simplemente haciéndolos. Sin embargo, me ha costado trabajo soportar la angustia interna que he sentido en el ejercicio de escanear el cuerpo, saber que hay que empezar por los pies y que se tarda un tiempo en llegar a la cabeza. Finalmente, decidí analizarlo: "¿Qué tiene esto que ver conmigo?", me pregunté. En consecuencia, ya no intenté soportar esa angustia interna, sino que la acepté con condescendencia. Ha valido la pena seguir haciendo el ejercicio».

Técnicas de meditación: el cuerpo

Habitualmente, los meditadores experimentan que la forma más fácil de tener acceso a esta cualidad que hemos descrito es a través del cuerpo. Es más fácil darnos cuenta de lo que nos ocurre en el cuerpo que observar los movimientos sutiles de las tendencias emocionales o la avalancha de los pensamientos. Vamos a presentaros varias técnicas, empezando por la respiración, y todas ellas tienen algo en común: que se pueden practicar desde la posición interior de ser un espejo o un observador.

Ejercicio: observar el punto de inflexión de la respiración

En esta versión de la meditación de la respiración, hay que poner la atención en el leve punto de inflexión que existe entre la exhalación y la inhalación. Inhala y exhala. Intenta percatarte del momento exacto del punto de inflexión, cuando no estás ni inhalando ni exhalando, y el cuerpo está muy quieto sin que se mueva la respiración. Este punto de inflexión puede ser tan breve que te cueste detectarlo, pero te aseguramos que existe. Y no solo eso, sino que es necesario para que la respiración pueda entrar y salir.

Te pedimos que no fuerces este punto de inflexión, y que tampoco lo extiendas. Simplemente respira normal, deja que ocurra de forma natural. Es como si «te respirara», y tú no tuvieras que hacer nada más que ser consciente y observar como ocurre la respiración.

La duración de este ejercicio depende de lo que puedas «aguantar» o del tiempo que tengas. Cuando hablamos de «aguantar», nos referimos al tiempo que puedes quedarte quieto. Para la mayor parte de la gente, se vuelve insoportable al cabo de un rato. Esto es relativamente normal, así que no te preocupes demasiado. Al principio, hazlo menos tiempo del que crees que puedes quedarte quieto. Puedes usar esta técnica en tu vida cotidiana. Te recomendamos hacerlo en cuanto hayas completado una semana o hayas tenido dos experiencias de meditación.

Ejercicio: percibir la respiración en el abdomen

En esta versión, hay que poner especial atención en un aspecto concreto de tu respiración. En este caso, durante la meditación debes sentir cómo se mueve tu abdomen cuando respiras sin tener que hacer nada. Un truco útil es «te respira». Ponte la mano en la barriga (a ser posible justo debajo del ombligo), porque eso te ayudará a practicar mejor este ejercicio las primeras veces. Si puedes meditar estando tumbado, también puedes emplear un libro.

El motivo por el que te estamos ofreciendo una variedad de técnicas entre las que puedes escoger es que hemos descubierto que, para algunas personas, unas técnicas son más fáciles y otras más difíciles. También hay enfoques que proponen unas versiones específicas para hombres u otras para mujeres, por ejemplo: que los hombres sientan la respiración en las fosas nasales (ver el siguiente ejercicio) y las mujeres lo hagan en la barriga. No obstante, te aconsejamos experimentar con diferentes técnicas para que decidas cuál es la mejor para ti, cuál te cuesta menos trabajo y cuál le aporta más calidad a tu vida.

Ejercicio: sentir la respiración en la nariz

En esta versión, dirige tu atención a la punta de tu nariz por donde entra y sale el aire de tu cuerpo. Siente -y, como siempre, hazlo sin juzgar- cómo entra el aire fresco en el cuerpo y se calienta al salir. Como es habitual, tú no tienes que hacer nada, no tienes que cambiar nada, solo te tienes que observar como un espejo.

Si tienes mucho tiempo y te gusta practicar la meditación de la respiración, te recomendamos una versión que te permita alternar entre estar sentado o caminando, pero siempre observando la respiración. Puesto que estar sentado mucho tiempo puede ser bastante incómodo, cuando hayan transcurrido cuarenta y cinco minutos puedes pasar a caminar «meditativamente» durante quince minutos. Aquí, el objeto del mindfulness es caminar: observar los pies y sus movimientos. Esto funciona mejor cuando caminas reduciendo la velocidad a la velocidad normal mínima.[3]

Ejercicio: escanear el cuerpo

Este ejercicio requiere un poco más de tiempo. Antes que nada, debes conseguir el audio de la meditación. Aquí te damos un enlace donde puedes descargar varias versiones de diferente duración: http//www.mindful.org/the-body-scan-practice/.

En esta grabación, una voz te guiará a través de los ejercicios. En este ejercicio, viajas a lo largo de tu cuerpo con toda tu atención, desde el pulgar del pie izquierdo a otras partes de tus pies, subiendo por tus piernas, y así sucesivamente, siempre dirigiendo tu atención a partes concretas de tu cuerpo, que quizá nunca hayas percibido conscientemente. A través de este proceso, sensibilizas tu cuerpo y, al mismo tiempo, agudizas tu atención. Mientras te vas moviendo por cada parte del cuerpo, pones tu atención sin juicios en todo lo que haya: tensiones, frío/calor, sensaciones, movimientos, y todo lo que puedas explorar, con la misma postura interna y la misma actitud que tenías cuando observabas la respiración. Aquí también te darás cuenta de que tus pensamientos siguen divagando libremente, de modo que aplicas los mismos principios: en cuanto veas que tu pensamiento divaga, conviértelo en el objeto de tu meditación y vuelve tranquilamente al ejercicio.

Duración del ejercicio: de 15 a 45 minutos. Un truco práctico: si te gusta usar el escaneo de tu cuerpo como técnica de meditación, practícalo usando la voz de la grabación hasta que sientas que puedes recordar toda la secuencia completa del «viaje» a través de tu cuerpo, y luego sigue haciéndolo sin la grabación. Esta técnica es muy popular en las distintas escuelas de mindfulness, sobre todo debido al programa MBSR (reducción del estrés por medio del mindfulness) y a Jon Kabat-Zinn. El MBSR ha sido uno de los primeros programas de meditación laicos del mundo occidental. Jon Kabat-Zinn, del Medical Institute de la Universidad de Massachusetts, lo desarrolló en la década de los 1970, y desde entonces ha ayudado a miles de personas que padecen dolor crónico, depresión y otros problemas diversos, para los que la medicina general aún no ha encontrado un tratamiento. Actualmente, puedes encontrar programas de MBSR dirigidos por facilitadores certificados en todas las grandes ciudades.

Hay variaciones de la técnica de escaneo corporal que incluyen enfocar la atención en áreas concretas del cuerpo, como el cuello, el pie derecho o el izquierdo, la mandíbula, etc., así como propagar tu conciencia al resto del cuerpo desde el principio. Como siempre, te recomendamos que experimentes y adoptes la técnica que mejor te vaya.

El mindfulness enfocado en cada sentido

Los sentidos son lo único que nos conecta con el mundo exterior. Las valoraciones, interpretaciones, juicios, etc., distorsionan nuestro contacto con el mundo, de acuerdo con nuestra falta de mindfulness. Aquí no nos centramos en la precisión de la correspondencia del mundo exterior con el interior; en muchas ciencias –desde la física cuántica hasta la investigación del cerebro–, la opinión actual es que el cerebro no elabora un mapa del mundo, sino que lo crea.[4] A nosotros nos interesa más el grado de intensidad con el que estamos en contacto con nuestro entorno en cada momento, pero no nos importa de qué manera se produce este contacto. Enfocarnos en un solo sentido puede provocar un efecto interesante en nuestro contacto con nuestro ser interior, las situaciones vitales, otra gente y el mundo en conjunto.

Ejercicio: mirar como si fuera la primera vez

Puedes usar esta versión en todas las situaciones que puedas imaginarte: al volver del trabajo, fíjate atentamente y sé plenamente consciente del entorno en el que vives, los edificios, la naturaleza, las calles y la casa en la que vives. Dirígete a la gente que te encuentras, incluida tu propia familia, de una forma nueva. Normalmente, vemos lo conocido y familiar como si nada nos pudiera volver a sorprender. Solemos creer que sabemos lo que nos van a decir las personas más próximas, cómo se van a comportar o qué aspecto van a tener. Sin embargo, todos experimentamos algún tipo de evolución, incluso a lo largo de un día. La psicóloga estadounidense y experta investigadora Ellen Langer, cuyo trabajo, durante toda su vida, ha consistido en comparar nuestros estados conscientes e inconscientes, define el mindfulness como una técnica de adquirir información nueva en el momento presente. En este ejercicio, puedes mirar de una forma consciente y sin juzgar (es decir, a través de la experiencia directa o la red de Pure Data), para ver si descubres algo nuevo en tu vida. Entra en tu casa, en tu jardín o en toda la zona donde habitas y obsérvalo todo como si lo estuvieses viendo por primera vez. También puedes intentar hacer este ejercicio de camino al trabajo, paseando al perro, en un bonito parque o en el agua. Puedes ver a tus compañeros de trabajo, a tu jefe y a tus clientes de la misma manera.

El foco principal no está en lo que ves, sino en ti, que eres el que ves. Tú eres el espejo. No te pierdas en lo que ves.

Ejercicio: la escucha consciente

Esta versión se puede practicar de muchas maneras: conversando con alguien, en la naturaleza, en el mercado, en el mar, en un banco de un parque o en cualquier otro sitio donde puedas cerrar los ojos, sin interactuar con los demás, y estar simplemente en contacto con la experiencia directa (o Pure Data). En este caso, el objeto de tu mindfulness es todo lo que puedas oír. El verdadero desafío consiste en no juzgar. Siendo sinceros, ¿quién no ha juzgado inmediatamente una canción melódica o el canto de los pájaros como positivo, y un ruido repentino, los chillidos de un niño o el chirrido de una máquina como negativo? Si no te resulta fácil no juzgar, hay algo que puedes repetirte desde el principio y que te ayudará: «Estos sonidos están ahí para recordarme que tengo que estar atento y se lo agradezco». Esto es a lo que llamamos «aprovechar las interferencias».

Siguiendo las mismas pautas y en la situación adecuada, puedes poner tu foco consciente en el sentido del gusto, el olfato o el tacto. En la formación de MBSR, los participantes reciben una pasa y se les pide que la analicen conscientemente con todos sus sentidos.

Ejercicio: fumar conscientemente

Esta es una idea para todos los fumadores y para quienes quieren dejar de fumar: si luchas contra tus propios impulsos y deseos, desencadenas el efecto irónico de rebote, y esto significa que, cuanto más luches, más fuertes serán tus impulsos. Así que lo primero que hay que hacer es establecer una relación más relajada con esos impulsos. ¡Convierte el fumar en una meditación! Disfruta de todos los aspectos de ese ritual, no de una forma automática, sino con mindfulness. Cuando saques un cigarrillo de la cajetilla, hazlo con conciencia. Míralo atentamente, huélelo. Póntelo en la boca y nota su sabor, siéntelo en tus labios. Toma el encendedor y enciende el cigarrillo. Aspira suavemente y nota cómo te entra el humo en los pulmones. Debes estar atento a los sentimientos y sensaciones físicas que te provoca, y así sucesivamente. Como siempre, tu postura interna es la de un espejo, y todos los juicios o pensamientos se reflejan en ese espejo.

Igual que en la historia del principio de este capítulo, el foco de este método reside en tu actitud interna y no en tu comportamiento. Como hemos analizado en el capítulo anterior, inmediatamente asociamos la meditación a un comportamiento determinado. Con este enfoque, en cambio, cuando aprendes a no permitir que te dominen los impulsos, puedes decidir fumar o no fumar basándote en una decisión flexible y consciente. Naturalmente, mi consejo es que respires aire fresco en vez de pagar mucho dinero por envenenarte. Pero, en esencia, esto no afecta al principio de la separación entre el comportamiento y la actitud interna.

Cuando el monje más viejo de la historia del principio de este capítulo ayuda a la mujer, se está basando en una decisión flexible y no en un impulso automático. El monje más joven confunde estos dos niveles y solo ve el comportamiento: «Los monjes tienen que alejarse de las mujeres para no caer en la tentación». Debido a su inmadurez, necesita unas normas. El monje más anciano, sin embargo, es lo bastante maduro como para ser naturalmente responsable en cada momento.

Técnicas de mindfulness: la mente

Ejercicio: observar tus pensamientos

En esta versión hay que observar los pensamientos en vez de observar la respiración. Lo importante es no buscar activamente tus pensamientos, sino permitir que lleguen y se vayan (¡no te preocupes, porque seguro que tienes muchos pensamientos que observar!). A casi todo el mundo este tipo de meditación le resulta más difícil que observar el cuerpo porque los procesos del pensamiento son mucho más sutiles y, en cierto modo, nos «seducen» para que nos identifiquemos con ellos. Cuando digo identificarnos, quiero decir que deja de haber una distancia con los pensamientos y nos enredan en su historia. Entonces nos encontramos enseguida en el modo acción, e inconscientemente tenemos la sensación de que «soy mis pensamientos». La actitud de espejo, por otra parte, nos permite ser conscientes, gracias a la distancia que se establece, de que «los pensamientos están ahí, pero no hace falta que me identifique con ellos, simplemente son pensamientos». Hasta ahora el enfoque era no permitir que los pensamientos te distrajeran y volver al objeto de la meditación. En este ejercicio, los pensamientos mismos se convierten en el objeto de la meditación.

La mente es una máquina que crea pensamientos. Aunque al cabo de un tiempo empieces a notar que tus pensamientos ya no se apoderan de ti, no conseguirás nunca dejar de pensar. Si eso fuera posible, ¿para qué íbamos a compartir esta técnica contigo? Evidentemente, habríamos inventado una meditación que detuviera los pensamientos.

Un ejercicio concreto para la práctica del mindfulness que involucre a nuestros pensamientos es observar determinados patrones de pensamiento y actitudes internas (como tener una idea generalizada de cómo son las personas, las mujeres, los hombres, los jefes, los compañeros, los alemanes, los franceses, la nueva generación, la vieja generación, etc.). Esto se puede aplicar como una técnica formal (igual que en el escaneo corporal, llevando tu atención a aspectos específicos de tus pensamientos y observándolos conscientemente sin juzgarlos, como si fueses un espejo) o puedes incorporarlos a tu vida diaria. De las dos maneras obtendrás efectos y descubrimientos interesantes. En general, es mucho más difícil hacer este ejercicio durante tu día a día. Si quieres dar un paso más, puedes añadir otro nivel: busca activamente una prueba de que tus valores y creencias más profundas son *falsas*. El objetivo de este ejercicio no es que cambies de valores, sino que analices el proceso que te confronta con tus propias opiniones y actitudes. Para la mayoría de nosotros, es un ejercicio muy difícil de hacer.

Técnicas de meditación: las emociones

Ser conscientes de nuestras emociones significa, antes que nada, ser conscientes de nuestros impulsos más tenues. Puesto que estamos disponibles sin interrupción, nuestro intento de gestionarlo todo (¡incluido nuestro propio ser!) y nuestro empeño de estar siempre enfocados y comportarnos de manera lógica y racional son factores que tienden a tapar ligeramente nuestro estado físico y emocional. A esto hay que añadirle una norma social que manifiesta una actitud extraña ante los sentimientos y las emociones: la ira y la rabia se deben reprimir; la verdadera alegría es una señal de que eres una persona inalcanzable y poco real; la tristeza se confunde rápidamente con depresión, por lo que se suele ocultar o «tratar». Generalmente, se prefiere un optimismo más seguro y carismático (y, a menudo, es tan convincente que la gente que lo puede transmitir, así como las personas cuya ira sutil y «carismática» parece innata, acaban teniendo mucha influencia en la toma de decisiones de las empresas. Aunque los dos suelen ser dominantes, las investigaciones demuestran que no hay absolutamente ninguna relación entre una personalidad carismática y una buena toma de decisiones). En este sentido, aprendemos a reprimir nuestras emociones desde pequeños, y luego esto se manifiesta en el cuerpo.[5] Y más tarde, en los centros de evaluación, por ejemplo, se pide que los aspirantes a líderes «muestren un poco más de emoción para inspirar y cautivar a su equipo». Sin embargo, cuanto más intentamos controlar nuestras emociones, más tensos estamos, y así dejamos de tener acceso a nuestra vida interior. Si queremos volver a conectar con nuestros sentimientos y nuestro cuerpo, solo podremos hacerlo «dejándonos llevar» y estando presentes al mismo tiempo. ¿Es una paradoja? El mindfulness vincula estas dos cosas. Si queremos volver a conectar con nuestras emociones y con nuestro cuerpo, tendremos que establecer una verdadera conexión con nosotros mismos, para que podamos percibir nuestras sensaciones e impulsos. De esa forma, no solo permitimos que estén ahí nuestras emociones, sino que –por paradójico que parezca– esto nos ayuda a no sentirnos abrumados por ellas.

Ejercicio: observar cómo nuestras emociones, respiración, cuerpo y pensamientos se influyen mutuamente

Por favor, siéntate y tómate al menos diez minutos para hacer este ejercicio. Como siempre, mantén la actitud interna de ser un espejo. No tienes que cambiar nada. Simplemente observa lo que ocurre sin juzgarlo.

Empieza por sentir la respiración. Luego extiende tu atención al resto del cuerpo. Solo debes comprobar lo que descubres. Calor o frío. Tensión o relajación. Sensación. Estimulación. Siente qué partes de tu cuerpo percibes con más facilidad. Siente cuál es tu estado emocional actual: ¿es más positivo (placentero) o más negativo (desagradable)? ¿Es más alegre o simplemente es otra emoción? ¿Cómo reconoces esa emoción? ¿Qué le ocurre a tu cuerpo cuando sientes esa emoción? ¿Qué pensamientos surgen en ese momento?

Es posible que empieces a percibir cómo varían y cambian las emociones. ¿Cómo cambian? ¿Se vuelven más positivas? o más negativas? ¿Qué emociones son en concreto? Este ejercicio no consiste en juzgar ni en etiquetar tus emociones, sino en ser consciente de los cambios sutiles a distintos niveles. Intenta descubrir de qué manera las sensaciones físicas, las emociones y los pensamientos se influyen mutuamente o cómo trabajan al unísono. Según el estado emocional que tengas, respiras de una manera. Tu frente y tu mandíbula se colocan de una forma diferente. Y tus pensamientos son distintos.

Este método es bastante difícil. Deberías intentarlo varias veces antes de renunciar y de que llegues a la conclusión de que es demasiado complicado para ti. Con el tiempo, te volverás paulatinamente más sensible a los cambios sutiles, y el resultado es que los notarás más rápido. Lo que notes te impulsará a actuar (por ejemplo, si te das cuenta de una necesidad) o te puede ayudar a establecer una distancia entre lo que observas en tu interior, por un lado, y tus emociones fluctuantes por otro. Ser consciente de tus emociones significa ser responsable de ellas. Cuando te vuelves responsable de tus emociones, estas cambian. En el libro *Siete hábitos de las personas altamente efectivas*, Steven Covey describe una situación en la que los pasajeros de un vagón de metro se enfadaron con un hombre por sentarse y dejar sueltos a sus revoltosos hijos, que corrían por el vagón y molestaban a todo el mundo. Cuando Covey finalmente le llamó la atención, el hombre le contó que venían del hospital, donde se acababa de morir la madre de los niños. En un caso tan extremo, de inmediato nos damos cuenta de lo inapropiados que pueden ser los sentimientos que generamos cuando juzgamos a la gente de antemano. Esto ocurre constantemente todos los días y de formas muy sutiles. Cuando nos responsabilizamos de nuestros sentimientos, a estos les ocurre lo mismo que a los pensamientos: llegan, nos hacen una visita y luego se van.

Ejercicio: meditación de mindfulness abierto

En esta versión, no enfocamos la atención en un aspecto concreto de nuestro mundo interior ni exterior, sino que permitimos que el espejo refleje en todas las direcciones. Si sientes que tu mindfulness está en tu cuerpo en este momento, eso está bien. Si percibes un pensamiento, también está bien. Solo tienes que reconocer todo lo que percibas y seguir. Como siempre, se trata de ser consciente del momento en el que tus pensamientos empiezan a divagar y te pierdes en ellos. Solo tienes que volver al estado puro de ser un espejo. Al principio, este método puede resultar difícil a muchas personas, normalmente es más fácil enfocarnos en algo concreto. Pero sigue intentándolo de vez en cuando. También puedes practicarlo en los últimos minutos de una sesión de meditación.

Meditación activa

Este tipo de meditación incluye métodos que consisten en una primera parte activa, donde nos preparamos para la meditación en sí a través de una actividad física. Estas meditaciones provienen del sufismo, de Gurdjieff y de Osho. Los sufíes desarrollaron métodos que empleaban la danza o los giros rituales (dar vueltas sobre sí mismos repetidamente), en los que llegas a experimentar un punto de silencio absoluto por medio del movimiento (los sufíes afirman que, antes de poder experimentar realmente nuestro mundo interior, tenemos que experimentar una especie de muerte).[6] Esto se ha diseñado para provocar una profunda experiencia de meditación. Gurdjieff (1866–1949) intentó provocar experiencias del cuarto camino (en el nivel físico, mental y emocional simultáneamente) a través de unos movimientos estructurados complejos y unas danzas denominadas danzas sagradas de Gurdjieff, que son casi imposibles de hacer con una mente de tipo lineal y que nos abren a nuevas fuentes de energía y estados de mindfulness profundo.[7] El revolucionario y controvertido místico contemporáneo Osho (1931-1990) desarrolló, entre otras, la Meditación Dinámica Osho, una meditación de una hora que consta de cinco etapas: respirar caótica y profundamente haciendo énfasis en la exhalación, luego una etapa de catarsis consciente para «expulsar» todas las emociones acumuladas, seguida de saltos en el mismo lugar hasta llegar a un punto de agotamiento. En un determinado momento, hay una voz que dice «stop» y entonces tienes que quedarte paralizado en la postura que estés en ese instante y permanecer inmóvil durante unos quince minutos. Durante la última etapa se celebra la meditación con un baile.

La visión de Osho es que la gente de hoy en día está tan frenética que es incapaz de sentarse a meditar. Desarrolló estas meditaciones activas especialmente para la gente actual, para que, ayudados por una alternancia de movimientos y de quietud, puedan permanecer alerta. Un estudio que se llevó a cabo en Estados Unidos descubrió que la práctica regular de la Meditación Dinámica Osho durante tres semanas ejerce un efecto positivo para las personas que sufren depresión, ansiedad, problemas de sueño, ira (como un rasgo del comportamiento), estrés y agotamiento.[8]

Otro ejemplo de las técnicas activas es la llamada Meditación Kundalini Osho.

Ejercicio: Meditación Kundalini Osho

Esta meditación se practica con una música (*Meditación Kundalini Osho*) que se compuso especialmente para acompañarla. La meditación dura una hora y tiene cuatro etapas:

- Primera etapa: 15 minutos.

  Relaja todo el cuerpo y deja que empiece a sacudirse. Puedes estar con los ojos abiertos o cerrados.

- Segunda etapa: 15 minutos.

  Baila..., de la manera que te apetezca, y deja que todo tu cuerpo se mueva como quiera.

- Tercera etapa: 15 minutos.

  Cierra los ojos y quédate quieto, sentado o de pie, observando y atestiguando todo lo que suceda dentro de ti y en el exterior.

- Cuarta etapa: 15 minutos.

  Con los ojos cerrados, túmbate y quédate quieto.

En un estudio realizado en 2013 por el doctor alemán Dwariko Pfeifer, quedaron demostrados los beneficios de la Meditación Kundalini Osho para el bienestar mental y la autorregulación emocional, así como para hacer frente a la vida diaria y muchas otras cosas.

Ejercicio: meditación del baile (meditaciones activas sencillas que puedes improvisar sin necesidad de tener un conocimiento previo)

La mayoría de las personas tienen problemas para quedarse sentadas sin hacer nada, ni siquiera unos instantes. Después de realizar una actividad física, en cambio, es posible que apetezca estar sentados, aunque solo sea un breve espacio de tiempo. Para muchas personas, la meditación se vuelve más profunda y relajada tras hacer ejercicio físico.

Entonces, ¿en qué consiste el «baile consciente»? Ponte a bailar solo para ti. Puedes empezar por ponerte de pie, en primer lugar, cerrar los ojos y percibir tu respiración y luego tu cuerpo. Adopta una postura relajada, con las piernas ligeramente dobladas. Si te distraen los pensamientos u otras interferencias, conviértete en un espejo y vuelve al movimiento y a tu cuerpo. Escucha a tu cuerpo con atención: ¿cómo se quiere mover? Si al principio sientes que solo se quieren mover tus manos, tu cabeza o la parte superior de tu cuerpo, permítelo. Haz caso a los impulsos de tu cuerpo. Si surgen pensamientos en tu mente, como, por ejemplo, «¿Qué significa este movimiento tan tonto?», deja que aparezcan en el espejo y se vayan. Limítate a disfrutar del movimiento, de la expresión de tu cuerpo, de la música (¡aunque realmente no la necesites!). No estás bailando para nadie, solo lo haces para ti. Baila durante unos quince minutos como mínimo, y conviértete en el baile. No importa qué clase de música estés oyendo, lo importante es que permitas que tu cuerpo se pueda expresar libremente en el baile. Los movimientos mecánicos no son de gran ayuda. Si te das cuenta de que tus pensamientos empiezan a divagar mientras bailas o que ya no estás prestando atención a la música, vuelve a poner tu atención suavemente a lo que estabas haciendo. Luego, si tienes tiempo, siéntate unos minutos conscientemente.

Una forma muy agradable para enseñar mindfulness a los niños es improvisar una versión creativa de la meditación del baile. Para los padres, el baile es una preciosa alternativa de pasar el tiempo con ellos.

Ejercicio: *gibberish*

El *gibberish* (jerigonza) es un término que parece que se remonta al antiguo místico Jabbar, del que se dice que no hablaba en ningún idioma concreto. Durante la meditación *gibberish* exprésate «en un idioma que no conozcas». Para obtener mejores resultados, combínalo con una expresión no verbal de todo lo que te preocupa y te está dando vueltas en la cabeza, para que a través de esta jerigonza puedas expresar y decir todo lo que normalmente no se permite en un contexto social. La jerigonza, en este sentido, es una técnica catártica. Si estás en un entorno donde te lo puedas permitir, grita con todas tus fuerzas, haz aspavientos con los brazos... Después de la catarsis, es mucho más fácil convertirse en un espejo.

Empieza, por tanto, con unos minutos de jerigonza (un par de minutos pueden ser muy efectivos). Si quieres, puedes cronometrarlo, así que ponte una alarma y cuando deje de sonar, no sigas hablando en jerigonza y ponte inmediatamente a meditar (por ejemplo, observando la respiración, el cuerpo, los pensamientos, etc.). Siéntate a meditar todo el tiempo que sea posible.

Meditación para padres e hijos

Aquí vamos a presentar varias opciones que los padres pueden usar para enseñar mindfulness a sus hijos. La meditación del baile es una de ellas.

Momento especial del día: este es el método preferido de nuestra coautora para meditar con sus dos hijas. «Hace dos años les hablé del mindfulness a mis hijas. Nuestro momento consciente del día es justo antes de cenar. Al principio era un poco más difícil porque las niñas suelen estar cansadas y hambrientas a esa hora, pero ahora se ha convertido en una práctica cotidiana –lo hacemos incluso cuando hay visitas– y no imaginamos la vida sin este momento. Ponemos la mesa, encendemos las velas y nos tomamos de la mano. Una de nosotras cuenta su mejor momento del día, que, el día que están de mal humor o tienen hambre, puede ser "lo quiero todo" o "no lo sé". Sin embargo, cuando les cuento mis mejores momentos, se contagian y empiezan a contar sus experiencias buenas. Cuando hemos terminado, cerramos los ojos y escogemos algo a lo que podamos prestarle atención. Pueden ser los ruidos exteriores, las sensaciones físicas, la respiración o lo que sentimos dándonos las manos. En un instante se han olvidado de la comida y están en el momento presente. No ha sido siempre fácil animar a mis hijas a practicar esta meditación, pero ahora forma parte de nuestras vidas y no podríamos vivir sin este momento. Hay días que incluso me cuentan por la mañana cuáles van a ser los mejores momentos del día que quieren compartir por la noche».

Otro pequeño ejercicio para enseñar mindfulness a los niños es el llamado ejercicio del gusto. El niño tiene que cerrar los ojos y abrir la boca. Le pones algo en la boca y tiene que adivinar lo que es.

Cuando incorporamos el mindfulness naturalmente a nuestra vida, como discutiremos en el capítulo siguiente, se abren nuevas oportunidades para que los padres lo puedan practicar solos o con sus hijos. ¡Los niños te ofrecen grandes oportunidades para meditar, desde afrontar nuestras preocupaciones con respecto a ellos a observar conscientemente nuestro impulso de enfadarnos y gritar, o cuando tenemos que mediar en una pelea entre hermanos![9]

Ursula Leitzmann es profesora de universidad y trabaja con la educación para adultos. Como trabajadora independiente, se tiene que enfrentar constantemente con diferentes problemas. Un día le pidieron que hiciera un introducción práctica sobre la temática de incluir el mindfulness dentro de una formación. Le pareció tan interesante que empezó a meditar y a ganar experiencia. Hoy nos dice: «El mindfulness me ayuda a ser más consciente en mi trabajo de mi lenguaje corporal y de mi voz, lo que a su vez disminuye mi tensión. Ahora me doy cuenta de cuándo estoy tensa sin necesidad. A veces descubro que no estoy siendo consciente. Entonces veo inmediatamente otras alternativas. La consecuencia es que tengo menos discusiones. Ahora medito veinte minutos al día y, según dónde esté, observo la respiración, escucho los sonidos que me rodean o hago un escaneo corporal».

Raj Bissessur nació en las islas Mauricio y actualmente vive en Toulouse, en el sudoeste de Francia, donde dirige los procesos de cambio de una empresa industrial mundial. La sociedad de las Mauricio es multirreligiosa, de modo que Raj aprendió a meditar a los catorce años. «Aunque lo que quería en aquella época era que un milagro hiciera desaparecer todas mis penas. Después, como era una persona bastante racional, abandoné la meditación, pero luego, cuando mi mujer se quedó embarazada, tuve una época muy estresante. Yo estaba terminando el doctorado y me tenía que trasladar del Reino Unido a Francia. Tenía la tensión alta y problemas de sueño. Entonces, por casualidad, encontré un librito de Thich Nhat Hhan sobre el mindfulness. Tenía la sensación de que era justamente lo que necesitaba. Los médicos me querían recetar antidepresivos y pastillas para dormir, pero mi mujer me aconsejó que no me medicara. Me parecía que el MBSR era laico y científico. Me fascinaba el hecho de que el budismo y la ciencia tuvieran la misma visión, y la demostración científica me convenció. A través del mindfulness volví a estar en contacto con la realidad. Actualmente medito veinte-treinta minutos casi todos los días. Lo que recomendaría a un principiante es que empezara con una práctica formal durante un mínimo de cinco minutos, sentado en la oficina o en el coche (obviamente, no cuando estás conduciendo), durante la cual prestara atención a la respiración y a los pensamientos, observándolos en silencio. Luego se puede empezar a desarrollar gradualmente esta práctica incorporándola por la mañana, al despertar. No te pongas una meta de una hora, porque entonces no disfrutarás de la práctica. Haz una pausa, y párate a ver y a reflexionar sobre lo que está ocurriendo, no te obligues y recuérdatelo suavemente».

En resumen

Ahora que conoces los principios básicos y las técnicas, el siguiente paso es incorporar el mindfulness a tu vida. Esto, por supuesto, ocurre con la práctica continuada, y también hay experimentos adicionales y consejos que pueden serte útiles para avanzar de una manera estructurada. Nosotros diferenciamos, por un lado, entre la meditación que practicas sistemática y regularmente, y, a ser posible, durante un plazo de tiempo largo, y por otro lado, usar e incorporar el mindfulness como una característica de tu vida cotidiana.

Te recomendamos que, entre los diferentes métodos de meditación que hemos descrito, elijas una técnica que sea fácil para ti y que la practiques regularmente, aunque solo sea durante un breve periodo de tiempo. La clave del éxito está en la práctica regular.

El mindfulness es un método muy sencillo, pero puede representar un gran desafío para muchos. Esto es así porque, por un lado, la práctica regular de la meditación requiere disciplina y, por el otro lado, el proceso meditativo de observar tu respiración o tu cuerpo puede ser bastante aburrido. Lo más fácil es empezar por la observación de tu cuerpo sin juzgar, y luego seguir por las emociones y los pensamientos.

La estructura metódica típica de una práctica de meditación empieza con métodos que se basan en el cuerpo y que te conducen a observar primero la mente y luego las emociones, hasta que finalmente te conviertes en un espejo en la meditación abierta.

Las meditaciones activas favorecen el mindfulness mediante una parte activa o catártica previa a la meditación en sí, que nos ayuda a profundizar en la experiencia meditativa.

A todos los que tengáis hijos, os sugerimos que busquéis una forma y una oportunidad de meditar con ellos, para que aprendan a incorporar esta práctica en su vida diaria.

8. Mindfulness en tu vida diaria: la práctica informal

Un viejo pescador estaba remando a contracorriente en su barco por el río Amarillo. El esfuerzo era extenuante y estaba agotado de tanto trabajo tan temprano por la mañana. De repente, un barco chocó con él violentamente por detrás. Esto enfureció al pescador, y estaba a punto de decirle al otro barquero que tuviera cuidado, cuando, al darse la vuelta, se dio cuenta de que el barco estaba vacío. Su enfado desapareció en un segundo.[1]

En este capítulo exploramos las diferentes oportunidades en las que puedes aportar la cualidad del mindfulness a tu vida diaria sin tener que emplear un tiempo adicional. En la tradición zen,[2] esta cualidad se describe con una frase especial: «Caminar zen, sentarse zen». Esto significa que, hagas lo que hagas, tienes que hacerlo con totalidad y con plenitud. Cuando como, estoy plenamente inmerso en comer. Cuando corro, estoy plenamente inmerso en correr. Cuando contemplo un atardecer, estoy plenamente atento y presente a lo que ocurre en ese momento. Cuando vamos con esta actitud interna y nos encontramos con gente, es como si los viéramos por primera vez, aunque ya los conociéramos. Dejamos a un lado todas las historias del pasado. Por supuesto, no conseguiremos hacerlo todas las veces, ni desde la primera vez, pero hay que empezar por algún sitio, así que ¿por qué no dar un primer paso? Desde nuestro punto de vista, el mindfulness es una cualidad, una actitud frente a la vida y, por tanto, va más allá de sentarse a meditar formalmente. Si descubres que hay una voz en tu cabeza que te dice que lo que te estamos proponiendo no es realista en absoluto en nuestros días, entonces debes darte cuenta de que precisamente es esta actitud la que te está impidiendo ser consciente y te hace perder la capacidad de lograrlo. No estamos hablando de que sea realista o no, sino de la importancia que tiene para ti. No obstante, tampoco estamos diciendo que vivir el mindfulness en tu vida diaria sea fácil de hacer. Al contrario, es un verdadero desafío.

La meditación formal desempeña, por supuesto, una función fundamental y significativa en este proceso. Imagínate que te hubieses apuntado al gimnasio por primera vez. Para inaugurar tu entrenamiento físico, decides usar las mancuernas. Hace bastantes años que no haces gimnasia, si es que alguna has hecho. El encargado del gimnasio te explica cómo utilizar las máquinas. Después de esta introducción, ¿crees que podrías levantar cincuenta kilos con cada mano en cualquier situación que se presente? Por supuesto que no. Lo mismo ocurre cuando practicas mindfulness en tu vida diaria. En este sentido, el mindfulness no es una herramienta con la que puedas contar para usarla cuando la necesites, por ejemplo, cuando tus emociones están al rojo vivo, tu mente esta en un estado caótico o estás tan agotado que ya no puedes concentrarte para preparar una presentación. Si pretendes usar el mindfulness como herramienta, es muy probable que fracases, porque estás intentando levantar cincuenta kilos sin haberte entrenado, ¡y solo conseguirás desanimarte! Es mejor ver el mindfulness como un nivel de entrenamiento que incorporas en tu vida diaria. Si estás preparado, cada vez podrás cargar más peso. Si no lo estás, tendrás que entrenar un poco más. Y este nivel de entrenamiento lo puedes alcanzar con la práctica regular de la meditación, que aumenta naturalmente y de forma progresiva la inteligencia emocional, las emociones positivas, la empatía y la flexibilidad en tu comportamiento. Verás que, cuando te encuentres en una situación peliaguda, no tendrás que pensar mucho tiempo qué «herramienta» vas a emplear. Este entrenamiento de mindfulness te da independencia personal y, por tanto, la opción de escoger cuidadosamente tu comportamiento, o bien seguir tus impulsos, o bien buscar una respuesta alternativa.

Por eso te recomendamos que, al principio, entrenes tu atención con pequeños pasos. Supongamos que quieres mejorar tu forma física y empiezas a correr. Al principio corres durante veinte minutos, y gradualmente vas aumentando la distancia, hasta que un día puedes participar en un maratón. Así que empieza a usar el mindfulness en tu día a día, y sé consciente cuando te duches. Aunque quizá digas: ¡todos tenemos las mejores ideas en la ducha! Es verdad, pero recuerda que el mindfulness aumenta tu creatividad, tu apertura y tu innovación, de modo que después de la ducha tendrás mejores ideas, ¡te lo garantizo![3] Cuanto más practiques, más fácil será aplicarlo en situaciones difíciles. Y llegará un día en que puedas estar alerta incluso en una situación emocional comprometida. Pero sería ingenuo esperar que esto va a ocurrir desde el principio. Tener la expectativa de que tu estrés desaparezca en cuanto empiezas a meditar es poco realista, y así solo te vas a desanimar. Con el tiempo, la práctica se va afianzando, pero tenemos que descubrir qué interruptor es el que nos convierte en personas sin estrés, suponiendo que sea eso lo que estamos buscando. En este sentido, uno de los métodos podría ser incorporar esta cualidad del mindfulness a tu siguiente actividad, después de haber meditado. Eso en sí ya es un progreso. Pero no pretendas estar alerta las veinticuatro horas del día.

Momentos de mindfulness en la vida diaria: los momentos de inactividad son una oportunidad

Todos tenemos que esperar sin hacer nada en algunos momentos. Hoy en día se considera normal mirar el móvil constantemente en esas situaciones. Como ya hemos explicado, tu rendimiento disminuye de forma sistemática porque agotas constantemente tus reservas prefrontales, y se quedan al mínimo. ¿Por qué no emplear todas esas situaciones, y especialmente los momentos de inactividad, cuando no estás siendo productivo, para: a) practicar mindfulness, b) recargar al mismo tiempo tus reservas prefrontales, y c) hacer algo que sea bueno para ti, en vez de ser una molestia para ti mismo y para los demás? Acuérdate otra vez de las situaciones que hemos enumerado en el capítulo 5, pues nos parecen muy adecuadas para practicar mindfulness.

Ejercicio: ¿cuáles son los típicos momentos de inactividad en tu vida?

Después de haber leído el texto de este recuadro, deja a un lado el libro y toma una hoja de papel en blanco. Ahora recorre cronológicamente un día cualquiera, empezando por el momento en que te despiertas hasta que te vuelves a dormir. Anota todas las situaciones en las que no eres productivo: cuando estás esperando, cuando estás viajando en transporte público, cuando vas caminando a una cafetería, etc.

Recuerda que no estamos evaluando las que cosas que haces, así que, si quieres, puedes seguir viendo la televisión o jugar con el ordenador. Solo estamos hablando de ese tiempo muerto.

Sigue escribiendo hasta que no se te ocurra nada más. Ahora calcula cuánto tiempo dura todo eso. Suponemos que, como mínimo, son veinte minutos, aunque para la mayoría de la gente es cerca de una hora.

Intenta cepillarte los dientes atentamente. Casi todo el mundo hace este tipo de tareas deprisa y con impaciencia, y eso nos lleva a un estado emocional negativo. Deberíamos intentar estar presentes en este proceso. ¿Cuántas veces al día tenemos que esperar a alguien? En una llamada telefónica, en un semáforo en rojo, cuando tu jefe llega tarde a la oficina, cuando estás esperando al ascensor o a que se encienda o se apague tu ordenador, cuando esperas un vuelo o por la noche el tren, en la cola del supermercado o de la gasolinera. Todas estas situaciones tienden a impacientarnos y a ponernos nerviosos y, por tanto, nos atrapan las emociones negativas. Entonces, intentamos hacer multitarea en esos momentos: hacer una llamada rápida por teléfono, comprobar el correo electrónico, mandar algunos mensajes de texto. Pero esto solo empeora nuestro estado. ¿O sigues creyendo que puedes aumentar tu productividad contestando correos electrónicos a la vez que participas en una larga conferencia por teléfono? Siempre que te acuerdes, usa una situación de inactividad como una oportunidad para practicar mindfulness (situaciones en las que no puedes hacer nada productivo), y así llevarte directa e inmediatamente a un estado más positivo y con más acceso a tu capacidad de obtener buenos resultados. Se podría decir que cada vez que conseguimos estar alerta un instante en el que normalmente nos habríamos impacientado o desesperado de forma innecesaria, el barco, refiriéndonos a la historia con la que hemos empezado este capítulo, ¡de repente está vacío!

Hemos realizado este ejercicio, en el que prometemos a la gente encontrar al menos veinte minutos en su vida, con miles de gerentes y ejecutivos atareados. No ha habido ni uno solo que nos pudiera explicar por qué no tenía al menos veinte minutos al día para esos momentos de mindfulness.

Recuerda que meditar con regularidad solo es un entrenamiento que te permite incorporar la cualidad del mindfulness a tu vida diaria. Es un medio para conseguir un fin. La práctica con los ojos cerrados, por así decirlo, es para los principiantes. Te recomendamos vehementemente que utilices algún tipo de recordatorio que te ayude durante el día –por ejemplo, un salvapantallas que diga «respira», notas adhesivas en la puerta de tu oficina, aplicaciones que te avisen con un tono agradable–, cualquier cosa que te ayude a acordarte. ¡El viejo patrón de dejarnos llevar por nuestros pensamientos puede parecer, a veces, un poco agobiante! Podemos usar cualquier cosa que nos sirva de ayuda.

Además de los recordatorios, también puedes provocar momentos de mindfulness interrumpiendo un comportamiento automático, como, por ejemplo, lavarte los dientes con la otra mano, o ponerte el reloj en la muñeca contraria. O intenta sentarte en el asiento de otra persona durante un evento donde haya asientos numerados, y observa lo que pasa.

Si te atrae esta perspectiva y te gustaría probar alguna de estas cosas, tenemos otro experimento más para ti. Cada vez que notes que tu impulso de actuar aumenta, dite a ti mismo «stop» y quédate completamente inmóvil unos segundos, a ser posible físicamente, pero no más de dos minutos. Si realmente puedes ser espontáneo y no planear ese «stop», entonces tendrás una experiencia absoluta de mindfulness.

Ejercicio: viajar conscientemente

Todos viajamos mucho. Uno de mis rituales preferidos es meditar desde el momento en que el avión cierra la puerta hasta que el capitán apaga las luces del cinturón de seguridad. En cuanto el avión se dispone a aterrizar, me pongo a meditar otra vez hasta que el avión se detiene en la puerta de embarque. Otro experimento interesante que te invitamos a hacer es observar qué te hace descansar más, si una siesta corta (por ejemplo, quince minutos después de comer o en un avión) o quince minutos de meditación.

Para los que viajan en tren, metro, tranvía o autobús, tenemos otra técnica muy interesante. Deja que tu cuerpo se mueva, se balancee, etc., con los movimientos del vehículo donde estás. Intenta no oponerte al movimiento. Siente un punto tranquilo en el centro de tu cuerpo en torno al cual está el movimiento. Sigue siendo un espejo frente a todo lo que ocurre. Es probable que sea mucho más relajante viajar de esta forma.

Ejercicio: caminar conscientemente

Si estás yendo de un sitio a otro y no estás ocupado haciendo algo, por ejemplo, si no estás manteniendo una conversación telefónica, observa cómo caminas. Observa cómo va una pierna por delante de la otra, cómo el pie que está delante apoya el talón y se apoya con suavidad en el suelo mientras se levanta el pie que está atrás. Fíjate en este proceso como si fueses un espejo. Esto seguramente será más fácil de hacer si caminas más despacio. Pero si te parece que no tienes tiempo para hacerlo, pregúntate sinceramente qué consecuencias tendría caminar más despacio y ser consciente unos minutos. Y luego piensa en las consecuencias de no dedicar un tiempo al mindfulness en tu vida diaria, mientras corres de una reunión a otra. Toma conciencia de cómo se apodera de ti la ansiedad y de cómo esta velocidad externa influye en tus pensamientos, tus emociones y tus niveles de estrés. Puedes hacer este ejercicio siempre que quieras.

Ejercicio: comer conscientemente

El hecho de incorporar la cualidad de mindfulness a tus hábitos alimenticios puede tener efectos positivos. ¿Comes demasiado deprisa? ¿Tu brazo se acerca a tu boca con otra cucharada llena mientras estás masticando? ¿Tienes la costumbre de terminarte el plato? ¿Te comes todo lo que te ofrecen? ¿Cuando estás en un bufet comes hasta reventar? Todas estas costumbres no son solo nocivas para tu peso, sino que pueden perjudicar al metabolismo de tu cuerpo. Cuando tu cuerpo recibe demasiados alimentos, tiene que luchar, pierde energía y se agota. Comer conscientemente nos puede hacer comer más despacio. Y nos hace estar más atentos a lo que pide o necesita el cuerpo en ese momento. Esta cualidad no tiene nada que ver con seguir tus impulsos, sucumbir a tu ansia o pedir automáticamente ese postre que parece tan delicioso. Comer con conciencia nos permite percibir las señales de nuestro cuerpo cuando ya ha comido lo suficiente y, en consecuencia, comemos (y bebemos) mucho menos. Cuando comemos despacio y más conscientemente, podemos disfrutar mucho más de la comida, y comemos de forma más tranquila. No hace falta que evites las interacciones con los demás. Puedes hablar con los que te acompañan en la mesa, pero, de vez en cuando, enfócate conscientemente de nuevo en la comida.

Estar presentes cuando hay más personas

En cuanto hay una interacción, estás expuesto a un potencial de distracción constante. Si quieres estar consciente, corres el peligro de abstraerte de la interacción, porque estás tan ocupado contigo mismo que casi no te queda sitio en la taza para conversar con tu compañero (¿te acuerdas de la historia del sabio de la página 119?).

La primera sugerencia que hacemos es que cuando te encuentres con los demás tu taza esté vacía. Esto no será posible todas las veces, pero si llegas a la conversación con mucha prisa y consternado por la reunión anterior, evidentemente, absorberás mucha menos información. A esto le tienes que sumar que tus recursos prefrontales están debilitados y aumenta la probabilidad de que tus impulsos se apoderen de ti. Aunque solo te tomes un breve instante antes de la reunión para recordarte a ti mismo que debes estar consciente, y cambiar tu foco de atención hacia tu interior, a la respiración, las emociones y los pensamientos, esto puede tener un efecto profundo en ti. Puedes ponerte a caminar más despacio. Si tomas distancia de tus emociones, el pensamiento sobre el «idiota» de la última reunión se pasará pronto. Ahora estás preparado para encontrarte con otra persona. Holger Rohde dice: «Un buen lema para esto sería: "Si llegas tarde, date otra vuelta a la manzana". Necesitas que haya mindfulness para entenderlo. En mi opinión, este lema es un ejercicio excelente para los momentos decisivos, y ahí es cuando tiene verdadero sentido».

Sobre escuchar cuando hay sitio en tu taza: pasa tu atención de tu interior a tu compañero de conversación y permanece consciente. Reconócelo sin juzgarlo (o siendo consciente de tus juicios). Cuando le escuches, en lugar de analizar las palabras, enfócate en tu presencia junto a esa persona. Nuestro modo de escucha normal siempre está un paso más allá de la realidad. Como en la historia del barco vacío, antes de comprobar si hay alguien en el barco, ya hemos decidido de antemano que alguien nos ha hecho algo. O ya hemos decidido que nuestro nuevo compañero de conversación es una buena persona y asumimos, a continuación, que tenemos muchas cosas en común con él. En esos momentos ya no estamos atentos para ver a esa persona con una mirada nueva. Al menos no lo hacemos conscientemente. Fíjate cómo, por ejemplo, surgen imágenes en tu cabeza cuando estás hablando con alguien; lo impaciente que estás cuando escuchas; la necesidad constante de interrumpir, lo emocionado y entusiasta que estás; lo dispuesto que estás a intervenir cuando te parece que estás de acuerdo con tu compañero en algo importante; cómo mantienes un diálogo interior contigo mismo sobre si deberías o no deberías decir algo, si una cosa determinada tiene sentido o no, y así sucesivamente.

En el capítulo 8 te propusimos un ejercicio que te puede ayudar en estas situaciones. Te pedíamos que tomaras nota de todas las veces que no habías estado completamente presente mientras hablabas con alguna persona. Haciendo este ejercicio se puede deducir que al escuchar nos distraemos tanto como al respirar. La diferencia es que la distracción durante una conversación es mucho más sutil, porque creemos intuitivamente que nos estamos poniendo en la piel del otro, pero eso es algo que solo podemos hacer a través de nuestras propias experiencias y, en realidad, lo que estamos haciendo es ponernos en nuestra propia piel. Esto no es malo necesariamente. El único inconveniente es creer que hemos estado con alguien al cien por cien, y que, por tanto, tenemos una perspectiva completa de todo lo que se nos ha dicho. En ese sentido, el mindfulness nos sirve para comprobar la implacable realidad. A través del mindfulness nos damos cuenta de los muchos engaños que nuestra intuición nos ha llevado a creer. Muchos meditadores dicen que tienen la sensación permanente de estar caminando por la vida sin saber nada. Al principio, puede ser incómodo darte cuenta de lo que ignoras. Lógicamente preferimos tener el control de las cosas y saberlo todo y estar al corriente de todo cuando caminamos. ¡Solo podemos recomendarte que te tomes todas las ilusiones de tu ego con una dosis de humor, como dijo el filósofo Thomas Metzinger, en consonancia con la tradición oriental!

Ejercicio: comunicarse conscientemente

Siempre que estés activo en una interacción, cambia tu enfoque. Date cuenta de que, cuando hablas, es la respiración la que transporta tu voz. Puede que te preguntes: «¿Cómo me puedo concentrar así?». El mindfulness de la respiración durante una actividad no es multitarea (o, más bien, una buena forma de multitarea).[4] Te permite seguir estando presente en cualquier situación que no requiera el cien por cien de tu atención. Hemos podido comprobar que nos ayuda a estar más conscientes del contexto y del tema que se está comunicando, y que nuestra voz se ralentiza un poco –a menudo también es más grave y está más «presente»– y podemos estar más relajados.

De vez en cuando, es posible que quieras compartir una observación consciente con la persona con la que estás hablando. Quizá te hayas percatado, sin juzgar, que ha cambiado el tema de conversación y te gustaría preguntarle al grupo si están hablando del mismo tema de forma objetiva o si se trata de suposiciones y creencias. Pon tu atención en el efecto de la interacción. ¿Cómo reaccionan los participantes a lo que tú o los demás estáis comunicando?

Haciendo referencia a nuestra pregunta inicial al principio del párrafo, esto significa que a través del mindfulness no nos desconectamos de la interacción. Al contrario, ¡en realidad estamos conectando!

Raj Bissessur usa todas las oportunidades que encuentra para cultivar momentos de mindfulness. Dice: «Puede ser muy estresante conducir en Toulouse; a veces estoy a punto de estallar. Los días que consigo estar consciente mientras conduzco, me tranquilizo emocionalmente. Voy más despacio y no me identifico con lo que ocurre. También he tenido muy buenas experiencias comiendo con conciencia. Me hace darme cuenta de mis hábitos alimentarios. Es recomendable para mantener el peso, porque no comes tanto, y eso también es bueno para la mente. El mindfulness es apasionante. Cuanto más profundizo en él, ¡más cosas interesantes descubro!».

«El trabajo como meditación»

Este era el lema de un programa en el que participé hace muchos años. Los benedictinos y los budistas lo ven de la misma forma.[5] La misma atención que pones cuando te sientas a meditar, la debes poner en todo lo que ocurre en tu vida diaria. Para ser sinceros, es posible que a los monjes zen no les cueste tanto limpiar el arroz o hacer el té como tener que trabajar en las condiciones que tenemos que soportar alguno de nosotros en la oficina. Sin embargo, los principios siguen siendo los mismos. No hay leyes naturales que nos impidan hacer conscientemente una tarea o actividad determinada. No se trata de lo que estamos haciendo, sino de cómo lo hacemos.

Ser conscientes de las emociones

Vas conduciendo al trabajo y ello supone un esfuerzo constante para ti. Imagínate que estás conduciendo en la ciudad o en el campo. Te estresan todos los cambios de carril y todas las rotondas. O te estresa esperar en el semáforo en rojo. El trayecto dura cuarenta y cinco minutos. En el camino te encuentras varios atascos. Estás muy nervioso cuando tienes que aparcar el coche. Entras en la oficina. Te encuentras con el primer compañero que necesita comentarte una tarea imprevista, pero tienes la agenda del día completa.

¡Desde muy temprano por la mañana estás en un estado emocional cargado! ¿Cómo crees que ello te afectará el resto de la jornada? En este punto es importante darse cuenta, que no se trata de hacer o de decir algo que pueda ir en contra de tus emociones. Tus emociones tienen un propósito claro y manifiesto, y por eso es mucho más importante que desarrolles una sensibilidad consciente hacia ellas.

Un participante francés de mi seminario nos contó la historia de su experimento «conducir conscientemente». Empezó por ser consciente de su respiración y prestar atención a la distancia que le separaba del coche que había delante, a cómo pisaba el pedal uno de sus pies... Luego se dio cuenta de que esto le ayudaba a estar más tranquilo. Odiaba todas las rotondas que tenía que cruzar hasta su trabajo, porque estaban repletas de conductores agresivos buscando la manera de incorporarse. De modo que siempre llegaba estresado a su trabajo. Sin embargo, conduciendo con conciencia, de repente se dio cuenta de que los conductores agresivos dejaron de molestarle. Simplemente les dejaba pasar y se incorporaba a las rotondas con tranquilidad. Sorprendidos por su reacción, ¡muchos conductores empezaron a cederle el paso! De repente, el tráfico parecía más amable y el hombre empezó a llegar a la oficina en un estado emocional mucho mejor y con más energía. Al cabo de una semana, sus sorprendidos compañeros de trabajo le felicitaron por su cambio.

En lo que se refiere a nuestro propio estado emocional, normalmente tenemos mucho más alcance e influencia de la que creemos. William James ha postulado el llamado efecto de retroalimentación: las emociones no solo surgen cuando sucede algo que las provoca en el exterior, sino también cuando nosotros mismos hacemos algo que nos evoca una emoción. En su famoso experimento del lápiz, el psicólogo Fritz Strack y sus colegas demostraron que la gente que se pone un lápiz entre los dientes y esboza una sonrisa tiene más sentido del humor que la gente que se pone un lápiz entre los labios y pone una expresión triste.

Un estudiante zen le pidió a su maestro que le librara de la ira. «Ven aquí y enséñame tu ira», dijo el maestro. «Maestro –contestó el alumno–, ahora mismo no siento ira.» «¿Cómo puedes decir entonces que es tu ira si ni siquiera la tienes?», respondió el maestro.[6]

El mindfulness abarca las paradojas más sorprendentes. En primer lugar conecta nuestras emociones (en el sentido de estar presentes y conscientes de lo que ocurre), pero también establece una distancia, la distancia del espejo, la distancia del observador en la colina (de aquel que observa su propios pensamientos y sentimientos caóticos y enloquecidos como si fueran el valle que ve allá abajo y todo lo que lo circunda). La distancia reduce la identificación con nuestras emociones, que, a su vez, dejan de tener poder sobre nosotros. Esto sobre todo es valioso en el caso de las emociones supuestamente negativas (o, digamos, desagradables). Pero también puede ser útil para las emociones supuestamente positivas (o agradables). Las investigaciones demuestran que estamos mucho más dispuestos a llegar a un acuerdo si la sugerencia o la discusión (o la oferta económica) está conectada con un sentimiento positivo. Cuando estamos de un humor especialmente bueno, nos gastamos más dinero en el centro comercial (o con un proveedor). También aceptamos con más fácilidad una propuesta si la atmósfera del equipo o la atmósfera de la conversación en concreto es extremadamente positiva.[7] Esto puede ser útil y eficiente. No obstante, también puede implicar que se tomen decisiones demasiado rápido, o esto disminuye la calidad de las decisiones.[8] ¡Y no nos olvidemos de todo lo que estamos dispuestos a hacer si alguien nos hace un comentario halagador! Los estudios demuestran que las personas que practican mindfulness no se dejan seducir tan rápido por las emociones positivas. ¿Te acuerdas de la historia de las nubes de malvavisco en conexión con la autorregulación emocional? Los que se pudieron resistir al segundo malvavisco podían controlar mejor sus impulsos décadas más tarde.

Hay algunas técnicas de conciencia menos usuales que nos pueden ayudar a distanciarnos de nuestras emociones. Aquí, por supuesto, puedes usar las clásicas técnicas de conciencia y, en vez de fijarte en la respiración, puedes fijarte en las emociones o los sentimientos. Sin embargo, en general, sentarnos a observar nuestras emociones nos suele costar bastante. A continuación describimos dos técnicas que son muy prácticas cuando está a punto de surgir una emoción.

Ejercicio: darse cuenta tres veces

Cuando estamos desbordados por las emociones, nos identificamos con ellas. En las descripciones, normalmente recibimos mensajes con el yo –«yo estaba enfadado», «yo estaba contrariado»– como en la historia del estudiante zen y su ira. En cuanto notes las primeras señales de una avalancha emocional, nombra la emoción tres veces con la mayor precisión que puedas. Por ejemplo, puedes decir: «ira..., ira..., ira». Pero, por favor, no digas: «Estoy irascible». Si lo haces, aumentarás la identificación y disminuirás la distancia con esta emoción. No hace falta que hagas este ejercicio en voz alta. ¡No queremos avergonzarte en público! Simplemente escucha una voz interior que nombra y etiqueta cuidadosamente tu emoción: ¿es ira o es disgusto?

Nuestra experiencia nos demuestra que la distancia que se crea mediante esta técnica disminuye la emoción y deja que pase. Cuando veas que estás listo para hablar otra vez, puedes reanudar la conversación. Pero si no te ves capaz, sabemos por experiencia que la gente no suele protestar si les propones posponer una conversación muy difícil, basándote en que no te parece que sea un buen momento para discutir tranquilamente.

Si crees que puedes pararte un instante y nombrar tres veces internamente esa emoción en situaciones parecidas, te sugerimos que te imagines las consecuencias en las dos situaciones. Sí, quizá sea bochornoso tener que decir «Necesito estar solo un momento» o «¿Podríamos posponer esta conversación? En este momento no estoy en condiciones», ¡pero no te olvides de cuál es la otra alternativa!

El fenómeno de poner nombre a tus emociones se llama científicamente «etiquetado influyente». En principio, lo estudiaron con niños pequeños y descubrieron que, cuando podían ponerle un nombre, se libraban de las emociones abrumadoras.

¡Ten en cuenta que tratar con las emociones conscientemente no quiere decir reprimirlas! La represión es lo que ocurre cuando, en la pugna entre los impulsos ascendentes (que son la emociones) y las inhibiciones descendentes, gana una corteza prefrontal bastante consumida (ver también los capítulos 1 y 3). Un estudio demuestra que la represión emocional reduce nuestro rendimiento hasta tal punto que los participantes del ensayo tuvieron una puntuación promedio indudablemente más baja en las siguientes pruebas cognitivas. Sin embargo, si meditaban nada más reprimir su emoción, el rendimiento era tan alto como si no se hubieran reprimido. ¡Hasta unos pocos minutos de meditación pueden tener un efecto asombroso! El mindfulness reconoce las emociones, pero no lucha contra ellas. Si tu actitud consiste en luchar con tus emociones, no podrás ser, al mismo tiempo, un espejo.

Ejercicio: descripción de los cambios físicos que indican la aparición de emociones

Esta es también una oportunidad para ser consciente de tus emociones. Las emociones son impulsos que surgen involuntariamente, lo que quiere decir que no podemos controlarlos de manera voluntaria. Puesto que la mente emocional es más rápida que la corteza prefrontal, esta última no suele tener oportunidad de inhibirlas, y por ello muchas tardes nos las pasamos reflexionando y pensando: «¿Cómo he podido hacer eso...?» o «Yo ya no quería...», lo que nos provoca un agotamiento drástico de las reservas de nuestra corteza prefrontal. Mediante el mindfulness, sin embargo, esto se puede revertir inmediata y directamente. Cuando experimentas una oleada de emociones, fíjate, en primer lugar, cómo es el patrón físico que acompaña a esta emoción. Cada emoción concreta tiene un patrón de respiración muy claro. ¿Cómo respiras cuando sentiste la emoción? ¿En qué parte del cuerpo sientes la tensión? ¿Qué postura adopta tu cuerpo? ¿Cómo cambia tu rostro? ¿Tu frente? ¿Tu boca? ¿Cómo sostienes la cabeza y el cuello? ¿Qué partes de tu cuerpo están más calientes? ¿Cuáles están frías? ¿Cómo sientes las manos y los pies?

> Cuanto más detallada sea la descripción de las particularidades de cada patrón, más fácil te resultará luego identificarlo en el momento que ocurre.

Cuanto antes lo reconozcas, menos te costará tomar distancia y ser consciente. No te olvides de que no estás intentando cambiar nada. Solo estás siendo consciente, ¡como un espejo! No pretendes cambiar las emociones ni los impulsos, simplemente no reaccionas a ellos. Cuando estableces una distancia, las emociones pierden fuerza, y esto te permite recobrar la tuya. Dejas de ser víctima de tus emociones. En consecuencia, tu forma de pensar y de comportarte se vuelve más flexible. Si quieres practicarlo inmediatamente, piensa en alguien que opinas que ha sido injusto contigo, pero no pudiste o no quisiste defenderte en ese momento, quizá porque esa persona era más fuerte que tú. Piensa en lo que le habrías dicho si hubieses tenido la oportunidad. Cuando estés plenamente inmerso en esta situación, siente cómo empieza a cambiar tu pulso, tu respiración, tu cuerpo y tus emociones. Este ejemplo te muestra que los recuerdos de una situación del pasado pueden evocarte emociones fuertes, a pesar de que haya pasado hace mucho tiempo. Para algunas personas puede ser más fácil revivir una situación, y pueden recordar la situación o la persona, enfocarse en sus propias emociones y reconstruir la situación en su mente con todos los detalles: el clima emocional de las personas implicadas, los gestos, etc. Si eres un espejo de tus emociones cuando lo estás haciendo, podrás comprobar que tus emociones se calman inmediatamente. Todos tenemos impulsos emocionales no deseados que surgen en momento típicos: en un encuentro desalentador, cuando alguien te critica, en situaciones conflictivas, en actividades aburridas o cuando pierdes el control de la situación (como, por ejemplo, en un atasco de tráfico). Todos estos impulsos son perfectos para practicar esta técnica.

Del mismo modo que cuando la gente empieza a meditar siente que se amplifican los pensamientos que hay la mente, cuando estás atento a tus emociones durante un rato, comienzas a experimentar diferentes capas de emociones, sin que fueras consciente de que existían. Ahora imagínate en la siguiente situación: eres jefe del equipo y hoy te han invitado inesperadamente a una reunión del comité directivo, que normalmente es algo reservado a tu jefe. El mensaje de tu jefe te llega a través de un compañero que está de camino a la reunión. El mensaje es corto: «Presenta el informe». Las últimas semanas tu departamento ha estado bajo presión. Tú personalmente sientes que has sacrificado mucho tiempo y esfuerzos para gestionar la crisis, y también has contribuido con algunas ideas brillantes, pero el resultado no parece bueno. Una hora más tarde, entras en la reunión con una sensación apabullante de estarte jugando mucho. Y también se han oído muchos cotilleos respecto a esta cuestión en la empresa. Finalmente presentas tú el informe de la situación, y el equipo directivo te lleva a un aparte. Tu jefe está callado y no dice ni una sola palabra para defenderte. Te sientes ridículo y avergonzado. Al final te vas de la reunión. Media hora más tarde, cuando vas a comer, te tropiezas con un compañero con el que tienes buena relación. Te acercas a hablar con él, pero en ese momento te dice que está a punto de marcharse, y se va. ¿Cómo te sientes ahora emocionalmente?

Vamos a cambiar la situación. Ahora estás en el mismo contexto pero los miembros del equipo directivo te alaban por tus esfuerzos y tu compromiso. Tu jefe dice abiertamente que has ayudado a la empresa a evitar un desastre, y te ofrecen la posibilidad de un ascenso en tu carrera. Cuando sales de la reunión, estás en el séptimo cielo. Media hora más tarde, a la hora de la comida, te encuentras con un colega con el que tienes una buena relación. Te acercas para hablarle, pero en ese momento te dice que se tiene que ir, y se va. ¿Cómo te sientes ahora emocionalmente?

Como puedes ver, tu estado emocional afecta directamente a tu interpretación de los eventos. Esto también quiere decir que nuestras emociones generan ciertos pensamientos. Las emociones negativas originan pensamientos negativos, y las positivas, pensamientos positivos. Esta interpretación tiene, a su vez, un efecto sobre nuestras emociones. Interpretar la situación como «Uy, se debe de haber enterado de la debacle y ahora no quiere saber nada de mí» tiene un efecto sobre nuestro mundo emocional muy diferente a si pensamos «Ahora mismo está ocupado, hablaré con él más tarde». En otras palabras, los pensamientos dan lugar a las emociones: los pensamientos negativos generan emociones negativas, y los positivos, emociones positivas. Por tanto, los pensamientos y las emociones están íntimamente ligados. En cierto modo, funcionan como un estudio de Hollywood, ya que generan sistemáticamente creaciones originales de nuestro mundo emocional y del pensamiento. Y no tienen ningún parecido con lo que llamamos «realidad objetiva». Por otro lado, la mayoría de nuestros pensamientos –y para la mayor parte de la gente, también las emociones– no son solo negativos, sino que una situación que es absolutamente innecesaria se intensifica aún más porque provoca una reacción en cadena de negatividad. Los pensamientos negativos suelen ir acompañados de emociones fuertes; en la primera parte del libro hemos visto cómo los pensamientos más cargados emocionalmente permanecen más tiempo registrados en la memoria. Si añadimos a esto el cuerpo, ¡nos daremos cuenta de que esos efectos pueden tener un impacto profundo a nivel genético! La negatividad y el estrés pueden bloquear los genes que promueven la salud. Esta es la razón por la que el mindfulness también funciona a nivel genético.

De ninguna manera estamos diciendo que tengas que tener una buena sensación cuando te sales de una situación desastrosa. Al contrario, aquí estamos señalando dos cuestiones importantes. En primer lugar, si nos responsabilizamos del hecho de que nuestro estado emocional –que a menudo se está gestando en segundo plano– tiene mucha influencia en cómo interpretamos o valoramos a las personas y las situaciones, lo que a su vez provoca un impacto en nuestra salud y en nuestra capacidad de tomar decisiones con todas sus consecuencias, entonces sería mucho más sensato que empezáramos a ser conscientes de nuestro estado emocional. Y, en segundo lugar, si al mismo tiempo somos conscientes de que nuestro estado emocional depende básicamente de nuestra interpretación de las cosas sobre las que podemos influir, el mindfulness podrá ayudarnos y ser una herramienta para interrumpir en cualquier momento el círculo vicioso de nuestro estado emocional negativo, y nuestro juicio negativo de las situaciones y las personas. Consecuentemente, lo único que tenemos que hacer –aunque sea más fácil decirlo que hacerlo– es acordarnos de estar atentos. Y esto, como sabemos, solo sucede con la práctica. Os animamos a que tengáis más paciencia con vosotros mismos.

Jutta Häuser nos cuenta: «Supongamos que tengo un pensamiento que me provoca pánico, por ejemplo, tras la muerte de mi padre, pensar que a mi madre le va a ocurrir lo mismo. Si tomo conciencia de la respiración, inmediatamente me tranquilizo. Vuelvo al presente y sé que eso no es real; solo es un pensamiento. Para mí esto es un beneficio decisivo de diferenciar entre estímulo y reacción. El pánico desaparece, aunque no necesariamente desaparezca el pensamiento. Sin embargo, ahora puedo resolverlo mejor».

El doctor Holger Rohde dice: «Aunque parezca trivial, la diferencia entre estar atrapado en el tráfico e impacientarme y estar atrapado en el tráfico y aprovecharlo como una oportunidad para enfocarme en mi respiración, es inmensa».

¿Sentir el dolor que provocan los sentimientos desagradables o intentar resistirse a ellos?

El terreno en el que vamos a entrar ahora es realmente interesante. Nadie pretende que no tengas sentimientos desagradables. De hecho, las emociones negativas cumplen una función, por ejemplo, desencadenar una acción en un momento de peligro. Sin embargo, hoy en día, raramente experimentamos esa clase de peligro que precisa este tipo de reacción, y pocas veces obedecemos el impulso de nuestros sentimientos desagradables, como exige la compleja estructura de relaciones sociales que tenemos. Nuestras reacciones a las sensaciones desagradables son más bien un diálogo interno sobre la injusticia («No ha sido culpa mía, ha sido culpa de X»), la resistencia («Qué bien, ¡y ahora se pone a llover otra vez!» o «¡Como de costumbre empiezan a hacer obras en la carretera justo cuando salgo de vacaciones!» o «Este es el sexto cambio de estrategia en cinco años, ¡¿es que la dirección no tiene nada mejor que hacer?!»), y la lucha (aguantar la respiración cuando hay un dolor físico; enfadarnos cuando hay un dolor físico; no querer aceptar la decisión del jefe) o simplemente estar enfadado o contrariado por las cosas, como cuando un ordenador no quiere hacer lo que le pides. En China tienen una expresión para esto: «Si estoy estreñido, el retrete tiene la culpa». Es como si una parte de nosotros se resistiera a afrontar con calma todo lo que no concuerda con nuestras expectativas o las cosas sobre las que ni siquiera tenemos control. ¡Ninguna de estas estrategias nos ayudan! Solo perdemos energía y nos enfrascamos completamente en nuestro estado emocional negativo, que, a su vez, solo nos conduce a tener más juicios negativos. Y por último, repitiendo incesantemente que las cosas que están fuera de control nos hacen sufrir, acabamos siendo las víctimas.

En este caso, una técnica de mindfulness muy efectiva consiste en observar los estados emocionales negativos como si fuéramos un espejo y, en ese proceso, percibir cuidadosamente la diferencia entre las dos perspectivas diferentes de la situación y ver cómo afecta cada una a nuestra valoración y nuestro comportamiento en la misma:

- Una de las perspectivas comprende la capacidad de aceptar y soportar la sensación desagradable con todo su dolor, sin juicios, como si se reflejara en la pantalla de nuestro espejo, y, si es posible, con el sufrimiento que conlleva. Hacerlo del mismo modo que hemos aprendido al principio a soportar nuestros pensamientos, independientemente de que sean agradables o no.
- La otra perspectiva consiste, como hemos descrito antes, en resistirnos internamente (y, a veces, externamente), quejarnos y luchar frente a las emociones negativas. Es como si creyéramos que luchando contra nuestra propia realidad pudiéramos cambiar algo.

Cuando logras experimentar la primera situación de forma consciente –y todos lo hemos logrado, de modo que todos tenemos la capacidad de hacerlo–, entonces debemos admitir que realmente no tenemos motivos para quejarnos de ninguna cosa negativa: ni de nuestras emociones negativas, ni de las cosas que ocurren en el mundo, ni de la forma de vida de ciertas personas con las que no estamos de acuerdo. Esto no significa que no tengamos que actuar. Al contrario, ¡ te recomendamos hacer encarecidamente que te vuelvas responsable y elijas e influyas en tu propio terreno de juego! ¡Pero lo primero y lo segundo son dos cosas distintas!

Raj Bissessur nos comenta su experiencia de enfocar el mindfulness en sus impulsos emocionales de su vida diaria: «He conseguido hacerlo muy bien. El simple hecho de observar tiende a calmar mi naturaleza impaciente, y de forma automática calma mi tendencia a sentirme contrariado, sobre todo en las reuniones. Me doy cuenta de que juzgo prematuramente. Ahora puedo dar un paso atrás para tener una visión amplia de las cosas. No hace mucho hice un curso sobre negociaciones. El énfasis principal estaba en escuchar, en ser consciente de tu propia naturaleza impaciente y en el hecho de ser capaz de observar..., fue un proceso de aprendizaje muy beneficioso y definitivamente lo voy a incorporar en mi vida».

Procesos que prescinden por completo de la meditación o cuya práctica formal es enteramente distinta

La práctica formal de la meditación (es decir, ejercitarse con regularidad por medio de técnicas) es inherente al enfoque que presentamos en este libro. Uno de los motivos de esto es que, basándonos en nuestra propia experiencia y en las investigaciones científicas, la práctica regular de la meditación es la forma más fácil y efectiva de aumentar la conciencia. Hay otros procesos que prescinden por completo de la práctica de la meditación o que tienen una concepción de la práctica del mindfulness distinta. Para completar esta información, vamos a describir algunas de esas técnicas.

En terapia: la terapia de aceptación y compromiso es una forma de psicoterapia que trabaja con la aceptación de los problemas y los síntomas del cliente, lo cual es parecido a tener una actitud consciente, sin usar los métodos formales del mindfulness. El aspecto central de esta terapia es que el cliente no rechaza ni se aferra a sus propios pensamientos, imágenes y experiencias, sino que, por el contrario, se da cuenta de ellos de una forma consciente y libre de juicios. Los terapeutas han obtenido mucho éxito en el tratamiento de enfermedades mentales con este método.

En las investigaciones psicológicas: Ellen Langer, la psicóloga que mencionamos antes, también es famosa por sus estudios sobre el envejecimiento. En un experimento demostró que las personas que están en una residencia y ejecutan tareas sencillas como regar las plantas o escoger un programa de televisión viven más tiempo y están más sanas. En otro experimento, pasó toda una semana con un grupo de personas mayores en una casa aislada en la que todo –desde la música y los muebles, hasta la ropa y las noticias– era de finales de la década de los 1950, como si hubieran retrocedido treinta años en el tiempo. El experimento tuvo tanto impacto que, al cabo de una semana, algunos de los participantes dieron señales de que su proceso de envejecimiento había revertido, las articulaciones de los dedos y los huesos, su forma de andar o su postura habían mejorado. Y esto simplemente fue debido al hecho de sentirse más jóvenes (¿tenemos la edad que creemos tener?). Ellen Langer nos sugiere que permanezcamos abiertos a la información nueva del momento en nuestra vida diaria. Para demostrar su teoría diseñó una serie de experimentos para que nos demos cuenta de cómo permitimos que nos guíen inconscientemente las cosas que damos por supuestas (como el envejecimiento), y cómo al darnos cuenta de ello, aumentamos nuestra creatividad y nuestra flexibilidad (y así evitamos la fragilidad innecesaria que conlleva la edad).

En la religión y el misticismo: en el budismo zen, no te sientas con los ojos cerrados ni te enfocas en un aspecto de tu mundo interior o en lo que te rodea cuando practicas meditación. Al contrario, te sientas sin hacer nada, con los ojos abiertos frente a una pared blanca. Una vez más, el objetivo es estar presente en el momento presente. El zen es la forma japonesa de *chan* y es la más reciente (en torno al siglo XII). Fue introducido en China en el siglo VI por los monjes budistas hindúes y tiene una enorme influencia del taoísmo.

Chan proviene etimológicamente de la palabra hindú *dhyana* (que básicamente significa meditación). En las distintas tradiciones del zen y el *chan* hay diversas técnicas para sacar a los meditadores del patrón de pensamiento y experimentar un intenso despertar a la experiencia del momento. Esto también incluye los llamados *haikus* (pequeños poemas que reflejan el momento presente) y prácticas con el bastón zen (que el maestro usa para golpear suavemente al meditador en la cabeza). También hay métodos tradicionales mucho más radicales en los que el maestro agrede a los estudiantes, les obliga a llevar a cabo tareas absurdas o les prohíbe entrar en un monasterio todo ello con el fin de alcanzar la iluminación.

George Gurdjieff: este controvertido místico grecoarmenio usaba métodos que comprendían llevar a las personas hasta el punto en el que llegaban a un estado cualitativamente nuevo, por agotamiento físico o mental, que les permitía expandir su conciencia, iluminarse y salir de su ensoñación (término que él usaba para definir el estado diario de las personas). Gurdjieff creía que la gente estaba tan absolutamente perdida en sus ensoñaciones que no les permitía vivir al máximo todo su potencial. Desde aventuras con las bebidas alcohólicas a maratones de un trabajo físico agotador o tareas en las que arriesgaban la vida. Este método tan poco ortodoxo consistía en agotar a sus alumnos conscientemente hasta que se quedaran sin reservas de energía para provocar la iluminación. Sus métodos también incluían las danzas sagradas de Gurdjieff, que hemos descrito junto al resto de las meditaciones activas.

J. Krishnamurti: este hindú, que falleció en 1986, fue declarado maestro mundial por los teósofos a principios del siglo xx, pero rechazó categóricamente el título. Más tarde se hizo famoso porque negó que se pudiera conseguir, mediante la meditación formal, que el mindfulness se convirtiera en una característica vital, y propagó una vida de mindfulness mediante una comprensión profunda que está más allá del pensamiento.

Hay una pretensión ridícula de que el mindfulness se puede definir según ciertas formas de comportamiento o que hay ciertas normas de conducta o expectativas razonables que pueden, en cierto modo, «calcular» el mindfulness. Esto describe mejor la actitud del monje del principio del capítulo anterior. El monje más anciano está en casa imbuido en su mindfulness y no permite que las normas de comportamiento le impidan hacer lo que es adecuado y útil. Porque para los monjes no se trata de no tocar a una mujer, sino de impedir que una mujer te desvíe de tu camino. ¿Por qué un meditador no puede beber vino, ir a la discoteca o contar chistes verdes? No se trata de tu forma de comportarte, sino de tu actitud interna. Y si está anclada en el sitio correcto, tendrás la suficiente madurez como para ir por la vida conscientemente y sin reglas.

En resumen

Para complementar tu meditación habitual, te recomendamos que recuerdes estar consciente siempre que puedas en tu vida diaria. Es una cuestión de recordar estar consciente, independientemente de la técnica formal. Para que sea más fácil al principio, es importante incorporar el mindfulness en las situaciones menos comprometidas de tu vida. Después podrás incorporarlo sucesivamente en situaciones más complejas. Otra cosa que hay que recordar es que tus expectativas deben ser realistas. Cuando tengas varios momentos de mindfulness cada día, mejorará de forma significativa tu calidad de vida. No obstante, es poco probable que consigas estar consciente todo el tiempo.

Las emociones no son un comportamiento. Y tampoco son una sucesión de casualidades de lo que aparentemente ha provocado tus emociones: ni el conflicto, ni el atasco de tráfico, ni el tiempo. Las emociones son impulsos que tenemos en nuestro interior, que se pueden describir sobre todo por los signos físicos. Tenemos la capacidad de cambiar nuestras emociones y, en particular, de no actuar por el impulso de las emociones desagradables, y posiblemente tampoco de las agradables. Porque, en esencia, nosotros mismos «creamos» nuestras propias emociones basándonos, en parte, en nuestras suposiciones mentales. Lo único que varía en el exterior son nuestras suposiciones. Al mismo tiempo, las emociones tienen su valor y es importante darse cuenta de los sutiles mensajes de los sentimientos en el cuerpo para que puedas responder a tus necesidades. Nunca es cuestión de «deshacerse» de una emoción. Las emociones son parte de la vida, y nuestro enfoque es un enfoque de afirmación de la vida.

El mindfulness no se puede reconocer a través un comportamiento en concreto. El mindfulness es una actitud interna, una postura interna.

9. Diez pruebas internas para las que hay que prepararse

Supongamos que ahora puedes sentarte diez o quince minutos y estar tranquilo. La meditación se ha convertido en parte de tu rutina diaria y, antes de ir a trabajar todas las mañanas, te paras para observar tu respiración. Cuando estás en el coche, piensas: «Hoy he empezado muy bien el día». Has dormido bien, estás tranquilo y ves el día que empieza con una mirada positiva. De camino al trabajo, encuentras que el tráfico está muy congestionado, pero sigues tranquilo y sereno. Cuando llegas al semáforo, te olvidas incluso de los correos electrónicos e ignoras las primeras llamadas entrantes. Llegas a la oficina y descubres que, por orden de la dirección del departamento, te necesitan urgentemente, ya que han enviado a la India a tu compañero del otro departamento, sin previo aviso, para que visite a un cliente importante. Tras una breve pausa, asimilas la noticia y te pones en marcha para enfrentarte a la situación, ya que dentro de cuarenta minutos te tocará presentar su parte sobre el estado del desarrollo del producto, y contabas con que lo hiciera él. Estás centrado y la presentación te está saliendo bastante bien, pero luego, en la reunión, te disparan los primeros «tiros». Respiras profundamente y mantienes la calma, hasta que surge un pensamiento y empieza el diálogo interno: «Esta es tu forma de hacer las cosas, ¿verdad? Nunca das tu opinión ni discutes nada. ¿Eres consciente ahora o simplemente vas a volver a ceder?». Esto te distrae un momento, pero consigues controlarte bastante bien y sigues con tu trabajo, que, por supuesto, se está retrasando. Buscas al compañero de tu equipo que te ha sustituido esta mañana en el circuito habitual de producción, pero no lo encuentras. Entonces te llega la mala noticia desde el departamento de producción: tu compañero ha hecho una promesa poco realista que va a ocasionarte un grave perjuicio. Poco a poco, te empiezas a enfadar. Comienzas a discutir y a precipitarte, mientras la confusión mental se hace un hueco en tu cabeza. Después, pasadas las tres de la tarde, alguien te hace una pregunta estúpida y reaccionas con tu viejo patrón, sea el que sea: impaciencia, ironía, enfado...

¿Cómo definirías tu día? ¿Dirías que has dado un paso adelante en tu práctica de mindfulness, o no? Para nosotros, dadas las circunstancias, este caso está claro: si durante el día has logrado no dejarte llevar por los impulsos que normalmente controlan tu comportamiento, ¡ha sido un éxito! Cada etapa del entrenamiento nos lleva un paso más allá para independizarnos de nuestros impulsos internos y nuestro comportamiento automático y, por tanto, un paso más allá hacia una mayor calidad de vida.

Si has sido lo bastante disciplinado como para realizar la parte práctica de este libro, ahora es un buen momento para recordarte una serie de problemas típicos que podrías encontrarte a lo largo de tu práctica de mindfulness. Algunas de estas experiencias pueden ser tan complejas que te lleven incluso a renunciar a la práctica del mindfulness. Otras pueden conducirte a dar un paso atrás en el progreso que habías conseguido con la meditación. Y hay otras que son la consecuencia de la naturaleza particularmente astuta de nuestra máquina pensante, ¡que es capaz de dominar el mindfulness a través de la puerta trasera! Todos estos desafíos surgen de dentro, y puedes influir en ellos. Cuanto más practiques tú solo, más importante será esta información para ti, para que no acabes pensando: «¡Dios mío, yo soy el único del mundo que experimenta esto!». Esto también es un obstáculo, y este mismo pensamiento ha sido la causa de que mucha gente deje de meditar. Algunos de estos obstáculos se presentan durante la meditación, otros antes de meditar y otros después. Nos gustaría que prestaras atención a estos obstáculos para estar más preparado. Saber que lo que te vas a encontrar en el proceso es normal te puede ayudar a que sea más fácil conservar la motivación, y quizá te impida pensar menos en ti o llegar incluso a abandonar la práctica del mindfulness.

Lo que te recomendamos es esto: conserva una actitud de aceptación y agradecimiento hacia ti mismo en todas estas situaciones y convierte todas estas experiencias interesantes en el objeto de tu mindfulness. Esto quiere decir que te mantengas en la postura de ser un espejo cuando las experimentas. Llegarás a conocerte más profundamente, y eso es lo mejor de todo. Con esta actitud podrás afrontar los desafíos con inteligencia, y ese es el objetivo último. En el ejemplo que dimos al principio del capítulo, habrías sido capaz de reconocer que en efecto has dado un pequeño paso adelante en tu desarrollo, en vez de pretender estar completamente atento el resto del día.

Reto 1: ¿Cómo medir el progreso?

En el ejemplo que acabamos de mencionar, habrías estado en la agradable situación de tener una idea clara de tu progreso: eres consciente de que no has seguido tu impulso en una situación determinada porque has estado atento. De acuerdo con nuestra experiencia, los primeros meses de practicar meditación experimentas más progresos. Después el progreso es más difícil de percibir. De cualquier manera, ¿qué quiere decir progreso? Podría significar que al cabo de un tiempo has cubierto las expectativas que habías puesto en tu experimento con el mindfulness. Pero, al mismo tiempo, tus expectativas también son el problema. Ya lo hemos indicado al principio de la parte práctica. Tus expectativas se basan principalmente en tu experiencia, pero todavía no tienes experiencia con el mindfulness. Como resultado, es probable que tus expectativas no sean realizables, y una expectativa no realizada suele conducir a una decepción, y esto te puede desmotivar. Una de las expectativas más típicas es que una meditación «exitosa» debería producir un cambio radical.

Un colega me dijo recientemente: «¿Cómo puedes decir que el mindfulness funciona si acabo de ver que estás estresado?». Jutta Häuser dice: «Hasta Marco Reus puede fallar de vez en cuando un lanzamiento, y eso no lo descalifica como deportista de élite». Si fallar un lanzamiento forma parte de pertenecer a la liga de Reus, entonces no deberíamos exigirnos ser perfectos, ¿verdad? Eso, sin duda, constituye la situación perfecta para el fracaso, porque nunca serás capaz de cumplir esa expectativa y, mucho menos, durante las primeras semanas. Con el mindfulness te adentras en un territorio nuevo, y no se van a cumplir tus expectativas ni las de los demás. ¡Lo mejor es hacer que tus expectativas formen parte de tu mindfulness!

Adentrarse en un territorio nuevo significa vivir en un estado de no saber. Siente qué clase de pensamientos y emociones te causa. Para nosotros los humanos, es muy difícil acostumbrarnos emocionalmente a no saber. Nuestra mente emocional nos empuja a buscar un entorno predecible que nos asegure la supervivencia. Osho dijo en cierta ocasión: «Cuando una persona tiene que escoger entre el dolor de lo conocido y el temor a lo desconocido, siempre escoge el dolor de lo conocido».[1] La incapacidad de medir el progreso del mindfulness puede convertirse en un gran impedimento. La emoción negativa que asociamos a no saber nos puede llevar a dudar de si nos está beneficiando el mindfulness. Te recomendamos confiar en el método y que lo sigáis practicando. Esta confianza consciente es un gran paso adelante en sí, ya que el mindfulness nos confiere la capacidad de aceptar el espacio de no saber y de todo lo que no podemos controlar en nuestro interior. He podido observar que mi propio miedo al futuro se disipa al instante cuando, por medio del mindfulness, regreso al aquí y ahora desde la fantasía del futuro (incluso el pensamiento de nuestra propia muerte es una fantasía en el presente).

Con esta actitud, por favor mantén tu curiosidad a medida que te das cuenta de tu evolución: ¿ha habido grandes cambios en tu bienestar físico o mental? ¿O en tu forma de relacionarte contigo mismo o con los demás? ¿O en tu estado de ánimo emocional normal? Deja que el progreso que observas te mantenga motivado para seguir. Y, por favor, ¡recuerda que no por ello debes tener nuevas expectativas de progresos futuros!

Jutta Häuser dice: «La recomendación más importante que puedo darte es que no abandones, sobre todo cuando se vuelva incómodo. La resistencia forma parte del proceso de mirarte de cerca en el espejo. Es como un proceso de liberación; te liberas de las reacciones automáticas».

Reto 2: Ocuparse de los persistentes viejos impulsos

Otro gran desafío, por supuesto, es sentir que se ha dado un paso atrás en vez de un paso adelante. Lo que nos puede ayudar aquí, una vez más, es gestionar nuestras propias expectativas. Pero el tema de percibir una regresión es mucho más amplio: después de los primeros ejercicios de meditación, es normal que veamos las primeras regresiones a través de un filtro autocrítico, ¡y nos parece que tenemos más pensamientos en la cabeza que antes de empezar a meditar! Volvemos a caer en los viejos patrones (como la impaciencia, la multitarea, el no hacer frente a los conflictos, etc.) debido a la costumbre de la mente emocional de enfocarse en algo negativo, en lugar de en el pequeño progreso que hemos conseguido al alejarnos de los viejos patrones (escuchar prestando más atención, escuchar las necesidades del cuerpo o ser un poco más capaces de vencer la tentación de revisar nuestro teléfono móvil). Aunque no podamos forzar el progreso del mindfulness, sin embargo, somos muy hábiles a la hora de interponernos en el camino. Por eso es mucho más complicado enfocarnos en lo que llamamos «regresiones»: en cuanto identificamos un retroceso, solemos criticarnos. Por otro lado, esta reflexión crítica de nuestros propios errores nos provoca una sensación desagradable que activa el sistema BIS. Esto, a su vez, nos vuelve más vulnerables a nuestra crítica interna y, a través de la activación de la amígdala, tendemos a seguir nuestros impulsos y reactivamos así los viejos patrones. Cuando se activa la amígdala, experimentamos una sensación de inseguridad, que normalmente dispara la necesidad de buscar seguridad, la cual encontramos en los patrones de comportamiento con los que estamos familiarizados. En general, en estos casos es contraproducente el método del pensamiento crítico.

¿Qué puedes hacer cuando empiezas a actuar siguiendo un viejo patrón? A lo mejor tenías intención de meditar más, y no has podido hacerlo porque estabas demasiado nervioso. O quizá habías pensado practicar unos momentos de mindfulness y te has olvidado de hacerlo durante todo el día. O a lo mejor se te ha escapado algo que habrías preferido no decir cuando has hablado con tu empleado problemático, o con tus hijos. Finalmente, solo hay dos alternativas: o te criticas o te felicitas por ser tan consciente de no haber sido consciente, por decirlo de alguna forma, una «atención plena de tu falta de atención». ¿Qué alternativa crees que te puede ayudar más a dominar esta dificultad?

Reto 3: «No tengo tiempo» o «Mis circunstancias no me lo permiten»

¿En serio? Nos encanta cuestionar a las personas sobre el tema del tiempo del que disponen. ¿Realmente eres tan consciente y tan creativo en cada instante de tu vida que no tienes tiempo para dedicarle diez minutos al mindfulness cada día? Si es así, olvídate del mindfulness. Si es al contrario, elimina la actividad que tenga menos importancia de tu lista y sustitúyela por la meditación. No obstante, conocimos a una pareja que tenía dos bebés de cuatro y diecinueve meses y realmente tenían muchas dificultades para encontrar un momento para meditar. Si este es tu caso, te sugerimos que aproveches todas las oportunidades que te presente la vida diaria para practicar mindfulness. Sin embargo, si eres como el resto de la gente, te aconsejamos que vuelvas a considerarlo: ¿realmente no tienes tiempo o es que el mindfulness no es lo suficientemente importante para ti? A lo mejor es la televisión o ciertas personas lo que no es bueno para ti, o quizá podrías pasar veinte minutos menos en internet y sacar tiempo para el mindfulness. No te lo pongas difícil: si consigues eliminar treinta minutos de la lista, aprovecha para practicar quince minutos de mindfulness y los otros quince dedícalos a hacer algo que te apetezca.

Si crees que tu entorno no te permite meditar con regularidad (y *no tienes* dos bebés), te sugerimos que vuelvas analizar tus juicios y tus expectativas. ¿Qué condiciones crees que tiene que haber para que seas consciente? ¿Es posible intentar practicar mindfulness en tus circunstancias actuales? ¿Podrías incorporar los ruidos como un objeto de tu mindfulness, en lugar de verlos como una interferencia? A nosotros, como autores de este libro, también nos gusta meditar en la oficina. Si realmente convertimos todas las cosas en objeto de nuestra meditación, no habrá ningún sitio donde no podamos meditar. Y si, desde el principio, no intentaras reaccionar a esas «interferencias», sería todo más fácil.

Reto 4: «Nunca lo conseguiré», «Soy demasiado nervioso para esto» o «Ya es suficiente»

Tu mente es un máquina pensante, ¡y es realmente fascinante! ¡Siempre consigue inventarse algo nuevo para engañarse a sí misma! Es como si la mente no soportara estar tranquila. Cuando, por fin, conseguimos tomar un poco de distancia de nuestras emociones y convertirnos en un espejo, la mente se las arregla para volver a entrar por la puerta de atrás, y consigue dominarnos otra vez. Se inventa todo tipo de justificaciones y explicaciones, como, por ejemplo: «Llevas un tiempo meditando regularmente, no hay que exagerar, ¡tómate un descanso!» o «¡De cualquier forma eres muy tonto y nunca conseguirás salir de ahí!» o «Dicen que todo el mundo puede meditar, pero seguramente yo no tengo la capacidad para hacerlo», o «Dicen que este estado de conciencia no se puede conseguir sin meditar, ¡pero voy a intentarlo de todas formas!» o «No me gusta someterme a normas estrictas, ¡lo voy a hacer a mí manera!» o «Esto me está volviendo loco, ¡no lo soporto!» o «Meditar está bastante bien, pero ¿incorporarlo a mi vida diaria? Ya lo he intentado ¡y es imposible!», etc. Para evitar el riesgo de que, llegado un punto, te aburras, tenemos otra recomendación. Convierte todas estas voces en parte de tu meditación, ¡sé un espejo para reflejarlas! Es un malentendido creer que estas voces son un problema. El problema no es la inquietud ni la profusión de pensamientos. Tampoco son tus emociones impulsivas ni tu impaciencia. Recuerda que el objetivo no es tener menos pensamientos ni sentimientos. De lo que se trata es de modificar tu relación con tu impaciencia, tus emociones y tus pensamientos. ¡Si te enfrentas a ellos solo conseguirás fortalecerlos! En el lenguaje de los neurocientíficos «La energía se dirige donde pongamos la atención».[2] La mejor técnica para tener todo tu poder ante todos estos fenómenos es mantenerte en la posición distante de un observador, es decir, convertirte en un espejo. De esa manera aceptarás e incluso permitirás que haya intranquilidad interna, por muy grande que sea. Eso tampoco será una interferencia. ¡Al contrario, podemos emplear estas supuestas interferencias como si fuesen un palo zen, y usarlas como una oportunidad para recordarnos que debemos estar atentos!

Reto 5: El problema de estar solo

En un estudio de 2014 se demostró que la gente prefería autoadministrase pequeñas descargas eléctricas antes que no hacer nada durante quince minutos..., y esto era más frecuente en los hombres que en las mujeres.[3] ¿Hasta dónde está dispuesto a llegar el hombre actual? ¿Por qué es un problema tan grave estar solo para mucha gente? Nosotros no tenemos autoridad para contestar a una pregunta de estas características, por tanto, la dejaremos sin contestar, pero te recomendamos estar atento a esta cuestión cuando practiques mindfulness.

Ejercicio: estar solo

Piensa en lo que haces cuando estás solo. ¿Cuánto tiempo estás realmente solo? ¿Cómo te mantienes activo? ¿Con qué frecuencia estás realmente solo sin hacer nada (es decir, sin encender la radio, la televisión o leer el periódico)? ¿Te sientes cómodo estando solo?

Si te das cuenta de que estar solo es incómodo para ti, no creas que es un «problema», porque le sucede a mucha gente. El enfoque del mindfulness es la pura aceptación. No pretendemos criticar ni cambiar nada de lo que vemos. Haz que tus descubrimientos se conviertan en un objeto de tu mindfulness, pero no con el propósito de cambiarlos, sino para tener más claridad, la claridad de un espejo. En esta claridad y esta aceptación hay cierta magia que a veces también tiene un efecto terapéutico.

Reto 6: El impulso «interferencia» durante la meditación

¿Te ha pasado alguna vez que justo cuando te has sentado a meditar has empezado a advertir cosas que hasta entonces no habías notado? De repente, empiezas a sentir un picor o una necesidad apremiante de toser que no sabes de dónde sale, un dolor inesperado en la cervicales o las lumbares. Esto, sin olvidar la sorprendente avalancha de ideas que surgen o esa llamada importante que casi habías olvidado. Es difícil convertir todas estas cosas en el objeto de tu meditación. ¿Cómo puedes meditar y, al mismo tiempo, tener esta idea en la cabeza ? ¿Cómo puedes meditar y toser a la vez?

La capacidad de *no* obedecer a tus impulsos –de *no* rascarte cuando te pica, de *no* balancearte, de *no* estornudar o toser, etc.–

es lo que se aplica en el mindfulness. A modo de experimento, te sugerimos que la próxima vez que tengas uno de estos impulsos no hagas nada y simplemente esperes a ver qué pasa. Al cabo de un momento el picor se pasará. Desaparece incluso la tos, y es más fácil si estás relajado y te distancias internamente. Si te involucras, te pones nervioso o intentas reprimir la tos, el impulso será más fuerte. Inténtalo también cuando se te ocurra una de esas maravillosas ideas. Sin embargo, cuando la situación es que te están comiendo los mosquitos o la maravillosa idea es una cuestión de vida o muerte, entonces obedece a tu impulso atentamente, y espanta a todos los mosquitos o anota tu idea. No obstante, no dejes de hacerlo con la misma cualidad de mindfulness que tenías cuando estabas sentado.

Los estudios demuestran que el mindfulness actúa de la misma manera que algunos analgésicos. No estamos diciendo que el mindfulness alivie la fuente objetiva del dolor, sino que altera nuestra forma de relacionarnos con él. Normalmente, nuestra primera reacción es resistirnos al dolor. De esta manera, en cambio, le prestamos mucha atención y, como consecuencia de esto, el dolor aumenta. Si conseguimos admitir que hay dolor en el espejo de nuestro mindfulness y desviamos el foco de atención a otra parte, seremos capaces de permitir que permanezca ahí –sin oponernos a él– y, al mismo tiempo, de controlar nuestra atención. Puedes practicar el uso de esta técnica empleando el método del escaneo corporal. Cuanto más medites, más éxito tendrás con este método.

Mi mujer, Fong Chen Chiu, tiene una larga experiencia con el dolor crónico parcial. Después de experimentar con el mindfulness y el dolor, dice: «El dolor normalmente me pone tensa, y esto solo lo empeora. La meditación me permite ver dónde está el dolor en mi cuerpo, y me ayuda a deshacerme de él mientras medito. A veces tengo llagas muy dolorosas en la boca. Cuando medito, me doy cuenta de que produzco más saliva y la sensación de dolor va desapareciendo poco a poco. Sin embargo, si intento eliminar del dolor –si medito con la intención de eliminar el dolor– obtengo peores resultados. Pero si medito, se va».

Reto 7: La actitud interna ante las experiencias agradables o desagradables

La mayoría de los meditadores tienen experiencias raras en algún momento de su práctica. Algunas de ellas son muy placenteras: el tiempo parece ralentizarse; los sentidos adquieren una cualidad completamente nueva; experimentan el presente con una intensidad que nunca habían sentido; los límites de su propio cuerpo parecen expandirse y fundirse con el entorno; sienten que «se salen fuera de su propio cuerpo». También hay otras experiencias bastante desagradables: tener una sobrecogedora sensación de vacío o de insignificancia; la aparición de memorias emocionales turbadoras... Este tipo de experiencias no suelen suceder los primeros días, y normalmente ocurren durante una sesión más larga, por ejemplo, después de estar sentado mucho tiempo en absoluta quietud. Pero incluso la desagradable sensación de estar solo y no hacer nada puede ser un desafío, por eso acaba siendo abrumador para mucha gente. Cuando se identifican con estas experiencias, dejan de meditar por el miedo a tener más experiencias desagradables o porque creen que han alcanzado un estado determinado de conciencia. Nuestro enfoque en este caso es muy pragmático, pero también es exigente: no dejes que ningún tipo de experiencia te confunda. Consideramos que todas las experiencias, sean del tipo que sean, son una nueva ocasión para reflejarse en el espejo.

Cuando en este libro empleamos el término «principiantes», nos referimos puramente a la secuencia cronológica de la práctica de la meditación. Como principiante, estás meditando por primera vez. No obstante, el grado o la medida de tu mindfulness no puede valorarlo nadie (ni siquiera tu supuesto maestro), y la evolución de tu mindfulness tampoco es lineal. En el mindfulness se puede progresar mucho en poco tiempo. También es posible que, a pesar de haber meditado muchos años, de vez en cuando estés intranquilo, cansado o demasiado alterado como para meditar, ¡o que seas una enorme maraña de fantasías! Pero hay algo que está claro, y Raj Bissessur lo resume perfectamente: «Esto es como abrir la caja de Pandora. Ya no puedes dar marcha atrás. Aunque a veces me olvido de meditar, vuelvo a estar en ese espacio inmediatamente en cuanto me siento y cierro los ojos, y no hay que alcanzar nada».

Reto 8: Recurrir de nuevo al pensamiento

Permítenos repetirte la enseñanza básica de este trabajo: el mindfulness no tiene nada que ver con pensar. A través de la práctica del mindfulness, el doctor Holger Rohde tuvo una revelación sobre las imágenes negativas que aparecían en su cerebro. En su trayecto al trabajo no solo tenía que atravesar el túnel Elbe de Hamburgo, sino un sitio que estaba en construcción desde hace mucho y que provocaba constantes atascos. El tráfico con paradas intermitentes suele ser bastante peligroso. El doctor Rohde se dio cuenta de que valoraba negativamente a los demás conductores (por ejemplo, «Por su expresión es obvio que va a hacer un adelantamiento peligroso»). Al darse cuenta de esto, comprobó la diferencia entre el mindfulness y el empleo de un pensamiento como «Hoy va a ir todo bien», con el que podía generar imágenes positivas activamente. Los dos enfoques son útiles para liberarnos de nuestros patrones negativos. La diferencia es que, cuando cambias tu forma de pensar, sustituyes el antiguo patrón de pensamiento por uno nuevo, y esto es un enfoque lingüístico y cognitivo. Sin embargo, el mindfulness es una habilidad no lingüística y no cognitiva, y se encarga de liberarnos del poder de cualquier comportamiento automático. Aquí *libre* no significa «no tener más impulsos». Significa estar «tan atento que reconoces tus propios impulsos y tienes la posibilidad de actuar sobre ellos». Las investigaciones nos demuestran que el mindfulness nos proporciona más posibilidades para influir en este proceso y liberarnos de nuestro comportamiento automático. Generalmente, ante un comportamiento automático dejamos de tener la capacidad de pensar, ya que es más fuerte y rápido que un pensamiento consciente. Al mismo tiempo, nuestro comportamiento automático devora los limitados recursos de la corteza prefrontal. Osho tiene una definición preciosa de «inteligencia madura»: «Actuar desde el no conocimiento, desde la no conclusión, no actuar desde el pasado, eso es la madurez. La madurez es confiar en tu conciencia. La mente que no está dispuesta a aprender es inmadura. Cuando uso la palabra "maduro", no estoy diciendo que por tener más experiencia seas más maduro. El conocimiento te hace estar menos receptivo, porque siempre piensas lo que ya sabes. Una mente madura, para mí, es la que conserva la capacidad de sorprenderse». Y Jean Piaget, famoso investigador de la inteligencia, dijo en una ocasión: «La inteligencia es lo que usas cuando no sabes qué hacer».

Reto 9: La tendencia a hacer multitarea

¡Hacer multitarea es una técnica muy efectiva para agotar sistemáticamente todos los recursos de la corteza prefrontal! Una vez dicho esto, una de las técnicas más efectivas para incorporar el mindfulness como una característica vital es evitar hacer múltiples tareas. Esto a veces ocurre automáticamente como consecuencia del mindfulness en la vida diaria. Por otra parte, el impulso a hacer varias cosas al mismo tiempo puede llegar a ser tan fuerte que se puede convertir en un obstáculo en el mindfulness de nuestra vida diaria. Esa es la razón por la que vamos a examinar de cerca esta cuestión.

En realidad, ¿qué significa hacer multitarea? Para que tengas la experiencia práctica, busca a un compañero para hacer el siguiente experimento.

Ejercicio: explorar los límites de la memoria a corto plazo

Un compañero le dice al otro una secuencia de seis números –de una forma improvisada y espontánea–, preferiblemente sin un orden aparente, por ejemplo: 4, 7, 2, 9, 6, 8. La otra persona intenta recordar esta secuencia. Ahora le vuelves a decir a tu compañero otra secuencia aleatoria de números, pero esta vez aumenta el número de dígitos poco a poco, de uno en uno, hasta que la memoria a corto plazo de tu compañero se dé por vencida. La mayor parte de la gente llega hasta seis números y consigue recordar el orden unos segundos, hasta que aparece otra distracción nueva. Este es el caso cuando hablamos de números. Cuando llegamos a ocho números, la memoria funcional del ser humano se empieza a saturar. Cuando llegamos a los nueve o diez dígitos, la mayor parte de la gente se ha olvidado de la secuencia de números, incluso sin haber terminado de decirlos.

La memoria de trabajo, también llamada memoria a corto plazo, puede recordar entre siete y ocho fragmentos de datos.[4] Otra forma de recordar, por ejemplo, números, podría ser en tres bloques de dos cifras; por eso la gente suele acordarse fácilmente de un número de teléfono cuando piensa «tres, diecisiete, veinticuatro, setenta y ocho», en vez de «tres, uno, siete, dos, cuatro, siete, ocho».

En cuanto surge una distracción que nos parece digna de nuestra atención (normalmente involuntaria), tenemos que pasar de un contenido a otro de nuestra memoria de trabajo (y, caballeros, tenemos que decir que la memoria de trabajo de las damas está estructurada exactamente igual que la nuestra, ¡esto viene a rebatir el mito de que las mujeres son más capaces de hacer varias cosas al mismo tiempo!). La multitarea requiere que la memoria de trabajo gestione simultáneamente dos informaciones. Sin embargo, la mente técnicamente no lo puede hacer. Por eso tenemos que saltar de un lado a otro para hacer multitarea. Es posible que las mujeres tengan más capacidad que los hombres para hacerlo y, aparentemente, por eso pueden hacer varias cosas a la vez. El problema es que, cuando hacemos dos tareas a la vez, lo hacemos peor que si solo hacemos una. Si una de las dos tareas la realizamos de forma automática (por ejemplo, conducir un coche) y para la otra usamos conscientemente las reservas de la corteza prefrontal (recordar un número de teléfono), entonces nuestro rendimiento no se verá casi afectado. Pero si ambas tareas requieren toda nuestra atención, por ejemplo, si tenemos que responder a una situación peligrosa mientras conducimos y al mismo tiempo hemos de intentar recordar un número, nuestro rendimiento se verá muy afectado. Por eso un conductor deja de oír la conversación de los pasajeros cuando está tratando de adelantar a un camión grande en una carretera de doble sentido. Como puedes ver, aquí el problema no radica en no tener un sistema de manos libres en el coche. El problema es que las reservas de la memoria de trabajo para procesar la información son limitadas. Varios estudios han descubierto que nuestro rendimiento disminuye radicalmente cuando estamos conduciendo y hablando con el manos libres, incluso más que si tuviésemos un nivel de alcohol de 0,08 en la sangre. ¡El tiempo de reacción cuando estamos hablando por teléfono aumenta medio segundo! Como puedes suponer, el rendimiento disminuye aún más cuando escribimos un mensaje.

La investigadora estadounidense Linda Stone describe el esfuerzo de hacer dos cosas simultáneamente, para lo cual debemos emplear las reservas prefrontales, como una «atención parcial constante». Para que te hagas una idea de la variación en la disminución del rendimiento que provoca este estado, intenta escribir algo mientras dices otra cosa en voz alta.

Hacer regularmente varias cosas al mismo tiempo o intentarlo, es una pérdida de tiempo. Perjudica a la memoria de trabajo, disminuye la habilidad de establecer prioridades y provoca un detrimento constante de la capacidad de enfoque en algo concreto. ¡Hasta nuestra propia capacidad de multitarea se resiente! Asimismo, las personas que hacen multitarea de forma crónica no son capaces de darse cuenta de que aumentan sus fallos. ¡Es más, se consideran incluso muy productivos! Ahora que sabes que el impulso de mirar el móvil constantemente activa el sistema de recompensa y, en consecuencia, crea un tipo de adicción, entenderás por qué estamos abordando esta cuestión con detalle. Hasta el momento, el mindfulness es la única técnica que ha funcionado a largo plazo para recuperar nuestra capacidad de enfoque de forma continuada.

Sin embargo, hay ciertas combinaciones de actividades que se pueden considerar formas «sanas» de multitarea, y que aumentan nuestra capacidad de pensar. El profesor Clifford Nass, de Stanford, las denomina «multitareas integradoras». Esto incluye, por ejemplo, enfocarnos en las reacciones de la persona con la que hablamos, o enfocarnos en nuestra respiración cuando hablamos con alguien, o recordar el rostro de una persona cuando le estamos escribiendo. Utilizar diferentes redes y canales de comunicación para investigar un tema es integrador en este sentido, pero revisar tus tuits mientras escribes un artículo obviamente no lo es.

Formas poco saludables de practicar la multitarea

- Chatear cuando montas en bicicleta.
- Telefonear cuando conduces (aunque uses el manos libres del coche).
- Revisar constantemente el móvil durante una reunión para ver quién te ha llamado (aunque el teléfono esté en silencio).
- Tener el televisor encendido mientras cocinas.
- En sentido estricto, incluso oír la radio cuando conduces, hablar con el pasajero o poner la radio cuando estás en casa o en el trabajo (a menos que solo quieras oír la radio). ¡Y poner la radio a un volumen bajo te puede generar un estrés añadido en el cerebro! Esto se debe a que el sonido de fondo de las voces humanas a bajo volumen puede provocar una activación de la amígdala, ya que nuestro cerebro emocional se enfoca inconscientemente intentando comprender lo que se está diciendo.

Y si realmente nos queremos poner muy estrictos en lo referente a este tema –y de lo que estamos hablando aquí es de ejercitar nuestra capacidad de estar presentes con lo que es más importante ahora mismo, es decir, lo que ocurre aquí y ahora en este momento presente–, en esencia cualquier pensamiento que surja mientras estás haciendo otra cosa, es multitarea, ya sea una conversación, trabajar con el ordenador o conducir. ¿Alguna vez has experimentado hacer un viaje largo tú solo en el coche, y que ocurriera algo peligroso cuando estabas absorto en tus pensamientos? ¿Tu reacción fue igual de rápida, segura y clara, que si hubieses estado completamente alerta y presente?

Formas no saludables de atención parcial constante

- Ocuparte de tus correos electrónicos durante una reunión.
- Decirle a alguien que quiere hablar contigo «Adelante, te estoy escuchando» mientras respondes un correo electrónico.
- Escuchar al ponente en una presentación de PowerPoint mientras lees simultáneamente el texto de la imagen.

Recomendaciones acerca del tema del mindfulness y la multitarea

Por supuesto, lo primero que te aconsejamos es que seas consciente de tu tendencia a practicar la multitarea. Asimismo, adquirir ciertos hábitos sanos te ayudará a ahorrar recursos para que puedas dar lo mejor de ti mismo. Lo hemos descrito en el capítulo 5, en el ejercicio «Sentarse zen, caminar zen»: haz cosas teniendo siempre el control de lo que estás haciendo, y no hagas otras cosas al mismo tiempo.

Ejercicio: tendencia a hacer multitarea en las conferencias y reuniones

Observa cómo le afectan a tus sentimientos y a tus pensamientos el ambiente y la disciplina. ¿Tienes el deseo de decir algo? ¿Te agota tener que contenerte? ¿Te cansa buscar la manera de hacer tu intervención? ¿Te preocupa la falta de disciplina? ¿Te das cuenta del diferente impacto que tienen las reuniones disciplinadas y no disciplinadas en el estado emocional colectivo? ¿Afecta el estado emocional a la disciplina? Cuando se deteriora el estado emocional, ¿estás más impaciente o agresivo y empeoras de este modo la disciplina? ¿De qué manera influye todo esto en la productividad de una reunión? ¿Cuál es tu grado de cansancio después de una reunión disciplinada o indisciplinada? Asistir a una reunión y escuchar, y, al mismo tiempo, estar enfrascado en tus propios pensamientos, es, de hecho, multitarea. No podemos pensar y escuchar al mismo tiempo. ¿Qué necesitarías para poder asegurarte de que no te pierdes nada y, al mismo tiempo, poder hacer tu intervención? (opcional: todo el mundo puede tomarse unos minutos para anotar sus opiniones y luego leerlas en voz alta en el grupo).

Recomendaciones adicionales

- Establece márgenes de tiempo realistas (de veinte a noventa minutos) para el trabajo que requiere estar enfocado o concentrado (por ejemplo, editar correos electrónicos), y no hagas nada más en ese momento.
- Si te distraes, reconócelo conscientemente y vuelve a la tarea en cuestión.
- Observa tu respiración durante un minuto después de hacer multitarea.
- Procura no hacer llamadas y menos aún, escribir mensajes en el móvil cuando conduces, vas en bicicleta o vas caminando.
- Evita revisar constantemente tu móvil mientras ves la televisión.
- Cuando te despiertes, haz tu rutina de la mañana paso a paso.
- Márcate una hora para comprobar tu correo electrónico y mirar internet, y el resto del tiempo, evítalo.
- Sé consciente de cuándo tienes el impulso de hacer multitarea, especialmente a la hora de usar aparatos electrónicos.
- Siempre que puedas, pasa de la red neuronal por defecto al modo experiencia directa, por ejemplo, cuando estés haciendo *jogging* o te encuentres en el gimnasio.

- Intenta darte cuenta de la diferencia entre hacer multitarea de forma destructiva y hacerla de forma integradora.
- Apaga la radio cuando no la estás escuchando.

Reto 10: Tu actitud hacia los «no iniciados»

El mindfulness es algo muy simple que no requiere iniciación. Sin embargo, puede parecer algo muy privado y misterioso visto desde fuera. Cuando hayas comprobado sus beneficios, por favor, no te pongas a predicar. Piensa en esto desde el punto de vista de tus compañeros de conversación. ¿Cómo se sentirían si les dijeses que practicar mindfulness les iba a ayudar mucho? Probablemente pensarían que les pasa algo. Y tú, sin embargo, ¡eres mucho más evolucionado y puedes ver claramente su problema! ¡¿Y solo hay que sentarse y observar la respiración?! ¡Si lo haces, te darás cuenta de que está es la manera perfecta de encontrarte con resistencias! Si realmente quieres inspirar a la gente, déjales darse cuenta de lo bien que estás, déjales que te pregunten qué te pasa, y luego diles: «Acabo de descubrir algo que me ha ayudado, pero no a todo el mundo le funciona, y seguramente no te interesará». Y luego espera a que te hagan más preguntas. Con las personas queridas y tus amigos más próximos es diferente. Informa a las personas más próximas y comparte con ellas tus nuevos descubrimientos y cambios. De lo contrario, te podría ocurrir lo que le pasó a uno de nuestros formadores: su mujer se enfadó con él porque ya no le reconocía. Cuando comunicas tus experiencias, ¡hazlo de manera que tu pareja pueda entenderlo! Cuando le hables, hazlo usando el «mí», y dile «lo que me gusta», y no «lo que sería bueno para ti».

En resumen

Cuanto más profundizamos en el tema del mindfulness a nivel de experiencia, más probable es que tengamos que enfrentarnos a muchos de esos retos. Puesto que son nuevos para nosotros, esto nos ayuda a entenderlos y no preocuparnos, a saber cómo afrontarlos o simplemente a observarlos conscientemente. Para esto tenemos que experimentarlo. No nos sirve de mucho leer acerca de ello.

Tener expectativas claras del progreso que se debería producir en tu meditación representa un problema, porque, por un lado, tiendes a ser crítico contigo mismo cuando no logras medir tu progreso o cuando te parece que no avanza a la velocidad que pensabas, y, por otro lado, cuando te parece que está habiendo una regresión. En este caso, siempre te conviene volver a la posición de ser un espejo para ser consciente de tu verdadero progreso.

La mejor manera de buscar un momento para el mindfulness es decirle adiós a ciertas cosas que no te benefician y son una pérdida de tiempo. Si realmente no tienes tiempo para meditar, incorpora esta práctica a tu rutina diaria.

El comportamiento automático, en sí mismo, es un reto. «Desafortunadamente» (¡de lo contrario, acabaría con todo ese ejercicio tedioso!), el mindfulness nunca se convertirá en un comportamiento automático, porque siempre es un acto consciente y deliberado. Sin embargo, con el tiempo se vuelve más fácil ser consciente. El truco consiste en tener conciencia de nuestros impulsos automáticos.

No hacer nada es muy difícil para casi todo el mundo, porque nos confronta con nosotros mismos. El ser humano moderno está muy preparado para la acción, pero se siente incómodo cuando tiene que enfrentarse a la soledad. El truco consiste en convertir estos sentimientos desagradables en el objeto de nuestra meditación. Lo mismo ocurre con nuestra capacidad de mantenernos conscientes cuando los demás cometen una gran injusticia o violan nuestros principios más profundos. Pero, como hemos dicho antes, esta práctica es un desafío.

Aunque sea muy difícil reflejar como un espejo los impulsos molestos, como el picor y la tos durante la meditación, sin reaccionar a ellos, esto es lo que te recomendamos.

Si durante la meditación tienes una experiencia desagradable o agradable, te recomendamos permanecer atento, es decir, observar estas experiencias «en el espejo», y no rechazarlas ni aferrarte a ellas.

Esto es lo mismo que recomendamos cuando la mente entra «por la puerta de atrás» e intenta remplazar el mindfulness con sus tácticas de pensamiento.

La multitarea es una respuesta a todas las expectativas que no podemos satisfacer, e inmediatamente disminuye el rendimiento y perjudica mucho nuestra capacidad de enfocarnos en algo. El mindfulness es la mejor manera de evitar el hábito de la multitarea. Dejar de hacer varias cosas a la vez será muy beneficioso para nuestra práctica del mindfulness.

Comparte tus experiencias con tus personas queridas y próximas para que lo sepan. Y, por favor, no «prediques». Si quieres compartir tus experiencias con los demás, hazlo sin darles consejos para su propio desarrollo.

10. En las empresas. Mindfulness en acción

El hijo de un célebre ladrón vio que su padre estaba envejeciendo y pronto no podría seguir robando, así que le pidió que le enseñara los trucos del oficio para poder continuar con la tradición familiar cuando él se retirara. El padre accedió y por la noche se fueron a asaltar una gran mansión. El padre le pidió a su hijo que sacara la ropa que había en un inmenso baúl. En cuanto el hijo se metió dentro del baúl, el padre bajó la tapa, le dejó encerrado y se puso a gritar: «¡Al ladrón, al ladrón!» y se fue corriendo. Sorprendido y enfadado, el hijo, nervioso, empezó a pensar cómo salir de ese embrollo. Entonces se le ocurrió algo. Emitió un sonido fuerte, como si fuera un gato. Los sirvientes rodearon el baúl y le dijeron a una sirvienta que fuera a echar un vistazo con una vela. En cuanto abrió el baúl, el hijo sopló la vela y salió corriendo entre la multitud sorprendida, huyendo de la casa. De camino, se encontró con un pozo. Buscó una piedra grande, la tiró y se quedó esperando escondido en la oscuridad. Los que le perseguían intentaron distinguir al ladrón en el fondo del pozo, pero finalmente se marcharon. Cuando el hijo llegó a casa, fue directamente a quejarse a su padre. En cuanto empezó, el hombre le interrumpió y le dijo: «No me interesan los detalles. Ahora estás aquí. Has aprendido el arte del oficio».[1]

¡Esto es empoderamiento! ¡Esto es inteligencia en el sentido de dar una respuesta creativa en el momento presente!. Esto es asumir la responsabilidad, aunque no le ha resultado ni fácil ni cómodo, este joven ladrón ha logrado adquirir una variedad de habilidades, experiencia y confianza que no habría conseguido ningún empleado amparado por el liderazgo situacional en un año. El alto rendimiento consciente no es una perspectiva blanca, como podrían pensar muchas personas intuitivamente debido a los mitos del capítulo 6. Quizá la expresión que más concuerda sea «empatía dura» o «alentadores y respetuosos, implacablemente claros y muy exigentes». ¿Una «empresa consciente»? ¿Qué es eso?

Ya hemos aprendido qué es trabajar conscientemente e incluso el trabajo como meditación. Entonces, ¿en qué puede consistir una compañía consciente, una empresa consciente? Para ilustrarlo, primero hay que proceder en dos pasos: en primer lugar, nos enfocaremos en situaciones ejemplares que ilustran de qué manera puede influir de forma positiva el mindfulness en una empresa. Después veremos en qué consiste la filosofía de empresa consciente en nuestra vida diaria.

Aunque, antes de seguir, hay que tener en cuenta ciertas cosas básicas. El trabajo en sí tiene una imagen negativa en casi todas las culturas del mundo. El idioma suele distinguir entre vida y trabajo (¿vives para trabajar o trabajas para vivir?). La psicología también habla del «equilibrio trabajo-vida». ¿El trabajo no es parte de la vida? Si, desde el principio, elimináramos el trabajo de nuestras vidas, ¿cómo podríamos ser felices el resto del tiempo? Si no fuese parte de la vida, ¿qué actitud tendríamos hacia el trabajo? La vida laboral está llena de metáforas negativas, como la «lucha por la supervivencia», «plan de batalla» (estrategias), «lanzarse a la acción» (ir a trabajar) o incluso «nido de serpientes» (un entorno laboral lleno de personas poderosas y probablemente desagradables). No es extraño que la respuesta a la pregunta «¿Qué tal?» sea diferente el lunes por la mañana y el viernes por la tarde. Sin embargo, solo nos estamos engañando, porque, según varios estudios en torno a esta cuestión, desde la filosofía del fluir hasta la economía conductual o la psicología, somos mucho más felices y nos sentimos más satisfechos cuando estamos enfocados en algo que cuando estamos todo el día tumbados descansando en una hamaca, aunque intuitivamente no lo percibamos de esta manera.

El mindfulness en el trabajo y en las empresas promueve una actitud meticulosa hacia el trabajo. Cuando una actividad está conectada con el orgullo, no nos cuesta nada calificarla como positiva (por ejemplo, si nos piden que presentemos nuestro trabajo ante un comité importante, si nos llaman para resolver un problema importante o si otros nos piden consejo porque nos consideran expertos), o cuando hemos decidido que esa actividad es una afición. Y no nos cuesta mucho calificarla como negativa cuando forma parte de una tarea rutinaria, como, por ejemplo, presentar un informe o los gastos de desplazamiento u otras tareas aburridas (desgraciadamente, una de ellas son las reuniones) y las supuestas obligaciones que no podemos dejar de hacer, como limpiar la casa y lavar los platos. Sería muy interesante observar en el espejo del mindfulness qué actividades están asociadas a sentimientos positivos y cuáles a sentimientos negativos, y qué actividades realizamos con la red neuronal por defecto («No me apetece acabar mi trabajo», o «Solo faltan unas horas para cerrar»). ¿Qué ocurriría si intentáramos no evitar y no juzgar negativamente el trabajo asociado a los sentimientos negativos y nos enfocásemos estas actividades con el mismo interés que ponemos en las que consideramos positivas? Nosotros, autores de este libro, decimos: puedes comprometerte y estar presente en cualquier actividad. Ten en cuenta que cuando nuestra red neuronal por defecto (RND) está activa no solemos ser felices y que cuando estamos plenamente presentes en lo que estamos haciendo somos felices (ver el estudio *A wandering mind is an unhappy mind* [Una mente que divaga es una mente infeliz] que hemos mencionado previamente en página la 126). Intuitivamente, la gente suele pensar: no nos gusta esta actividad, por eso no podemos enfocarnos completamente en ella, lo que, a su vez, nos hace disfrutar menos. Sin embargo, plantéate esta otra posibilidad: eres infeliz porque tu pensamiento divaga durante la actividad. Tú, además, asocias esta emoción a tu experiencia durante la actividad y por eso no tienes tantas ganas de volverla a hacer. ¿Cómo sería tu actitud hacia el trabajo si desconectaras tu RND? La idea de que nosotros mismos podemos elegir estar totalmente comprometidos (y, por tanto, felices) en cualquier actividad se contradice con el estudio sobre el fluir de Csíkszentmihályi,[2] donde afirma que solo nos podemos enfocar y comprometer en una actividad donde la relacion entre competencia y reto sea equilibrada. Sin embargo, este estudio no aborda el mindfulness.

Haremos un experimento para explorar este tema.

Ejercicio: valoración emocional del trabajo y otras actividades

Para tener una idea de qué valoraciones ascendentes has asociado a ciertas actividades y situaciones, realiza, por favor, el siguiente ejercicio: en la tabla que ves a continuación, enumera, en la columna de la izquierda, tus rutinas diarias parecidas a las que hay en las cuatro primeras líneas. Luego escribe «positivo» o «negativo» en la columna del medio, o la emoción concreta que tengas asociada a esa actividad. Después, en la columna de la derecha, adjudica un número que valore el grado de actividad de tu RND cuando realizas esa situación.

Usa una escala del 1 al 5 (siendo 5 muy activo y 1 muy poco activo). Si en este momento no puedes valorar el grado de actividad de tu RND en esa situación concreta, intenta percibirlo cuando tengas otra oportunidad y anótalo en el cuadro. Posteriormente, siempre que puedas, actúa con mindfulness en estas situaciones o actividades, y observa si eres capaz de asumir una valoración negativa (es decir, no impedirlo) sin variar al mismo tiempo tu actitud interna. Tu actitud hacia una valoración negativa debería estar en esta línea: «Está bien que estés ahí y no te voy a obligar a irte o a cambiar, pero al mismo tiempo no quiero que me impidas ser consciente, ni comprometerme y estar presente en mi trabajo».

Luego valora, en los ejemplos siguientes, si te ha parecido que tu RND tiene tendencia a estar menos activo en las actividades agradables y más activo en las desagradables. Y compara si varía tu valoración de la actividad cuando lo haces conscientemente, como acabamos de decir. Si es así, ¡eso indica que podemos influir en el trabajo o en la actividad que nos gusta por medio del mindfulness!

Actividad/situación	Valoración emocional	¿RND activa?
Por ejemplo: Resolver problema técnico	Positivo	2
Por ejemplo: reunión semanal	Negativo	5
Por ejemplo: lavar los platos	Negativo	5
Por ejemplo: afición o deporte	Positivo	1

Cuando meditas tomas conciencia de tus puntos fuertes y tus puntos débiles, aprendes a conocerte. Poco a poco, puedes definir con más claridad y precisión todo lo que puedes y no puedes hacer. En una empresa consciente, para desarrollar y posicionar mejor a la gente basándonos en aprovechar su potencial (los puntos clave para mejorar el rendimiento), es conveniente que sepamos que el ser humano no es un genio universal, es decir, no puede tener talento para todo. Al mismo tiempo, una empresa consciente evita el uso del término *capacitado* para etiquetar únicamente a los que han sido seleccionados para que tengan una evolución meteórica en su profesión, porque no *son* los que tienen una capacidad o un talento. Todos los seres humanos tienen algún talento.[3] Cuando identificas el talento o la capacidad de una persona, solo tienes que determinar qué habilidad se requiere para una determinada tarea, y las habilidades de ese candidato. Se puede trabajar con los puntos débiles de la siguiente manera: cada empleado conoce sus puntos débiles e informa de ellos al resto de los empleados o a sus colegas para que no esperen cosas poco realistas de él. Nuestra propuesta es diferenciar entre las habilidades que no se poseen (pero se pueden adquirir), y los potenciales que no existen (y no se pueden desarrollar). Por otro lado, la empresa no debería considerar los puntos débiles de sus empleados como un «área a desarrollar», ya que esto implicaría que los empleados se verían obligados a desarrollar un potencial que posiblemente no tengan. Por desgracia, hoy en día las empresas siguen enfocadas en los puntos débiles, más que en las capacidades de sus empleados. Esto acaba desmotivando a los trabajadores que quieren aprender, porque no tienen los mejores medios (el talento) para hacerlo.

En un ambiente de mindfulness, vemos a la gente con su potencial personal. El mindfulness debería estar en la base del trabajo de desarrollo de potencial, no solo para que cada uno tenga conocimiento de su propio potencial, sino también para eliminar todos los posibles obstáculos y limitaciones, a los que denominamos «patrones» o «impulsos». Estas interferencias pueden afectar a nuestro procesamiento ascendente hasta tal punto de bloquear nuestro potencial y no permitir que se manifieste. En el caso de los ejecutivos, por ejemplo, este patrón consistiría en tener una idea determinada de cómo debería ser el empleado ideal. Un liderazgo particularmente respetuoso consistiría en estar abierto a tener un equipo muy diverso, para así poder generar una ambiente de intercambios creativos, que se pueda potenciar para fomentar perspectivas más amplias y tomar decisiones más inteligentes.

Ejercicio: una reflexión consciente de los puntos fuertes y los puntos débiles

En este caso, «ser consciente» quiere decir que la actitud básica contigo mismo es la de no juzgar. Pocas veces hemos tenido la oportunidad de que la gente mencione sin vacilar cinco talentos y puntos fuertes. Si no se te ocurren entre cinco y diez habilidades enseguida, analiza varias situaciones de tu vida atentamente y fíjate si puedes encontrar algo que hagas mejor que el resto de la gente, algo que te resulte particularmente fácil hacer, áreas donde los demás te piden consejo, etc. Recuerda situaciones en las que has actuado con mucha eficacia y pregúntate qué habilidades personales has usado en esas situaciones. Anota tus puntos fuertes.

Ahora pregúntate cuáles son tus puntos débiles y en qué situaciones prefieres que otra persona tome el mando, para que tu punto débil no sea un obstáculo. Si sueles retirarte en una situación de conflicto, entonces probablemente lo mejor es que, cuando surja una situación donde el equipo tiene que enfrentarse a una confrontación, se encargue de esto otra persona. Percibe lo que sientes cuando reflexionas sobre tus puntos débiles. ¿Te avergüenzas de ellos? ¿Hay una voz interior crítica que te llama cobarde abiertamente? ¿O te da tanta vergüenza que prefieres ignorarla y obedecer a esa otra voz que dice «Todo el mundo tiene puntos débiles, no debería preocuparme tanto por eso»? Sea lo que sea, presta atención a tus emociones y voces internas con una actitud positiva, como solemos decir, igual que has hecho con tus emociones en el ejercicio anterior.

Por último, para cada punto débil piensa en una situación en la que este punto débil podría ser una habilidad o un punto fuerte, y para cada punto fuerte piensa en una situación en la que podría tener un efecto desfavorable (y convertirse entonces en un punto débil). Desde nuestro punto de vista, los puntos fuertes y los puntos débiles dependen del contexto. Esto aumenta nuestra comprensión de las facultades. Te recomendamos estar muy atento a qué facultad puedes usar en cada contexto. En este ejercicio, estás combinando un estado consciente con el pensamiento. Este ejercicio es un buen ejemplo de que la autorreflexión, en el sentido de rendimiento mental, y el mindfulness pueden ser complementarios en la vida diaria.

Aspirar a tener un alto grado de mindfulness en el lugar de trabajo

El mindfulness en las empresas es altamente exigente a un nivel más fundamental. Mindfulness es la aceptación, en el sentido de organizar las cosas según puedan ser modificadas y se pueda influir en ellas o no. Cuando eres un emprendedor, puedes darle forma a las cosas, a los procesos, etc., pero también tienes que vivir con las consecuencias de tus decisiones. Si resulta que estas consecuencias no son agradables, a menudo será más cómodo acusar a los demás por no haber ejecutado adecuadamente una orden. De igual manera, siempre es más fácil para los empleados que están de acuerdo con una orden quejarse de que la dirección de la compañía no entiende nada de ese negocio, de tecnología, ni de ese campo. Cuando un jefe manda a su empleado a un curso de *coaching* o de entrenamiento después de la entrevista anual, ¿no lo hace a veces con la esperanza de que el empleado cambie y sea «más maleable»? Cuando conocemos a alguien, y en una empresa no solemos poder elegir a quién queremos conocer, puede ser un desafío no intentar controlar o cambiar a esa persona. Hay gente a la que le puede resultar difícil vivir teniendo que aceptar las diferencias y la diversidad de los demás. Por alguna razón (quizá solo porque preferimos tener razón, antes que querer escuchar sin ideas preconcebidas, es decir, sin saber), preferimos quejarnos de los demás, enfrentarnos a ellos o aliarnos con otros en contra de otras personas, simplemente porque no cumplen nuestras expectativas; porque no encajan con nuestra red neuronal por defecto. Sin embargo, no es culpa suya que no cumplan nuestras expectativas. En la mayoría de los casos, ¡ni siquiera saben en qué consisten estas expectativas! Si decidimos enfrentarnos, será como arremeter contra los molinos, o ¿acaso queremos asumir la responsabilidad de cambiar a los demás? Seamos sinceros, ¡estamos demasiado ocupados con nuestra propia vida como para querer cargar con una responsabilidad tan grande! A nivel de liderazgo humano, este significa reconocer el potencial de los demás y promover su desarrollo. Si no te gusta el potencial o la velocidad de evolución de tus empleados, busca empleados más adecuados, que te ofrezcan seguridad. Esta es la mejor opción para todas las partes, incluso –aunque suene muy duro– para el que se tenga que ir.

Una empresa consciente respeta que el objetivo global sea siempre el objetivo de la empresa, y a todo el mundo le interesa que se contrate a las personas que contribuyan más con su aportación. Después de eso, se trata de potenciar y favorecer su rendimiento (pero no de explotarlo, ya que eso no beneficia a nadie). Del mismo modo, cada trabajador individual escoge su campo de actuación de manera responsable. Cuando los empleados pueden contribuir a conformar la compañía con sus propias ideas, todo el mundo sale beneficiado. Los empleados que no pueden hacerlo y, en consecuencia, sufren, tendrán el valor de buscar un nuevo terreno de juego en otro sitio.

Una vez más, ten en cuenta que este enfoque no busca cambiar tu comportamiento. Los impulsos, emociones y pensamientos que preceden al comportamiento son los que lo determinan. Si estas palabras significan algo para ti y te gustaría seguir indagando en este sentido, te recomendamos que observes conscientemente en tu espejo tus propios impulsos, tus emociones y tus pensamientos, tus prejuicios y tus convicciones. Y no los intentes cambiar. Creemos firmemente que, si practicas este método, el comportamiento que resulte de tu mindfulness, sea el que sea, será justo el adecuado para ti.

Cristina forma parte de la gerencia que ha decidido despedir a Johannes, su jefe de departamento desde hace años. No ha sido una decisión fácil de tomar –le ha costado tomarla un año–, pero cree que Johannes ya no tiene posibilidades de «prosperar» en la empresa. Cristina está nerviosa porque se lo tiene que comunicar. Son amigos desde hace mucho tiempo, y Johannes ha sido su asistente durante tres años. No le va a resultar fácil darle la noticia. Se ha tomado un tiempo para decírselo. La decisión ya no es negociable. Le ha explicado los motivos. Le ha permitido manifestar su reacción, su enfado y sus emociones. Ella le ha escuchado. Entiende su reacción. Dos años más tarde, Cristina se encuentra a Johannes en una conferencia. Él se le acerca, la abraza y le da las gracias por el despido. Recobró fuerzas en otro sitio y, *a posteriori*, se ha dado cuenta de que su decisión fue absolutamente perfecta.

Johannes y Cristina están en una empresa consciente. Seguramente, ella ha sabido comunicarle su decisión de una manera muy respetuosa, y él debía de tener mucha madurez para estar dispuesto a reconocer que ser despedido fue para él la mejor opción. Aunque los nombres son ficticios, la historia es verdadera.

Ejercicio: las consecuencias de las acciones
particularmente conscientes

Tómate un momento, por favor, para recordar una situación en tu trabajo
en la que hayas actuado con una actitud consciente, es decir, estando
presente y sin juzgar. Describe tu comportamiento, a ser posible, con
mucho detalle. Intenta reflexionar en qué difiere este comportamiento
particularmente consciente del típico comportamiento en otras situaciones. Luego reflexiona sobre las consecuencias de tu comportamiento.
¿Qué efecto ha causado en las demás partes implicadas? ¿Qué comportamiento es el que ha desencadenado el tuyo? ¿Qué puedes aprender
de esta situación para el futuro?

Hasta ahora, básicamente hemos hablado de una postura o actitud interna. No podemos decir que en una empresa consciente el
comportamiento se desarrolle de una determinada manera. Como
hemos dicho repetidamente, aquí no estamos trabajando con las
pautas de comportamiento, pero, para que te hagas una idea más
clara, hemos proporcionado varios ejemplos de comportamiento
en el resto de este capítulo. Aunque son simplemente ejemplos,
nada más. Lo maravilloso del mindfulness es que fortalece tu capacidad de aprovechar atentamente el espacio que hay entre el
impulso y la respuesta automática, para decidir qué acción tomar
con conciencia. En qué consiste esa acción es algo que depende o
puede depender de tu sabiduría.

Jürgen conoce los inconvenientes del correo electrónico. Lo encuentra práctico, pero no cree que sea la herramienta adecuada para
tratar las cuestiones y las discusiones emocionales. A Günther, en

cambio, le gustar resolverlo todo por medio del correo electrónico, y siempre se comunica con la gente con este medio. En el último correo de Günther, Jürgen se sintió atacado y humillado. Le pareció que había empleado un tono muy cínico. Su pulso se disparó y se estrecharon aún más sus miras, perdiendo el foco de lo que era importante. Su impulso más inmediato fue contestar al correo electrónico de Günther manifestando su enfado. Sin embargo, tuvo un momento de mindfulness y nombró tres veces la emoción, entonces se dio cuenta de que su correo electrónico solo iba a provocar una escalada y no iba a servir para resolver la situación. Además, no tenía prisa. Así que decidió no responder. Cuatro días después tuvo una conversación con Günther.

El inglés hace diferencia entre el término *respuesta* y el término *reacción*, Según Osho, *reacción* se refiere al impulso –una reacción dirigida–, mientras que *respuesta* se refiere a una respuesta consciente a una situación que se presenta. En esta historia, Jürgen consiguió encontrar un camino que le llevaba de la reacción a la respuesta, en ese espacio que hay entre el impulso y la reacción.

Empresas conscientes en situaciones concretas

Correo electrónico: ¿alguna vez has observado a alguien mientras se ocupa de su correo electrónico?

Ejercicio: correo electrónico consciente

Haz el siguiente experimento: observa tu respiración un par de minutos mientras te sientas en la silla de tu oficina con la espalda derecha, y deja el ordenador encendido. Después empieza inmediatamente a escribir tus correos electrónicos. Si encuentras a alguien que te pueda observar para darte luego su opinión o si te puedes grabar mientras trabajas, ¡mucho mejor! De lo contrario, tendrás que observarte tú mismo muy atentamente. Fíjate en cómo te cambia la postura del cuerpo. Seguramente te sientas con la espalda encorvada, el entrecejo fruncido, la cabeza colgando o sin meter tripa. ¿Cómo estás respirando? Si eres como la mayor parte de la gente, tendrás «apnea del correo electrónico», que significa literalmente no respirar cuando estás escribiendo un correo electrónico. La compañía norteamericana Spire vende un pequeño aparato que sirve para medir la respiración. Te informa de tu estado actual, y lo hace con mucha exactitud, basándose en el ritmo de tu respiración. La mayoría de nuestros clientes de *coaching* solo se dan cuenta de que su respiración cambia radicalmente cuando se sientan a trabajar con el ordenador, si alguien se lo dice o usando este aparato. Cuando te das cuenta de cómo te afecta el estar trabajando con los correos electrónicos, empiezas a dar pequeños pasos para ser un poco más consciente de tu respiración y de tu postura corporal cuando trabajas.

Probablemente, todos habréis oído el consejo de que no hay que responder inmediatamente a un correo electrónico que te ha provocado una emoción fuerte, y que es mejor esperar veinticuatro horas. Este planteamiento puede ser muy útil, pero estás malgastando recursos, porque tienes que interrumpir lo que estás haciendo y posponer el trabajo. Para interrumpir la reacción al correo electrónico que desencadena el impulso emocional, básicamente lo que usas es tu corteza prefrontal. Una respuesta mindfulness significaría ser tan consciente en el momento que surge este impulso que nos damos cuenta de la emoción que produce y dejamos que pase, tras lo cual podemos empezar a trabajar con los correos electrónicos objetivamente. También lo podemos hacer si estamos en un estado de mindfulness desde el principio.

Reuniones: hace muchos años alguien me dijo lo siguiente: «Si hubiera una palabra que resumiera por qué la evolución de la humanidad ha fracasado, esa palabra sería ¡reuniones!». En el tema que nos preocupa, podría decir que estoy de acuerdo. La mezcla de gente, las reuniones largas, con breves intermedios entre reuniones, la programación diaria de reuniones, y al mismo tiempo una avalancha de comunicaciones a través del correo electrónico y el móvil, es el caldo de cultivo perfecto para tener una red neuronal por defecto dominante y que la corteza prefrontal se agote. Conocemos un buen número de empresas en las que la opinión general sobre las reuniones oscila entre absolutamente improductivas y absoluta pérdida de tiempo.

Las reuniones, en la mayor parte de las empresas grandes, se considera que tienen un valor que va de neutro a negativo. A la gente no le apetece asistir a estas reuniones. Son excesivas y duran demasiado, casi nunca puedes contribuir con nada y las contribuciones que hay son catastróficas y varían entre «muerte al PowerPoint» y «bingo falso». ¿Qué sueles hacer durante estas reuniones? Pregúntate, si es relevante, por qué no intentas hacer algo que contribuya a la filosofía de encuentro. Como siempre, observa como si fueses un espejo. Cuando estés sentado en una de esas reuniones, date cuenta de tu estado emocional básico y de tus pensamientos, y observa cómo influyen el uno en el otro. ¿Sacas tu ordenador portátil y te pones a trabajar públicamente con tus correos electrónicos? ¿O eres más disimulado y lo haces con tu móvil para que nadie se dé cuenta? ¿Descargas tu irritación haciendo garabatos en el papel? ¿Tienes conversaciones paralelas o sales hablando por el móvil? ¿O estás sentado en silencio mientras que la corriente de red neuronal por defecto, –o mejor dicho, la avalancha– te vuelve loco internamente? Quizá aprovechas este momento como un espejo para observar tu respiración y escuchar? Si activamente no puedes hacer nada que mejore la filosofía del encuentro, esta es la mejor solución en estas circunstancias. Te ahorras tus recursos, te aseguras estar de mejor humor y puedes estar atento y presente cuando sea necesaria tu intervención, en vez de mirar avergonzado a tu alrededor. Por supuesto, en las reuniones no debes meditar con los ojos cerrados. Aquí tienes una grandísima oportunidad de practicar mindfulness en tu vida diaria. Nadie tiene por qué saber que estás siendo el espejo de tu respiración, que estás haciendo un pequeño escaneo de tu cuerpo o estás observando el lenguaje corporal de tus compañeros en la reunión, conscientemente y sin juzgarlos. ¿Y por qué no escuchar las intervenciones de tus colegas sin sentirte molesto ni aburrido? Raj Bissessur dice: «El mindfulness ha disminuido considerablemente la tendencia que tenía a enfadarme, por ejemplo en una reunión poco productiva».

Es natural que no nos conformemos simplemente eliminando el aburrimiento con el mindfulness. Entonces, ¿cómo sería un encuentro consciente? En primer lugar, quizá podríamos empezar por recoger todos los móviles. En el libro de Mirabai Bush, *Mindfulness en el trabajo*, Jeremy Hunter ha contribuido con un ensayo donde explica que un CIO o director de tecnologías de la información de una compañía con ingresos multimillonarios exige a todos los empleados que dejen sus móviles en una caja antes de la reunión: «En la primera reunión, la gente estaba muy molesta y protestaba...; nos dijo que parecía que estuvieran en un centro de rehabilitación, y al fondo, en la esquina, había una caja que zumbaba y hacía ruidos». Quizá si antes de entrar en una reunión todos dejáramos nuestros móviles en una caja podríamos lograr un minuto o dos de mindfulness. Los participantes se darían cuenta de si realmente están escuchando al otro o no, y al ver que están fantaseando, podrían volver a prestar atención a la reunión. Sería una manera de promover una filosofía del *feedback* sana. Los participantes podrían responsabilizarse de sus emociones, y esto les permitiría discernir entre sus emociones y el tema en cuestión.

Si las personas que participan en una reunión no están de acuerdo, no es necesario que proyecten su enfado en el otro. Las personas conscientes saben que no se puede esperar que todo el mundo esté de acuerdo en cosas complejas y difíciles de expresar, ni tampoco que la gente las interprete *a posteriori* de la misma manera. Por eso todos los acuerdos importantes se documentan. Una presentación se debería hacer de forma que los participantes no sientan la tentación de la multitarea. Cuando se trata de preparar y tomar decisiones juntos, el centro de atención debe estar puesto en escuchar todas las opiniones para luego pasar al segundo punto. Después de esto se puede ofrecer una síntesis o un panorama general. Y de esa manera a todo el mundo le quedaría claro tanto el objetivo de la discusión como el modo de toma de decisiones. Se prestaría atención a las objeciones, aunque no nos gusten, y la minoría que prefiere tomar otra decisión estaría dispuesta a implementar la decisión de la mayoría. ¡Ya que, a fin de cuentas, se trata de alcanzar metas juntos, y no de sabotear la situación cuando no consigo lo que quiero!

Enrico Rück, que pasa mucho tiempo en reuniones, dice: «Ya no leo los correos electrónicos en una reunión. Aprovecho ese momento para escuchar, estar atento y presente en el aquí y ahora. Si estoy solo, a menudo cierro los ojos. Si me duele algo, en vez de ignorarlo, lo siento».

Las presentaciones son una magnífica oportunidad para estar atento, porque la gente que es reacia a hacer presentaciones en general está atenta a la situación, porque su BIS se activa intensamente: ¿qué pasará si no sale bien? Esto va seguido de una motivación emocional negativa y una necesidad desproporcionada de preparar perfectamente la presentación, como método para evitar el fracaso, con el discutible resultado de añadir cada vez más imágenes y más información a cada diapositiva. Intenta cambiar al mindfulness. Como si fuese un espejo, fíjate en tu impulso constante de querer mejorar la presentación (o si eres jefe: de volver a revisar la presentación de tu empleado para calificarla dos horas antes de la reunión). Fíjate en tu estado emocional, en los pensamientos que se te pasan por la cabeza y en la postura corporal que va asociada a esos sentimientos y emociones cuando subes al estrado. Practica delante del espejo diciendo «sí». No es un «sí» que nazca por nerviosismo, por un impulso de perfección o autocrítica como método para que la presentación sea convincente. Al contrario, es un «sí» a lo que hay, pero no es un «sí» resignado, sino un «sí, todo está bien como está». Es un «sí» agradecido y respetuoso.

Hay algo más en las presentaciones conscientes, como saber que las personas son incapaces de hacer varias cosas a la vez. Intenta oír al que está hablando y leer al mismo tiempo lo que está escrito en la imagen de PowerPoint. Hay un buen motivo para decir «usa imágenes» o «no uses más de veinte palabras por imagen». Si quieres que tu público te escuche, empieza a hablar después de enseñar la diapositiva, excepto si esta no tiene texto. Sé consciente del lenguaje corporal de tus oyentes. Te puede dar mucha información: desde el ambiente que hay hasta la pregunta que está en la mente del que te escucha. Por supuesto, solo estás adivinando, pero eso te permite preguntarles: «No sé si estoy interpretando bien la expresión de tu rostro, pero me parece que estás preocupado por algo, ¿o me lo estoy imaginando?». A propósito, el contacto directo también sirve para descargar estrés.

Si tienes suficiente «sitio en tu taza», como para practicar mindfulness durante la presentación, intenta darte cuenta de los patrones que observas y que te gustaría romper. En una ocasión trabajé en España, después de un largo tiempo trabajando con la cultura anglosajona. En España se considera de mal gusto que el presentador se meta las manos en los bolsillos (algo muy normal en el Reino Unido y en Estados Unidos). Me costó mucho cambiar este hábito. La solución fue meterme las manos en los bolsillos antes de que empezara el seminario, y después darme cuenta de todas las veces que tenía ese impulso.

Uno de los participantes del seminario, hablando del comportamiento automático en la comunicación, dijo que él solía decir normalmente «sí, pero». Decidí hacer un experimento y le pedí que se fijara en todas las veces que tenía el impulso de decir «sí, pero» durante un periodo de seis semanas, hasta nuestro siguiente encuentro. En el siguiente encuentro, el participante comentó que había tenido el impulso de decir «sí, pero» muy a menudo, ¡pero que nunca siguió el impulso inconscientemente, gracias al ejercicio de mindfulness! Fíjate en tus impulsos sin pretender cambiarlos. Raj Bissessur dice: «Al principio, darme cuenta de mis impulsos fue una experiencia realmente edificante. Soy una persona bastante nerviosa. Ahora consigo estar tranquilo antes de una presentación y durante la presentación».

En los conflictos aumenta la necesidad de actuar por impulso. ¡Los conflictos son el detonante perfecto para hundir la taza inclinada de la *experiencia edificante* a gran escala! Esto hace que sea muy importante que «tu taza no esté llena» cuando te encuentres con gente con la que tienes algún conflicto o con la que el conflicto va a ser inminente. Puedes comprobar que el método es muy parecido, aunque las situaciones sean distintas. No obstante, esto te ayudará a aclarar estas situaciones, porque, según nuestra experiencia, para la mayor parte de la gente –incluso para los meditadores más experimentados– es difícil imaginarse de qué forma pueden aplicar el mindfulness a una situación difícil. Todos los enfoques de resolución de conflictos que conocemos siempre te aconsejan que seas responsable de tus propios sentimientos, necesidades y deseos. ¿Qué mejor método que el mindfulness para conseguirlo? Empieza por desviar tu atención de la posición, personalidad, comportamiento y pasado del compañero con el que tienes un conflicto y dirígela hacia tus propias emociones, necesidades, pensamientos y deseos. Luego puedes decidir si deseas comunicárselo a la otra persona.

Sören Fischer: «Hace unos días me enfadé muchísimo durante una reunión. Gracias al mindfulness, ahora soy capaz de alejarme de una reacción emocional que me habría hecho darle un golpe en la cabeza a uno de los miembros del equipo, y he pasado a expresar tranquilamente mis emociones, diciendo algo como: "Como te habrás dado cuenta, me estoy empezando a enfadar, y eso es una expresión de mi irritación". De esa forma me contengo y me tranquilizo».

El *feedback* y el *feedforward*: el objetivo del *feedback* y la crítica dentro de una empresa es mejorar los resultados para utilizar los recursos de la forma más eficiente y cuidadosa posible (para ser productivo). Al mismo tiempo, es importante que quien recibe el *feedback* aprenda y le sirva para mejorar. *Feedback* significa reconocer lo que ha ocurrido. Sin embargo, para que realmente mejoren los resultados, es necesario que después de un *feedback* («¿qué ha ocurrido?»), haya un *feedforward* («¿qué espero la próxima vez?» o «¿qué deberíamos hacer la próxima vez?»). Más aún, un *feedback* consciente significa observar algo específico con atención. De este modo, el *feedback* se alejaría del típico «¡Vaya, lo has hecho fenomenal!» (o fatal) y se centraría en una descripción más concreta, sin juicios y consciente, como, por ejemplo: «Te agradezco tu forma de puntualizar las otras alternativas en la reunión, mientras que los demás no se han atrevido a hacerlo después de que el jefe expusiera su punto de vista. Creo que esto nos ha permitido discutir una perspectiva más amplia, y llegar a una decisión más conveniente. ¡También quiero animar a los demás a que sean más atrevidos en el futuro!».

A propósito, hay un estudio que demuestra que los alumnos que resolvieron una tarea mejoraron su rendimiento cuando recibieron un *feedback* concreto, mientras que los niños que fueron calificados como «genios» o «listos», no pudieron mantener el rendimiento y empezaron a rehuir las pruebas. Suponemos que los niños superdotados, a los que se ha llamado genios en algún momento, fracasan porque hay muchas expectativas respecto a ellos y acaban desarrollando el miedo al fracaso. En otras palabras, equivocarse demostraría que son estúpidos. Por otra parte, los niños que reciben un *feedback* explicativo aprenden a superar los inconvenientes.

Aunque se ha demostrado que las personas aceptan mejor una crítica después de haber recibido algún elogio, la filosofía del *feedback* que requiere hacer alabanzas indeseadas y potencialmente peligrosas, antes y después de cada *feedback* crítico para que el trago no sea tan amargo, no nos convence.

En una filosofía corporativa consciente eso ya no es necesario, puesto que la autoestima de la gente suele ser bastante alta. A medida que la gente se va dando cuenta de sus puntos fuertes y débiles, tienen más equilibrio interno. Pueden apreciar la variedad de personalidades. Saben que no tienen la culpa de no gustarle a alguien. Cuando el *feedback* se hace sin fingimientos, la gente normalmente se siente valorada. Si en ese entorno hay más críticas que alabanzas, es decir, que los empleados están haciendo más mal que bien, esto significa que el personal que trabaja en la empresa no es el adecuado ¡y deberían empezar a pensar en cambiar de gente! Usando estos principios, te animamos sin duda a comunicar de vez en cuando tu crítica con conciencia y directamente.

Ejercicio: formular *feedforward*

Anota todas las críticas que tengas contra la gente (en el trabajo o en tu vida privada). Ahora formula todas esas críticas como un *feedforward*. Empieza por «Me gustaría que tú...», «Espero que tú...», «Necesito que tú...», «Me encantaría que tú...», etc.

Mindfulness para un alto rendimiento cultural

En este libro hemos definido el rendimiento como el potencial menos la interferencia. «Alto rendimiento» significaría por tanto algo que consigue «aprovechar el potencial existente con un mínimo de interferencias». Cuando hablamos de interferencias, nos referimos sobre todo a los procesos internos que «llenan la taza», agotan nuestros recursos prefrontales, etc. No obstante, deberíamos volver a considerar las imágenes que el término «alto rendimiento» evoca en nuestra mente.

Cuando hablamos de «atletas de alto rendimiento», asociamos este término a un reconocimiento profesional de la capacidad y un entrenamiento que maximiza el potencial de un atleta. Lo asociamos a la motivación intrínseca del atleta. Y debido a la presión que soportan los atletas profesionales: el miedo al fracaso y el componente mental para ser capaz de soportar esa presión. En la vida profesional, solemos asociar este término a la presión. Esto suele ir acompañado de expectativas poco realistas de un resultado poco realista. Esta imagen, en cambio, tiene un efecto negativo en la motivación de los empleados, porque la presión se suele asociar al estrés. Por añadidura, está la comparación con personas sobresalientes, quienes quizá alcancen esas expectativas: fíjate en lo que han conseguido, tú solo eres una persona «poco productiva» o de «bajo rendimiento».

Las personas a las que les afectan estas asociaciones a menudo no entienden por qué deben aumentar su nivel de rendimiento constantemente, y muchas veces no les queda otra opción que hacer suposiciones, como que es «para servir al ego del jefe» o «para los accionistas». Esto implica: a) internamente es posible que no haya una voluntad de querer darlo todo, y b) externamente puede que no se haya considerado lo suficiente si este potencial está realmente a disposición. Si el potencial sigue agotado en estas circunstancias (porque las expectativas y las exigencias aumentan sin que tengan una razón de ser), el potencial existente empieza a disminuir con rapidez, haciendo que la presión sea todavía más insoportable, lo que acaba provocando una espiral negativa que conduce al desgaste absoluto.

Como puedes comprobar, nuestra definición no nos lleva muy lejos. Una filosofía del rendimiento se debe diseñar inevitablemente para proteger el potencial de una forma sostenible, mientras la gente da lo mejor que tiene. Y dado que la protección de los potenciales está inherentemente unida a la conservación de las reservas prefrontales, el mindfulness se convierte en la clave de una filosofía de alto rendimiento.

¿Cuál podría ser el efecto concreto de esta filosofía? En el debate actual, especialmente en Estados Unidos, hay escépticos que nos advierten de que el mindfulness te aísla si te excedes cuando lo usas para aumentar el rendimiento y la resiliencia.[4] El temor es que los empresarios digan, por ejemplo: «Fantástico, parece que estamos haciendo algo que favorece a nuestros empleados, pero, en realidad, estamos exprimiéndolos un poco más para que tengan más rendimiento» o «La ciencia dice que el mindfulness ayuda a aumentar la resiliencia interna. De modo que les exigiremos más a los empleados, y si se ponen enfermos, simplemente los convertiremos en "tentetiesos"». Esto nos lleva de nuevo al punto donde empezamos algunos párrafos más arriba. Esta preocupación se podría concebir si el empresario no medita, «obliga» a sus empleados a hacer un curso de mindfulness y les exige más productividad y resiliencia a cambio. Lo que nosotros consideramos una filosofía consciente de alto rendimiento implica que la dirección misma aspira a ser consciente, y por eso sugiere a sus empleados que aprendan mindfulness o incluso se lo exigen, porque un empresario indudablemente tiene derecho a decir: «Quien quiera trabajar en esta empresa tiene que cumplir este requisito».

Los que tenéis experiencia con el mindfulness sabéis que no se puede pedir más productividad por haber practicado mindfulness un determinado periodo de tiempo. Aquí no hay leyes mecánicas. Y hacer presión para obtener resultados es contraproducente con el mindfulness. ¿O acaso crees que es posible juzgar menos y ser más consciente de todo lo que ocurre en el momento presente y, al mismo tiempo, estar bajo presión para poder ser más eficiente y productivo lo antes posible? No obstante, si crees que el mindfulness es la clave para un alto rendimiento y, por tanto, no quieres agotar tus propios potenciales ni los de tus empleados, entonces el mindfulness no puede ser perjudicial. Es más fácil que obtengas buenos resultados si los empleados están equilibrados y comprometidos.

Una tumbona, salas para relajarse y un sillón de masaje son muy apropiados para un fin de semana de bienestar o algo parecido, pero no son los elementos más necesarios dentro de una filosofía empresarial basada en el mindfulness. Evidentemente, un pequeño espacio para meditar facilitaría la practica colectiva regular. Para nosotros, no se trata de proporcionar un fin de semana de bienestar ni sillones de masaje. Lo que buscamos es que haya una calidad de trabajo que conduzca a un buen rendimiento; no intentamos compensar la baja calidad del trabajo. Esto también lo ha confirmado un estudio de Gallup sobre el compromiso de los empleados. Basándonos en una combinación de nuestra experiencia y nuestros ideales, vamos a hacer un esbozo de lo que sería una filosofía corporativa que estuviera plenamente comprometida con el mindfulness como factor clave para obtener un rendimiento sostenible. Se caracterizaría por lo que ya hemos descrito, y por lo siguiente:

- **La habilidad de centrarse sosteniblemente en una sola cosa** (y menos en la multitarea).
- **Una orientación coherente con los resultados que queremos obtener:** muchas veces nos preguntan si esto no es contradictorio con el hecho de que el mindfulness es aceptar el momento presente. Aquí estamos diferenciando entre dos niveles distintos. Uno de ellos es que estamos vivos y hay alternativas en esta vida entre las que tenemos que elegir. Una empresa decide cuál es su propósito, quizá tenga una visión de la función que cumple en la economía y quiere alcanzar ciertas metas. La empresa puede desarrollar proyectos para alcanzarlas y asignárselos luego a las personas. Después de haber tomado estas decisiones, entra en juego un segundo nivel: sea lo que sea lo que yo estoy haciendo, ¿lo hago con la actitud interna que hemos descrito aquí? Con esta actitud, por otro lado, no me gasto todo el presupuesto en lo que me apetezca «sin juzgarlo»..., eso sería ser autocomplaciente, inmaduro y, en nuestra opinión, es algo que no tiene nada que ver con el mindfulness. En cambio, si me hago responsable de hacerlo lo mejor que pueda y de cumplir con mi misión atenta y conscientemente, y me comprometo a ello, estoy practicando mindfulness.
- **Buena salud y bajo absentismo:** porque los empleados y los directivos se cuidan a sí mismos y se cuidan mutuamente, y están a gusto en su trabajo, y no porque los empleados trabajen por miedo, incluso en el caso de estar enfermos.

- **Alto nivel de compromiso:** el Instituto Gallup publica cada año un índice de participación de los trabajadores. Según el índice de 2013, el sondeo descubrió que aproximadamente dos tercios de los empleados alemanes trabaja un mínimo indispensable, y el otro 17% se ha resignado mentalmente. En nuestra opinión, estas cifras no representan una filosofía de alto rendimiento consciente.

- **Buen equilibrio interno y sensación de ligereza** que nos permite volver a un estado de tranquilidad interior durante o después del estrés. Esto incluye tener habitualmente muchas emociones positivas o la capacidad de tranquilizarnos después de una situación emocionalmente desagradable, y mantenernos neutros o positivos en el aspecto emocional. En este contexto, recuerda también los diferentes métodos que hemos descrito en el capítulo 3 para conservar las reservas prefrontales. Uno de esos métodos son las emociones positivas. De ahí que muchas emociones positivas puedan aumentar el rendimiento en una empresa.

- **Emociones apasionadas**, pero sin descargar las emociones negativas en el otro. Los empleados deben ser responsables de sus emociones.

- **Procesamiento relativamente «objetivo» de la información.** Cuando perdemos la cabeza y estamos estresados, recuerda que se activa la amígdala. En muchas empresas, las amígdalas de los miembros del personal están en un estado de activación permanente. Si este es el caso, la información negativa se interpreta como un desastre, e incluso se considera negativa la información neutra, tal y como hemos visto en la primera parte del libro. En un estado consciente, la amígdala se calma, y hacemos una interpretación de la información mas racional.

- **Empatía y una buena comprensión** de lo que es inspirador para tus compañeros y del tipo de apoyo que necesitan. Rick

262 Mindfulness: una visión de la vida cualitativamente distinta

Hanson dice en su libro *El cerebro de Buda: felicidad, sabiduría y amor*: «La empatía es como la meditación mindfulness enfocada al mundo interior de otra persona».

- **Intuición, innovación y creatividad.**
- **La capacidad de aprender y de cambiar.**
- **Flexibilidad y agilidad activa.**
- **El valor** de afrontar ciertas cosas que intentaríamos evitar si estuviese activa la red neuronal por defecto y hubiera una sobreactivación de la amígdala.
- **Disminución de la innecesaria escalada** de cuestiones que requieran una intervención de la dirección. Los empleados, en cambio, aclaran sin problemas los conflictos que puedan tener y los asuntos delicados.
- **Analizar con eficacia y transparencia los conflictos** y las irregularidades sin que esto perjudique a las relaciones.
- **Mirar al futuro y mirar el pasado:** y, sobre todo, percibir todos nuestros logros y nuestro aprendizaje. En vez de buscar culpables y motivos causales, deberíamos decir: «¿Qué nos está diciendo este ejemplo que deberíamos hacer en el futuro para tener aún más éxito?».
- **Trabajar creativamente en la diversidad:** diferentes percepciones, diferentes tipologías, caracteres, enfoques, métodos de trabajo, velocidades, etc.; todas estas cosas son un señuelo que puede provocar situaciones desagradables en las empresas. ¿De qué manera gestiona las diferencias una filosofía corporativa consciente? En primer lugar, todos los participantes deben darse cuenta de que sus puntos de vista personales solo son una opinión. Esto, por supuesto, es posible sin necesidad de practicar mindfulness, pero, en general, en las empresas no encontramos mucha aceptación cuando mi punto de vista no «gana la batalla». Dentro de una filosofía corporativa consciente, las diferencias

no suponen un problema, sino la oportunidad de encontrar la mejor alternativa para lograr el mejor resultado dentro de una amplia oferta. El reconocimiento de la diversidad no debería ser un comportamiento impuesto, sino una actitud que valora realmente el potencial y la singularidad de la diferencia. *En el mundo tiene que haber de todo.*

• **Un tipo confianza particular por parte de los directivos:** los gerentes son lo suficientemente conscientes como para darse cuenta de que tienen una tendencia a controlar que les lleva a indicar a su empleados cómo han de hacer su trabajo, cuando sería más fácil que se olvidaran de esa tendencia y, en vez de eso, les apoyaran cuando lo necesitaran. Los directivos entonces se limitarían a comunicar claramente las expectativas de los resultados deseados, en lugar de imponer la forma de conseguirlos.

• **Una percepción consciente del mercado y una autopercepción sana** que te permita actuar en consonancia.

En varios estudios, Bill Joiner y sus colegas (*Agilidad en el liderazgo*) examinaron varios tipos de liderazgo y su efectividad en una empresa compleja. Llegaron a la conclusión de que los ejecutivos que fueron capaces de mantener un espacio de no-saber, de elevada complejidad y de ambigüedad, sin pretender controlar a sus empleados, reducirlos o luchar contra ellos, demostraron tener un grado de efectividad más elevado. En un estudio posterior, descubrieron que el 85% de los ejecutivos con un grado de efectividad más elevado ¡meditaban regularmente! El impulso de controlar las situaciones incontrolables es muy comprensible. Joiner y sus colegas también han descubierto que estos impulsos aumentan el riesgo de desgaste: nos agotamos sin poder conseguir nuestro objetivo, y luego nos seguimos agotando luchando por el objetivo que no hemos conseguido. El mindfulness, con su aceptación inherente, nos ayuda a guardar una distancia con los impulsos que nos llevan a enfrentarnos a las cosas que no podemos controlar.

En un análisis final, se podría decir que el mindfulness como filosofía corporativa va un poco más allá de lo que se ha señalado en los primeros capítulos: el mindfulness de las circunstancias internas y externas, de la gente, de sus acciones, de las decisiones, y, por último, del mundo. Aquí, la confianza alcanza una nueva dimensión. No es simplemente confiar en que «TÚ vas a cumplir mis expectativas» o «Las cosas van a ocurrir como yo espero que lo hagan», sino en que las cosas incontrolables de la vida son como son, independientemente de lo que a mí me gustaría o de que las pueda cambiar. No pretendemos que esta actitud sea una observación ociosa, ni una resignación no resuelta. Al contrario, la claridad del mindfulness nos permite actuar de una forma más comprometida y apasionada. Sin embargo, si al final del día las cosas no han resultado como yo esperaba, puedo seguir cantando y celebrando por la noche, porque sé que el resto del mundo no está ahí para cumplir mis expectativas.

En resumen

El mindfulness en el trabajo ofrece muchos resultados positivos en potencia. Hay varios desafíos concretos, en primer lugar, con nuestra actitud hacia el trabajo y con las valoraciones positivas o negativas que asignamos inconscientemente a las distintas actividades. Una pequeña dosis de mindfulness de la actividad en sí sería suficiente para resolver esta división.

Las características típicas de una empresa donde se practica mindfulness son un enfoque consciente a la hora de tratar con los puntos fuertes y débiles, para que los empleados conozcan sus capacidades y sus debilidades sin intentar esconderlos y se complementen unos a otros en el equipo; al mismo tiempo, evita los actos impulsivos, obteniendo una mayor flexibilidad a la hora de tomar decisiones y un *feedback* claro y orientado al aprendizaje.

En situaciones específicas, como las reuniones o la comunicación mediante correos electrónicos, una organización consciente se caracterizaría por el hecho de que los empleados se comunican con más tranquilidad y son menos impulsivos, y así reservan estos recursos y los de sus compañeros para otras cuestiones. Esto hace que la comunicación y el tiempo que se dedica a las reuniones sean más productivos y placenteros. De esta forma, las presentaciones son más fáciles de entender y los oyentes se sienten menos atraídos hacia la multitarea.

Desde nuestro punto de vista, una filosofía consciente de alto rendimiento surge cuando el mindfulness sirve para aprovechar regularmente el potencial de cada empleado de la mejor manera y al mismo tiempo reduce las posibles interferencias. De esta forma, aumenta el grado de compromiso, lo que provoca un incremento de los beneficios. Los factores distintivos de esta filosofía deben ser: concentración, orientación hacia una meta coherente, baja tasa de enfermedad, una vida equilibrada, pasión, empatía, innovación, flexibilidad, valentía, responsabilidad personal, aceptación y una actitud creativa ante la diversidad, así como confianza tanto de los empleados hacia la dirección de la empresa como viceversa.

La posible aspiración de una filosofía consciente de alto rendimiento, sería que la confianza no se base en la esperanza de que los demás cumplan nuestras expectativas, sino en la actitud de que vamos a hacerlo lo mejor que podamos, estando dispuestos a aceptar las consecuencias.

11. Mindfulness fuera del trabajo: educación, salud, aficiones, deportes y juegos

El director del Instituto de Enseñanza Media Marina de San Francisco y la plantilla de profesores estaban al borde de la desesperación. El colegio tenía en ese momento el mayor número de sanciones disciplinarias de todo el distrito. La última era porque un alumno había perdido, por culpa de la violencia, a un hermano y a un buen amigo. Aunque este fuera un caso extremo, muchos de los alumnos del colegio también tenían que soportar situaciones muy difíciles. Las clases estaban atestadas de estudiantes y era prácticamente imposible enseñarles algo, por eso las notas eran muy bajas. El mal comportamiento era la norma en ese instituto. Los estudiantes estaban en un estado permanente de desconexión o distracción, y esto impedía concentrase a los que sí querían aprender, porque definitivamente era imposible, y la situación se agravaba por el hecho de que también los acosaban y los excluían.

¿A qué edad podemos empezar a beneficiarnos del mindfulness?

La historia del principio de este capítulo no es algo que hemos oído, ni es ficticia. Es una historia de verdad. Esta complicada situación llevó al Instituto de Enseñanza Media Marina a experimentar con el mindfulness. La gerencia del colegio escogió para este experimento a los alumnos de primero de secundaria. Un asistente social fue quince veces a enseñarles mindfulness a los alumnos, en sesiones semanales de treinta minutos, y así sentó unas nuevas bases para mejorar el aprendizaje. Se rodó un documental sobre este proyecto, titulado *Room to Breathe* [Una habitación para respirar]. Este es el resultado del experimento de mindfulness en cifras:

- El 80% de los alumnos se tranquilizaba con más facilidad si perdía el control.
- El 58% de los alumnos se concentraba más en el colegio.
- El 34% empleó el mindfulness para evitar una pelea o una agresión física.
- El 86% creía que los estudiantes de otros colegios también deberían aprender mindfulness.

Jedidiah, un estudiante, describe su experiencia: «Cuando lo uso [el mindfulness], siento que solo tengo que estar centrado e ignorar lo que me dicen los demás, simplemente presto atención a lo que está diciendo el profesor. Ahora saco mejores notas, y he pasado de tener suspensos y aprobados a sacar notables y sobresalientes. Uso la respiración consciente [...] y le he enseñado a mi madre a practicar mindfulness. A ella le ayuda mucho porque se enfada enseguida. Cuando veo que se está enfadando, le recuerdo que respire conscientemente varias veces, y de ese modo se tranquiliza».

Joyce dice: «Me ayuda mucho porque me tranquiliza cuando me enfado con alguien o por algo».

Y Katy dice: «El mindfulness me ha cambiado. Yo solía ser uno de esos niños que siempre están acosando y molestando a los demás, pero en cuanto empecé a practicar mindfulness, dejé de hacerlo. Antes, siempre que acosaba a otro niño me sentía muy mal.

Intentaba no hacerlo, no podía evitarlo. Ahora, en cuanto surge en mí el impulso de querer acosar a alguien, me tranquilizo y medito con mi novia. Luego se me olvida y estoy contento, de verdad. Mis amigos también se han dado cuenta de que he cambiado mucho».[1,2]

Desde entonces, la Universidad de Oxford ha introducido el mindfulness en varios colegios británicos. Existen distintos programas de investigación en Estados Unidos y en Alemania encargados de demostrar la influencia del mindfulness en el mejora del aprendizaje en los colegios. Hay una idea muy extendida de que los niños no son lo suficientemente maduros para practicar mindfulness debido a la profundidad de la cuestión. Sin embargo, el famoso filósofo Thomas Metzinger lleva mucho tiempo diciendo que deberíamos preparar a los niños para los desafíos de la edad adulta empleando el mindfulness en los colegios. Otro ejemplo impresionante de lo efectivo que puede ser el mindfulness para los niños, especialmente en el tema de la regulación emocional, se expone en un documental norteamericano titulado *Free the Mind* [Libera la mente],[3] que muestra el trabajo realizado con niños de cinco años que tienen ansiedad, TDAH, etc. Cada vez hay un mayor número de universidades en Alemania y en todo el mundo que reconocen la capacidad del mindfulness de influir en el aprendizaje del alumno y que pueda recurrir a sus conocimientos en los exámenes. A raíz de esto, cada vez se ofrecen más cursos de mindfulness para estudiantes.

Una actitud alentadora

Nuestro concepto del mindfulness como una actitud de aceptación incondicional muchas veces desencadena fuertes reacciones: «¿No voy a perder así mi motivación?», «¿Y la voluntad de querer que las cosas cambien?», «¿Debo dejar que las cosas pasen y sufrir en silencio?».

De hecho, hay varios métodos para abordar este tema. También hemos visto a gente que se ha impuesto una disciplina monástica, ha huido de la vida, por así decirlo, y se ha dedicado a la meditación con solemne rigor. Lo que no sabemos aún es qué grado de atención han puesto en su esfuerzo (entendido como la capacidad de absorber lo nuevo y ser conscientes de sí mismos y de su entorno). Pero estamos hablando de una actitud concreta hacia la vida, puede ser una actitud de «sí» o una actitud de «no». Aunque al principio podría parecer trivial, no lo es tanto. Al fin y al cabo, la postura básica del «sí» también significa decir «sí» a la vida cuando nos hace sufrir, ¡y, evidentemente, eso es algo que a todo el mundo le ocurre! Esto nos lleva de nuevo al tema de la aceptación incondicional. Según Osho, el lema de esta aceptación es «Vida, amor y risa». El significado de impregnar toda tu vida de «Vida, amor y risa» en todas sus facetas es una cuestión claramente personal que solo puede responder cada uno. Nuestro objetivo aquí solo es presentaros los aspectos positivos de la meditación y el mindfulness.

La salud

Consideramos el mindfulness como la clave de un buen rendimiento. Por supuesto, no puede reemplazar al sueño o al ejercicio cardiovascular por completo. Recomendamos que haya un buen equilibrio entre la tensión o actividad y el descanso, unido al deporte o a algún tipo de ejercicio físico, preferentemente con diversión y baile, y muchas emociones positivas. El mindfulness puede encontrar un espacio entre todas estas cosas. La función primordial del mindfulness en la salud consiste en que una actitud de aceptación y una atención consciente de las necesidades de nuestro cuerpo nos permiten tener un estilo de vida con perspectiva de futuro y con salud. Esta actitud también nos permite tener buen criterio para que haya equilibrio entre las necesidades y las ambiciones. Hazte esta pregunta: ¿cuál sería la peor situación si haces o no haces X? Ahora imagínate lo siguiente: Hoy a las 18.30 horas has quedado con un amigo para correr. A las 14.00 horas tu jefe dice que hay una reunión a las 17.45 horas, lo que te impedirá ir a correr. ¿Qué vas a hacer? En el peor de los casos, ¿qué pasaría si tuvieras que cancelar la reunión para ocuparte de tu salud? Si tu respuesta es «El jefe me desaprobará», entonces deberías preguntarte inmediatamente: «En el peor de los casos, ¿qué ocurriría si, a largo plazo, siguiera trabajando a las órdenes de este jefe?». Muchas veces no es fácil dar los pasos necesarios si el entorno no nos apoya. Y, sobre todo, te recomendamos usar todo el poder del que puedas disponer para contribuir y darle forma a tu entorno en todo lo posible. Aunque también te aconsejamos reflexionar sobre qué te va a salir más caro: ¿un entorno seguro pero tóxico o la incertidumbre de tener que buscar un terreno más apropiado? Cuando intentamos buscar una respuesta consciente a esta pregunta, generalmente nos damos cuenta de que, en realidad, tenemos más tiempo del que creíamos para dedicárnoslo a nosotros mismos y a nuestro bienestar, y que es muy desagradable tener que caminar por un terreno desconocido.

Las emociones positivas, cantar, reír, bailar..., todo esto tienen un efecto positivo sobre el sistema inmunitario, el corazón y la circulación, y sobre nuestra actitud hacia la vida en general. Mejorar la calidad del sueño te permite estar más en forma y positivo a lo largo del día, provocando, de este modo, una espiral ascendente. Ya no necesitarás todos esos dispositivos de tecnología aplicada a uno mismo para medir datos. En vez de que el dispositivo te diga cuándo tienes que ir a correr, dormir o comer, y que tu ritmo cardiaco está bien, te aconsejamos que uses el mindfulness para estar sintonizado contigo mismo. Tenemos intuición suficiente para saber lo que nuestro organismo necesita, pero solo cuando le prestamos la atención necesaria y aceptamos el organismo (es decir, el cuerpo) tal como es. Una vez más, esto exige una aceptación incondicional, aunque es más fácil decirlo que hacerlo. Las emociones positivas en general también aumentan la entereza y la resistencia, y minimizan el estado de agotamiento de nuestra corteza prefrontal (ver el capítulo 1 y el estudio mencionado en el capítulo 3).

Ursula Leitzmann dice: «Me distraigo menos, y consigo más que antes hacer lo que tenía planeado. El mindfulness también me ha ayudado a dormirme antes».

El mindfulness se emplea asimismo como tratamiento en un cuerpo que «no funciona correctamente». Muchas veces forzamos a nuestro cuerpo, como cuando, por ejemplo, tenemos un resfriado. Literalmente, nos vamos «arrastrando» todo el día. Entonces ignoramos las necesidades del cuerpo, porque hemos agotado las reservas prefrontales y estamos funcionando con la «reserva». Para compensar este déficit, lo normal es que acudamos a los fármacos, y esto provoca una especie de lucha con el cuerpo enfermo, que acaba teniendo dificultades para recuperarse. Salir de esta actitud de lucha y aceptar el estado de nuestro cuerpo, suele ayudarnos y es liberador. Enrico Rück me mandó un correo privado un día que estaba enfermo: «Hoy estoy muy resfriado. Me ha resultado mucho más fácil mantenerme en el modo "estar" que de costumbre. Básicamente, me cuesta mucho trabajo pensar debido a la enfermedad. El mindfulness ha eliminado el estrés de "tener que pensar"».

El equilibrio

Cuando tienes una actitud de aceptación de la vida, ya no necesitas un supuesto equilibrio trabajo-vida. Ten en cuenta que esta actitud también significa decir «sí» al dolor. ¿Por qué? Porque no tiene sentido luchar con el dolor. O está ahí o no está. Ten en cuenta que, si luchamos, la sensación de dolor se agudiza más, y de esa manera solo conseguimos lo contrario de lo que queremos. La aceptación hace que lo desagradable se vuelva más tolerable.

Por otro lado, tener una actitud de aceptación de la vida no significa capitular ante todos los males y calamidades. Intentamos ser constructivos siempre que se pueda, pero si no es posible, lo aceptamos. Obviamente, en el trabajo las cosas no son siempre como nos gustaría, pero eso no significa que tengas que abandonar tu actitud positiva. Si no, ¡no sería positiva! Creemos que es incompatible con el mindfulness querer excluir el trabajo de la vida. En nuestra relación con el momento presente, cada momento es valioso y relevante, ¡es parte de la vida! Cuando empezamos a ver el trabajo como una inversión para el tiempo libre, la semana como una inversión para nuestro fin de semana, el año como una inversión para nuestras vacaciones, y la vida laboral como una inversión para nuestra jubilación, acabamos teniendo un plan perfecto para perdernos nuestra vida. Creemos que la cuestión del equilibrio es una cuestión de necesidades y prioridades, en la que el trabajo desempeña una función muy importante como parte de la vida, pero no es una limitación.

Sören Fischer dice: «Me topé con el mindfulness porque tenía problemas de salud y me interesaba el tema de cómo evitar el agotamiento psíquico. Leí algunos libros y después practiqué las técnicas con un *coach*. Desde entonces, estoy mucho más equilibrado, mi estrés ha disminuido y siento alegría de vivir. También tengo menos "estrechez de miras". Me siento más tranquilo y no me afectan tanto las cosas. Tengo que volar frecuentemente. La semana pasada fue bastante dura. En el avión, estuve despierto conscientemente durante diez minutos y luego dormí profundamente. Ha sido una experiencia muy positiva».

Enrico Rück: «Ahora estoy más tranquilo y tengo más paciencia, puedo escuchar mejor a los demás. Cuando veo una situación que antes me habría molestado, aprovecho la oportunidad para estar atento. También estoy mucho más presente, y tengo más energía y menos estrés en mi vida diaria. Cuando practico mindfulness por la mañana temprano o por la noche cuando estoy en la cama, consigo olvidarme enseguida de todos los problemas y las preocupaciones que suelo tener».

Ejercicio: equilibrio

Anota cuántas horas diarias dedicas a las siguientes actividades. En la columna de la derecha puedes poner las cosas que te gustaría cambiar. En las filas que están vacías puedes añadir cualquier actividad que tenga importancia en tu vida diaria:

Actividad	Horas/semana	Lo que me gustaría cambiar
Trabajo		
Desplazamiento al trabajo		
Tiempo con personas que me aportan energía		
Meditación		
Televisión		
Cocinar/comer		

Actividad	Horas/semana	Lo que me gustaría cambiar
Deporte		
Bailar/diversión		

El estrés

El término estrés describe generalmente dos contextos diferentes. El primero es la reacción física a un hecho que constituye una amenaza para tu vida, durante el cual se desencadena una reacción de lucha o huida en el cuerpo, por una reacción autónoma en cadena (es decir, no controlada conscientemente) de cortisol y norepinefrina, circulación de la sangre, tensión de los músculos y concentración de la atención, entre otras cosas. Acuérdate de nuevo del capítulo 1, donde describíamos el estrés como una habilidad que nos permite tener el máximo rendimiento cuando hay una amenaza. El segundo contexto se refiere a una condición permanente que no implica una situación de peligro crítico, pero es una reacción a largo plazo aprendida, mediante la cual el organismo no descansa ni se recupera. Los posibles síntomas incluyen dormir mal, irritabilidad, preocupación, dolor físico, dificultad para concentrar la atención, etc. El primer tipo de estrés es muy útil y nos ayuda a enfrentarnos a las situaciones de peligro. El segundo tipo de estrés, sin embargo, puede provocar una disminución gradual y a largo plazo de nuestro grado de rendimiento (en otras palabras, este va empeorando cada vez más). En este caso, una reacción no consciente sería caer en la negación, y seguir luchando para intentar erradicar las sensaciones desagradables y el insomnio con fármacos o drogas. Sin embargo, eso solo empeora las cosas. En el capítulo 1 hemos mencionado un estudio en el que se demuestra que esto es particularmente cierto cuando creemos que el estrés es perjudicial para nosotros.[4]

Normalmente, nuestra intuición nos dice que estamos sobrepasando nuestros propios límites porque dedicamos demasiado tiempo a trabajar en exceso y estamos desbordados. Lo que estamos aprendiendo aquí va más allá de esto. Todos los atletas –sean profesionales o aficionados– saben que a veces estás en forma y otras veces no. Esto no es verdad únicamente en el aspecto físico, sino también en el mental y el emocional. Más aún, estas tres dimensiones no pueden separarse. Si no hemos dormido lo suficiente o estamos enfermos, mentalmente estaremos peor. Y la idea de que el ejercicio mental mejora la capacidad del cerebro (el rendimiento), como parece prometernos esa expresión, es algo que la neurociencia ha cuestionado. ¡Lo que es apasionante, por otro lado, es que se ha demostrado que el entrenamiento físico potencia la flexibilidad cognitiva del cerebro de manera eficaz! En cambio, la irritabilidad, la preocupación y la dificultad de concentración mental crónica

extrema influyen en el rendimiento físico, incluso en los atletas de
élite. Nuestra condición depende principalmente de la capacidad
que tengamos de recurrir a nuestro potencial, a nuestras reservas
internas. Y cuando nuestras reservas prefrontales no están agotadas
y estamos en un estado de mindfulness, ese acceso es especialmente
bueno. Esto significa que, si no estamos atentos, excedemos antes de
los límites de nuestro rendimiento y agotamos las reservas prefrontales. En otras palabras, la mejor forma de apoyar nuestra capacidad
de rendimiento es meditar. Y a los no atletas les recomendamos
un programa de prevención del estrés que probablemente ayudó
a nuestros antepasados a recuperarse después de una situación en
la que hubiera un peligro mortal, y es bailar a menudo, divertirse,
reír y cantar.

Los deportes

Sabemos que hay muchas personas que le dan mucha importancia
a ocuparse de su salud, a mantener un buen equilibrio y a reducir
el estrés. Desafortunadamente, muchas de ellas acaban observando una rutina escrupulosa con un celo casi espartano, inducida
por el miedo, que carece de emociones positivas. A veces, cuando
ves a ese corredor con la tenacidad de su determinación dibujada
en el rostro mirando su dispositivo para asegurarse de que hoy no
se ha olvidado de comprobar sus pulsaciones, te preguntas si se
habrá fijado en algún momento en la maravillosa naturaleza que
ha estado atravesando durante noventa minutos mientras corría.
Una actitud consciente en el deporte significa actuar partiendo de
un deseo de divertirse relajadamente; la tenaz determinación y la
estricta seriedad no favorecen la salud y el equilibrio en absoluto.
Y no estamos en contra de las competiciones. Al contrario, los de-

portes competitivos pueden ser una magnífica oportunidad para incorporar el mindfulness a la vida diaria. Sin embargo, hay una excepción: cuando se trata de cosas muy técnicas que implican un complejo abanico de posibilidades, el experto (el atleta profesional o de competición) debería confiar en su comportamiento automático (los impulsos) para obtener un buen resultado. El mindfulness se enfoca en el comportamiento automático, que podría influir en el resultado, por ejemplo, en el tenis. La liebre le preguntó al ciempiés: «Oye, ¿cómo consigues andar con tus cien pies sin tropezarte?». En ese momento el ciempiés pensó: «En realidad, no sé cómo lo hago», y, entonces, se tropezó.

Se ha analizado este fenómeno, entre otras cosas, en un estudio donde había un grupo de jugadores profesionales de balonmano y otro grupo de jugadores aficionados, a los que les enseñaron un vídeo de una jugada de ataque durante un partido. En el momento que el jugador comenzaba su ataque, detuvieron el vídeo. Entonces les preguntaron a los participantes cuál sería la siguiente jugada correcta para conseguir el mejor lanzamiento a la portería. Si contestaban a la pregunta directamente, sin pensar en la situación, los jugadores profesionales acertaban más, mientras que los menos experimentados acertaban más cuando pensaban antes en la jugada y la analizaban. En conclusión: cuanto más experimentado seas, más tienes que confiar en el comportamiento involuntario automático y en la intuición. Sin embargo, para esto se requiere, por supuesto, que durante una competición seamos capaces de confiar absolutamente en nuestra capacidad instintiva sin tener que pensar. Aunque todo el que haya meditado sabe que esto es muy poco probable.

En la década de los 1970, un joven entrenador de tenis llamado Tim Gallwey desarrolló un interesante método de entrenamiento llamado «el juego interno». Este método no consistía tanto en enseñarles las diferentes técnicas a sus alumnos, sino en enseñarles a no distraerse de su rendimiento intuitivo debido a sus propios pensamientos autocríticos y destructivos. Para hacerlo, Gallwey intentaba desviar el foco de atención de sus alumnos a lo que sucedía en el presente. Por ejemplo, les preguntaba si podían leer lo que ponía en la pelota o les decía que gritaran «bota» cuando la pelota iba hacia arriba y «golpea» cuando tocaban la pelota con la raqueta. Este método obligaba a los jugadores a estar en el momento presente, y en consecuencia, su voz crítica interior se quedaba en un segundo plano. Es un método bastante parecido al de observar la respiración y, de ese modo, enfocarte en lo que está ocurriendo en este instante. En este sentido, el mindfulness puede ser muy provechoso en los deportes. Trabajé, en cierta ocasión, con un entrenador de «juego interno», y me fascinó que sus métodos me ayudaran a disminuir al mínimo las interferencias mentales, y sacar así mejor partido a mi potencial.

Cuando practiques mindfulness haciendo deporte o llevando a cabo alguna de tus aficiones, no te olvides, por favor, de hacerlo lúdicamente. A veces, si estás demasiado centrado en el objetivo o has tenido un día complicado, te costará más trabajo quitarte el estrés. Intenta tranquilizarte. Otra veces, puede que estés bastante tranquilo cuando cambias de lado jugando al tenis o te das cuenta de que estás muy centrado cuando normalmente estarías bastante nervioso porque tu oponente se prepara para hacer un saque. El tenis es solo un ejemplo dentro de mi repertorio de deportes. El mindfulness es igual de beneficioso en todos los tipos de deportes, especialmente cuando precisan movimientos repetitivos como ocurre con correr, el ciclismo, remar, nadar, etc.

El doctor Holger Rohde es triatleta, y dice: «Respirar es tan esencial en la natación que tienes una oportunidad magnífica de observar conscientemente la respiración. Nuestro entrenador nos ha enseñado hace poco una técnica con la cual ya no hay que usar la fuerza de los brazos, sino solo ocuparse del movimiento. Es una situación inmejorable para ser consciente». Holger también practica estar atento cuando corre. Le gusta cambiar el foco de atención de los pies a los sonidos que oye o a lo que ve. Para muchos atletas de fondo, no es fácil ser conscientes de la respiración sin tener que verificarla. Pero cuando lo hacen disminuye su rendimiento. Holger también describe otra experiencia emocionante: «Nunca había conseguido sumergirme a veinticinco metros de profundidad. Pero un día me propuse observar la respiración atentamente, ¡y de repente me resultó fácil hacerlo!».

Música y aficiones

En realidad, lo que quieras convertir en objeto de tu mindfulness es secundario. Yo tuve mi primera experiencia meditativa cuando era joven, al descubrir la alegría de las sinfonías de Beethoven. Me cautivó tanto su música que me olvidé de lo que tenía alrededor. La tradición tántrica de la India y del Tíbet intenta llegar a un estado de mindfulness a través del acto sexual. En algún momento de nuestra vida, todos hemos experimentado un instante de mindfulness espontáneo en una situación u otra, cuando estamos en profundo contacto con el presente, y probablemente con más asiduidad en la infancia que después. De nuevo, hay que recordar que se trata de tener siempre la misma actitud hacia lo que estás haciendo (o no haciendo): ser testigo de lo que ocurre en tu interior y a tu alrededor, como si fueses un espejo, sin juzgarlo. La actitud de una persona consciente es la misma en cualquier actividad.

Déjame que te recuerde que el objetivo no es estar siempre consciente. Aunque te lo hubieses propuesto seriamente, no lo conseguirías. ¡Los impulsos emocionales son tan fuertes que nos llevan de forma irremediable de un pensamiento a otro, asociado a recompensas o amenazas (normalmente, son fantasías y pocas veces realidad)! Nuestra mente tiene una necesidad muy fuerte de repetir, una y otra vez, lo que ha ocurrido en el pasado. El truco consiste en buscar momentos entremedias, en los que podamos detener este movimiento de acercamiento o alejamiento, y experimentar la magia del momento presente. Por eso te hemos ofrecido todas las oportunidades posibles para ayudarte a practicar mindfulness, y que puedas comparar la diferencia entre realizar una actividad en un estado consciente o inconsciente. Es preferible que escojas tu campo experimental de acuerdo con lo que mejor se adapte a ti. Según nuestra experiencia, es más fácil practicar mindfulness con actividades que disfrutamos y nos hacen bien, sobre todo si esas actividades nos benefician y tienen una visión optimista de la vida, como cantar, tocar música, bailar, escuchar música, pasear, reír con alguien, comer y beber, pintar, etc.

Me gustaría concluir este capítulo con una poesía de un maestro zen llamado Matsuo Basho. El poema es un *haiku* japonés; los *haikus* son poemas muy cortos que captan el momento presente de la forma más completa posible, dejando al lector un aroma de mindfulness.

> El viejo estanque.
> Salta una rana.
> ¡Plof![5]

En resumen

Al contrario de lo que podría sugerir el sentido común, que para poder experimentar un estado interior provocador como el mindfulness hay que ser adulto, en los últimos años ha habido muchos casos de éxito de mindfulness en los colegios. El documental *Room to Breathe* [Una habitación para respirar] nos presenta un ejemplo impresionante de cómo en poco tiempo, y gracias al mindfulness, los alumnos de un centro consiguieron mejorar sus notas, gestionar mejor sus emociones y concentrarse más en clase.

Para que el mindfulness se convierta realmente en un característica de tu vida, tienes que tener una actitud incondicional de aceptación de la vida. Cuando esto no está presente, muchos meditadores huyen de la vida y renuncian a ella. Para que exista esta actitud de aceptación de la vida, tienes que percibir tu cuerpo de una forma respetuosa y aceptándolo, tener sensibilidad para encontrar un equilibrio entre lo que es importante para ti en la vida y el precio que estás dispuesto a pagar por tus elecciones, y tener emociones positivas.

Este «sí» incondicional también tiene que extenderse a la vida laboral o no sería incondicional, lo que al final nos llevaría a separar el trabajo de la vida, en un supuesto «equilibrio». Te animamos a analizar sinceramente en qué empleas el tiempo.

El estrés es un recurso práctico de la naturaleza para ayudarnos a conseguir el máximo rendimiento. Sin embargo, si quieres evitar estar en un estado permanente de estrés, que provoca una disminución continuada del rendimiento, te recomendamos que estés seguro de poder acceder a tu propio rendimiento a través del mindfulness, el movimiento y las emociones positivas.

El deporte, la música y las aficiones son grandísimas oportunidades para practicar mindfulness. Los deportes de resistencia son especialmente útiles para observar la respiración o para convertir los movimientos repetitivos o las secuencias de movimiento en el objeto de tu meditación. También en deportes como el tenis, donde las secuencias de movimientos intuitivos pueden determinar el juego, las técnicas del juego interior son particularmente adecuadas para abordar los retos mentales. De toda la gran variedad de sugerencias que te hemos dado, te recomendamos que consideres con atención qué situaciones serían buenas para practicar mindfulness como una cualidad, y, dentro de lo posible, selecciona las que puedas hacer, te gusten más y te alienten.

Epílogo/conclusiones

¿Recuerdas la historia de la introducción? Cuando le preguntan a la gente qué les parece su vida, la mayor parte habla de sus quehaceres diarios, su trabajo, el cuidado de los hijos o ahorrar para la pensión como si todo fuese una lucha, una carrera de locos que provoca mucha presión. Muchos de ellos están desbordados, estresados y desequilibrados, y otros muchos no logran desconectar ni siquiera en una fiesta. «No hacer nada» se ha convertido en sinónimo de tumbarse en el sofá y ver la televisión, jugar con el iPad o leer el periódico. Nadie se imagina no hacer nada de verdad.

Lo que han manifestado los meditadores en las entrevistas de la introducción, y a lo largo del libro, describe características de la calidad de vida que para muchos de ellos solo serían concebibles en sueños. ¿Qué tal si avanzamos otro paso? Después de todo lo que hemos expuesto en estas páginas, ¿realmente todavía tienes algún motivo para no imaginarte la vida como una aventura, un baile o un juego? ¿Poder levantarnos por la mañana descansados y con una sensación de gozo interior, poder sonreír abiertamente cuando nos miramos al espejo y aceptarnos tal como somos? Sin duda, en una cultura que considera que elogiarse a uno mismo no es ningún elogio, esto constituye un cambio de paradigma (y, por favor, no me malinterpretes, ni siquiera nosotros obedecemos estos principios con la perfección que los hemos descrito). Pero, a pesar de todo, ¿por qué no aspirar a ese modo de vida? Aunque no lo hagas perfectamente, admite que es algo a lo que aspiras.

Como hemos recalcado en la introducción, nuestra intención no es empujarte a estructurar tu vida de forma que deje de ser un reto. No creemos que tengas que encontrar un trabajo donde solo hagas lo que te gusta. Al contrario, ahora que has probado el mindfulness, puedes imaginarte la posibilidad, al menos en teoría, de distanciarte de las situaciones que surgen, y saber que eres tú quien genera las emociones negativas. Eres tú quien se preocupa, quien teme, quien cavila, y también eres tú el que ha experimentado que puedes mantener la distancia en una situación parecida. Por eso, aceptar tu vida completa y absolutamente y amar el trabajo que tienes, es algo que depende de ti.[1]

Imagínate lo que ocurriría si realmente nos comprometiéramos a vivir de este modo. Hasta el mayor desafío se convertiría en un juego. Eso no quiere decir que sea fácil jugar, pero tampoco te apetece jugar con los principiantes, ¿no? Cuando se trata de aceptar los desafíos y la vida con toda su intensidad y versatilidad, preferimos jugar en la Champions League. ¿Todavía sigues creyendo que vas a jugar mejor si adoptas una actitud de lucha y te pasas el día sudando y esforzándote, y te consuelas luego con alguna adicción? ¿O si te enfocas solo en lo que haces mal y luego intentas ocultarlo bajo un manto de falsedad y camuflaje?

El mindfulness no es una autopista hacia la felicidad, y tampoco es un atajo. En la entrada a los seminarios de Jon Kabat-Zinn hay un cartel que dice: «El mindfulness no es para los pusilánimes». Es algo que exige valentía. Solo esperamos que lo hayas podido experimentar. Y nadie puede recorrer este camino por ti; cada uno tiene que hacer su propio camino, pero merece la pena. ¡Te deseamos todo lo mejor en el tuyo!

Notas

Prólogo

1. Estas citas provienen de entrevistas realizadas a personas para las que el mindfulness constituye algo que han incorporado a su vida.

2. Se ha instalado un centro de mindfulness en la Universidad de Oxford. Volveremos a hablar de esto en el capítulo 11. En varias universidades de Alemania y alrededor del mundo, se ofrecen cursos de mindfulness para ayudar a los estudiantes a preparar sus exámenes. Uno de los programas de formación más exitosos que se lleva a cabo en la empresa estadounidense Google, llamado «Busca en tu interior», es básicamente sobre mindfulness. Este programa, que existe desde 2007, cuenta también con un superventas del diario *New York Times* con el mismo nombre. Hay empresas europeas, como el Deutsche Bank, Airbus, Rewe, BMW y Beiersdorf, que también han incorporado el mindfulness a su programa de formación. En el capítulo 10, describimos cómo es una empresa cuando el mindfulness forma parte integral de su filosofía corporativa.

3. El término *mindfulness* tiene su origen en la traducción de *Sati* o *Sammasati* de los textos del Buda, que fueron escritos originalmente en pali, un antiguo idioma hindú, que era el que hablaba Gautama Buda en esa época. La traducción literal es «recuerdo correcto». El término *Sati* se tradujo por *mindfulness* por primera vez en el siglo XIX. En el contexto de la meditación, en cambio, el término solo se estableció en la segunda mitad del siglo XX, después de una larga historia con diferentes significados, especialmente el de «observar» o «tomar en consideración».

Parte II: Mindfulness: una visión de la vida cualitativamente distinta

1. Esta historia pertenece a la tradición zen. Al parecer, se trata de un hecho verídico. El sabio de la historia era un maestro llamado Nan-In, pero el erudito es desconocido.

5. ¿Qué es mindfulness? Introducción, definición y primeros ejercicios prácticos

1. La apnea del correo electrónico es un término basado en una investigación que demuestra que las personas cambian radicalmente el ritmo de su respiración cuando trabajan con el ordenador. Se ha observado con frecuencia que la gente deja de respirar cuando trabajan con sus correos electrónicos.

2. La MBTC se ha empleado para reducir las recaídas en la depresión de los pacientes en los que estaba remitiendo la depresión aguda después de haberse tratado con medicamentos.

3. Supuestamente inventada por el místico Jabbar, el *gibberish* es una técnica catártica muy efectiva para preparar a las personas para el mindfulness.

4. Cuando hablamos de hipnosis, nos estamos refiriendo al «padre de la hipnoterapia moderna», Milton Erickson. Su enfoque de la hipnosis no tiene nada que ver con esos milagros esotéricos que a veces puedes ver en la televisión. La hipnosis clínica es más bien una forma de comunicación que se basa en una profunda comprensión de los mecanismos sutiles del inconsciente, y que puede fomentar la interrupción y la creación de patrones cuando se busca una solución a algún problema.

5. La tecnología personal se refiere a tecnologías como los monitores de ritmo cardíaco, que nos ofrecen datos sobre, por ejemplo, el pulso, el ritmo cardiaco, las calorías consumidas, etc. Muchas de estas tecnologías simplemente nos proporcionan información, pero no nos acercan más a nosotros mismos. El Emwave de Heartmach mide la variación del ritmo cardiaco y nos enseña a crear una condición coherente al medir nuestra respiración, nuestro estado emocional o nuestro mindfulness.

6. El Spire es un aparato de autotecnología que determina nuestro estado general midiendo la respiración y nos da claves que nos permiten encontrar el equilibrio. Este método nos conecta con nosotros mismos, ya que nos permite comprobar internamente su recomendación de forma automática,

en lugar de procesar datos, algo que el Spire generalmente no suele facilitar.

7.   Hipnosis en el sentido que hemos explicado antes. Una «visualización guiada» es normalmente una intervención en la que cierras los ojos y una voz te guía a un lugar o tiempo imaginario, para generarte, por ejemplo, un estado emocional deseado o agradable.

8.   «Recurso», en este contexto, indica un potencial interno. Un estado de recursos es el estado en el que estamos en contacto con nuestro potencial interno o nuestros recursos. A menudo basta con sentirnos competentes.

9.   El mindfulness es un estado que emplea recursos no cognitivos y no lingüísticos. De este modo, en un estado de mindfulness, una imagen mental desaparece automáticamente. Los perros verdes no existen en el mundo del mindfulness. Todos los demás métodos que nos permiten eliminar la imagen del pero verde de nuestra mente se tienen que basar en el rendimiento lingüístico y cognitivo. De ese modo, tienes que enfocarte en otra imagen para eliminar al perro verde, empleando las reservas del córtex prefrontal, lo cual, al final, afecta a tu rendimiento.

10.   Hay algunos tipos de yoga que trabajan con la respiración controlada, por ejemplo, alargando la respiración. Por un lado, esto es un esfuerzo y, por otro lado, es una intención. Las dos cosas no se pueden conciliar con el mindfulness.

11.   Algunos neurocientíficos llaman al cerebro «la máquina que predice el futuro». Para poder hacer esto, el cerebro tiene que equilibrarse constantemente: experiencias del pasado –visiones de futuro– expectativas sobre lo que está ocurriendo –acción– etc. Esto podría ser una explicación de por qué los pensamientos casi siempre se refieren al pasado y al futuro.

12.   Lo puedes hacer con las aplicaciones que ya hemos mencionado, Zazen Suite, Zazen Meditation Timer, o Timer+, que puedes descargar en iTunes o Android Store, o buscar en la tienda de aplicaciones usando la palabra clave «mindfulness».

13.   Desde hace miles de años, se han practicado variaciones de este método en el hinduismo. Estos métodos se describen en los Vedas. Son métodos muy conocidos en el budismo, lo que significa que fueron creados por Gautama Siddharta hace 2.500 años.

6. Principios, mitos y consejos útiles

1. Esta historia pertenece a la tradición china.

2. Hay muchos mantras distintos, desde utilizar palabras sagradas significativas hasta usar sonidos monosílabos o incluso, como sugiere Osho, tu propio nombre como mantra. El mantra *Om* se refiere al sonido silencioso que es el origen de todo lo que existe.

3. Hasta veinte mil veces diarias: el ritmo respiratorio ideal varía enormemente dependiendo de la actividad, la altura y el peso corporal. Una persona que mide 1,88 metros y pesa 90 kilogramos debería inhalar y exhalar unas cinco veces por minuto en estado de reposo. Como es lógico, la frecuencia de la respiración aumenta cuando realizas una actividad. Hay varios estudios que demuestran que, debido a un alto nivel de activación permanente (por ejemplo, el estrés), solemos respirar entre doce y quince veces por minuto cuando estamos en reposo.

7. La meditación mindfulness: técnicas

1. Historia procedente de la tradición budista.

2. Richard Davidson y sus colegas llevaron a cabo un estudio con monjes que habían meditado cuarenta mil horas o más a lo largo de su vida.

3. En la tradición del mindfulness, este método procede del *Vipassana*, que nace en el budismo. Se dice que el propio Buda practicaba este método.

4. Consulta el ejercicio del capítulo 1, donde has aprendido que nosotros mismos «creamos» nuestras emociones.

5. Para reprimirnos las emociones fuertes, utilizamos la respiración: contrayendo el diafragma (dejamos de respirar) y tensando los músculos de la parte afectada. Cuando lo hacemos muy a menudo, las tensiones se vuelven crónicas y la respiración deja de fluir naturalmente. Esto tiene muchas consecuencias para la salud, por eso decimos que «se manifiesta en el cuerpo». Como resultado, debido a las tensiones, dejamos de tener acceso a nuestros sentimientos, y por eso hay personas adultas que «no pueden llorar».

6. Estamos haciendo referencia al poema «Muere antes de morir» de Mevlana Halal-al-Din Rumi, el místico y poeta más famoso de la tradición sufí, que nos pide en este poema abandonar nuestro «falso ser», nuestro ego, y morir para poder vivir realmente. Encontrarás más información en www.mevlana.net.

7. Puedes encontrar más información sobre George Gurdjieff en http://www. Gurdjiefflegacy.org/.
8. Encontrarás más información sobre Osho en www.osho.com. OSHO®, la Meditación Kundalini Osho y la Meditación Dinámica Osho son marcas registradas por la Osho International Foundation.
9. Para más información sobre el tema del mindfulness con niños, recomendamos leer: Daniel Siegel y Tina Bryson. *El cerebro del niño: 12 estrategias revolucionarias para cultivar la mente de tu hijo.* Bantam, Nueva York, 2012, así como Myla Kabat-Zinn y Jon Kabat-Zinn. *Bendiciones diarias: El trabajo interior de la paternidad consciente.* Hachette, Nueva York, 1998.

8. Mindfulness en tu vida diaria: La práctica informal

1   Historia procedente de la tradición taoísta china.
2. El zen es un tipo de budismo que explicaremos más adelante en este capítulo. Las enseñanzas zen dicen que el mindfulness se debería incorporar a toda tu vida. Este es el sentido de esta cita: hagas o que hagas, hazlo con totalidad, ya estés sentado o haciendo cualquier otra actividad. Sin embargo, los que practicaban el zen vivían en monasterios.
3. La red neuronal por defecto es la que probablemente estará activada en la ducha. Podrás acceder más fácilmente a tu intuición porque es probable que estés más relajado y menos distraído en esta situación. No obstante, la red neuronal por defecto no te proporciona nuevas ideas, experiencias, valoraciones y emociones, aparte de las que ya existen. Si quieres nueva información, ¡el mindfulness cumple mejor este papel! Esto ocurre porque esta técnica de atención plena te libera de tus juicios e impulsos automáticos, y por eso pueden surgir nuevas ideas.
4. Explicaremos esto con más detalle en el capítulo 9.
5. El zen y los benedictinos tenían programas en los que practicaban el trabajo como meditación.
6. Esta historia proviene de la tradición zen.
7. Daniel Kahneman describe el efecto «soltura cognitiva» en su libro *Pensar rápido, pensar despacio.* La pereza de la mente nos incita a decir «sí» con más frecuencia, como recompensa por sentirnos bien.
8. Este es un tipo de pensamiento colectivo que también emplea la «soltura cognitiva».

9. Diez pruebas internas para las que hay que prepararse

1. Esta cita de Osho proviene de una entrevista privada con John Andrews.
2. Hay dos principios relacionados. El primero es que «las neuronas que luchan juntas crean una red», esta frase se suele llamar la ley de Hebb, como reconocimiento al famoso neurocientífico Donald O. Hebb. Esto quiere decir que, por ejemplo, cuando experimentas una emoción fuerte provocada por un evento, la memoria misma puede desencadenar esa misma emoción más tarde. Del mismo modo, sentir esa emoción puede desencadenar esa memoria. Esto explica por qué el olor de un aula cuando eres adulto te hace recordar cosas del colegio y reaviva esas emociones. El otro principio, «la energía se dirige donde vaya la atención», es importante en este contexto: cuando mi atención se dirige a algo, las neuronas de mi cerebro se entusiasman. Si siempre pongo la atención en lo negativo, aumentará mi experiencia negativa. Cambiando el foco de atención –o siendo consciente del objeto de tu atención–, podemos influir en la dirección de la energía (nuestra experiencia).
3. Timothy Wilson y sus colegas les dijeron a los participantes que se sentaran en una silla, solos dentro de un espacio vacío, sin hacer nada. La única «distracción» posible era que podían autoadministrarse pequeñas descargas eléctricas. A dos terceras partes de los hombres y a una cuarta parte de las mujeres voluntarias les pareció tan angustiosa la soledad que preferían darse descargas eléctricas, antes que permanecer solos sin moverse.
4. La memoria de trabajo, también llamada memoria a corto plazo, puede procesar entre siete y ocho fragmentos simultáneamente. Esta cantidad se denomina también «el mágico número siete».

10. En las empresas. Mindfulness en acción

1. Esta historia proviene de India.
2. «Fluir» es un término que se usa en psicología y se refiere a un estado en el que uno está tan absorto en una actividad que se olvida del tiempo. Las investigaciones demuestran que este estado suele ser placentero.
3. Hoy, gracias a las investigaciones del cerebro, sabemos que el ser humano tiene talentos de sobra. Todas esas habilidades están desarrolladas desde el nacimiento. El cerebro, en última instancia, se orienta al usuario, eso quiere decir que hay talentos que nunca se usan y permanecen ocultos.

Debido a la neuroplasticidad, no hay nada que impida a las personas mayores descubrir sus nuevos talentos.

4. Como referencia, puedes consultar el artículo de Anna North en el *New York Times* del 30 de junio de 2014, disponible online: http://op-talks.blogs.nytimes.com/2014/06/30/the-mindfulness-backlash/?_r=0.

11. Mindfulness fuera del trabajo: educación, salud, aficiones, deportes y juegos

1. Encontrarás más información en: http://www.roombreaththefilm.com/
Las entrevistas completas con los alumnos se pueden encontrar en internet:
Jeddiah: https://www.youtube.com/watch?v=n3KkD8SFL0Y.
Katy: https://www.youtube.com/watch?v=CQ4JBP8jLGQ.
Joyce: https://www.youtube.com/watch?v=Mh6lNu-RBc0.

2. La organización Colegios Conscientes ofrece formación *online* para profesores que quieran aprender a incorporar el mindfulness en el colegio. Hay información disponible en internet: htttp://www.mindfulschools.org/about-mindfulness/mindfulness/.

3. Más información sobre la película *Free the Mind* en internet: http://danishdocumentary.com/site/freethemind/.

4. El uso del término *estrés* para describir una experiencia psicológica de presión es bastante reciente. Se empleó por primera vez a mediados del siglo xx. Hemos hablado del impulso lucha, huida, parálisis en la primera parte del libro. El estrés es un problema grave que, según estimaciones de la Organización Mundial de la Salud (OMS), supone un gasto de miles de millones de euros al día. No obstante, vuelve a consultar el estudio del primer capítulo del libro, donde explicamos que una gran parte de los problemas de salud causados por el estrés se deben al hecho de que las personas afectadas por él creen que es perjudicial para su salud. ¡A los que no opinaban así les afectaba menos!

5. Alan Watts publicó este poema por primera vez en un ensayo que, inicialmente, fue grabado para la radio, después se grabó en vinilo y finalmente se publicó en 1960 en un libro editado por Nancy Wilson Ross, titulado *El mundo del zen: una antología de Oriente-Occidente* (Vintage Books, Nueva York, páginas 121-128). El *haiku* más famoso de Basho han sido traducido por muchas personas, y casi todas estas traducciones se han reunido en el

libro de Hiroaki Sato, *Cien ranas: del renga, al haiku, al inglés.* (Weatherhill, Nueva York, 1995).

Epílogo/conclusiones
1.   Basado, a grandes rasgos, en el taller de uno de mis colegas de Estados Unidos, denominado «Encuentra el trabajo que amas y ama el trabajo que encuentras».

Glosario

Amígdala: parte del sistema límbico que se activa cuando recibe una información que tenga para nosotros un valor emocional. La amígdala tiene una función especialmente importante en las emociones negativas, como la ira, el miedo o la preocupación.

Autorregulación: la capacidad de regular tus emociones, impulsos y pensamientos, para alcanzar una meta a largo plazo, como regular el deseo de tomar chocolate para poder cumplir una dieta.

Autotecnología: una serie de dispositivos creados para decirnos algo de nosotros mismos. Ejemplos: monitor de pulso, aplicaciones que miden los pasos que hemos dado o las calorías que hemos tomado, complejos aparatos que nos proponen recomendaciones, basándose en las variaciones de nuestro ritmo cardiaco y respiratorio, para mejorar nuestro estilo de vida.

Cambio de perspectiva: un intento de ver el mundo a través de los ojos de otra persona, desde otro ángulo, para tener una mejor idea de la situación.

Corteza prefrontal: parte del córtex que desempeña una función importante en la autorregulación y las funciones ejecutivas.

Coaching: una forma de apoyo para alcanzar una meta de desarrollo. La función del *coach* es apoyar al cliente de tal modo que este pueda acceder fácilmente a sus recursos internos y conectar con todo su potencial. El *coaching* no es una formación ni es dar consejos. El *coach* no te ofrece sus conocimientos, sino que tiende a usar preguntas enfocadas al potencial del cliente. A veces puede ofrecer posibles alternativas, pero el cliente es el responsable de incorporar cualquier solución.

Conciencia emocional: la capacidad de reconocer y describir nuestras propias emociones y las de los demás.

Córtex o corteza: la capa exterior o materia gris del cerebro.

Efecto de rebote irónico: el efecto que demuestra que, cuando queremos conseguir algo intensamente (por ejemplo, no pensar en un perro verde), normalmente conseguimos lo contrario (por ejemplo, pensar aún más en un perro verde).

Efecto «qué más da»: romper tu promesa después de haber transgredido algunos puntos.

Estado de reposo: la actividad del cerebro en estado de reposo, es decir, estado en el que no se está realizando ninguna actividad.

Hipocampo: parte del sistema límbico que se ocupa de transferir la información de la memoria a corto plazo a la memoria a largo plazo. Esta parte del cerebro también es importante para procesar la información espacial.

Interferencias: bloqueos internos que nos impiden usar todo nuestro potencial.

Inteligencia emocional: la capacidad de observar y distinguir entre nuestras emociones y las de los demás, y aprovechar esta información para dirigir nuestro pensamiento y nuestros actos.

Resonancia magnética (RM): una técnica imagenológica que nos permite tener imágenes de la anatomía y de los procesos físicos de diferentes partes del cuerpo, como el cerebro.

Involuntario: usamos esta expresión en referencia a la interpretación del psiquiatra alemán Gunther Schmidt de su equivalente en alemán (*unwillkürlich*). Diferenciamos entre los procesos inconscientes (de los que no nos damos cuenta) y los involuntarios o automáticos, de los que sí podemos ser conscientes, aunque no tengamos control sobre ellos. Nuestra experiencia interna es que «nos ocurren las cosas».

Máximo rendimiento: emplear todo nuestro potencial.

MBSR: Reducción del Estrés Basada en el Mindfulness. Este es el nombre de un programa del Medical Centre de la Universidad de Massechusetts, que fue fundado en la década de los 1970 por Jon Kabat-Zinn. Más tardes, Kabat-Zinn empezó a ofrecer formaciones para permitir que los alumnos certificados pudieran impartir este programa por el mundo. El programa consiste en meditar diariamente y en asistir a clases durante un periodo de ocho semanas.

Meditación: en este libro usamos el término *meditación* con el mismo significado que «práctica formal del mindfulness». Otros autores, en textos de educación para adultos y en literatura, usan el término *meditación* para referirse a muchas otras técnicas.

Meditación activa: una manera de practicar mindfulness que no empieza sentándonos a meditar, sino preparándonos para meditar a través de un ejercicio físico vigoroso. El objetivo fundamental de esta idea de meditación activa es que el ser humano de hoy en día puede acercarse más fácilmente al estado de alerta relajada si antes tiene la oportunidad de «eliminar» toda su falta de tranquilidad a través de una actividad física. A veces también se refieren a ella como «catarsis controlada».

Mente errática: es un estado en el que pensamos en el futuro o en el pasado. En este estado, la red neuronal por defecto (RND) está muy activa. El mindfulness reduce la actividad de la RND.

Mindfulness: en este libro lo definimos como la capacidad de ser consciente de

lo que ocurre en nuestro interior y a nuestro alrededor, intencionada e
indiscriminadamente, sin juzgarlo.

Modo acción: es lo contrario del modo ser. El modo hacer es nuestro estado
normal, independientemente de la ocupación. En este estado, los pensamientos suelen ser errantes. Podemos estar en el modo hacer incluso
cuando estamos sentados sin hacer nada; es algo que depende de nuestro
«modo» interior, de nuestra actitud interna o de nuestro estado interno.
Cuando soñamos despiertos, estamos en el modo hacer; cuando estamos
conscientes, estamos en el modo ser.

Modo ser: se refiere al modo (actitud interna, estado interno) que tenemos
durante un estado de mindfulness, independientemente de lo que
hagamos –o no hagamos– en ese momento. Lo contrario del modo ser
es el modo hacer.

Multitarea: un término que se emplea a menudo para describir la capacidad
de hacer varias cosas que requieren nuestra atención simultáneamente,
sin que podamos dejar de prestar atención a ninguna de ellas. En este
libro, describimos la multitarea exclusivamente como el intento de hacer
varias cosas a la vez, porque se ha demostrado que la memoria funcional
de nuestro cerebro es incapaz de conseguirlo, a menos que hagamos
las cosas automáticamente (es decir, sin tener que prestarles atención).

Neuroplasticidad: la capacidad que tiene nuestro cerebro de cambiar.

Núcleo accumbens: parte del ventral estriado responsable de que experimen-
temos sentimientos de recompensa.

Objeto del mindfulness o la meditación: cuando nuestra meditación se enfoca
en algo en concreto (por ejemplo, en la respiración, las emociones o una
percepción sensorial concreta), hablamos de un objeto de la meditación. Si expandimos la práctica del mindfulness a todo lo que percibimos (todo lo que «se refleja en el espejo de nuestro mindfulness»), la
meditación ya no se enfoca en ningún objeto concreto.

Proceso ascendente o de abajo arriba: proceso que ocurre automáticamente y no se puede evitar.

Proceso descendente o de arriba abajo: un proceso que requiere esfuerzo y energía.

Recursos: cuando hablamos de recursos, nos referimos generalmente a la fuerza, capacidades o habilidades interiores. El foco se encuentra en el interior.

Red de experiencia directa (RED): es una red funcional que se activa cuando ponemos la atención en la experiencia de nuestras sensaciones corporales. Al activar esta red, experimentamos el mundo a través de los sentidos, sin pensar.

Red funcional: hace referencia a una serie de áreas del cerebro que sincronizan su activación (es decir, se activan simultáneamente) para llevar a cabo una función concreta.

Red neuronal por defecto (RND): una red que se activa cuando no podemos hacer nada. Esta red se activa cuando hacemos planes, soñamos despiertos o nos preocupamos.

Revaluación cognitiva: es una técnica que trabaja específicamente con las emociones, los pensamientos y los impulsos, para darles un nuevo sentido o un nuevo valor emocional.

Represión: un método para afrontar las emociones, pensamientos e impulsos, que consiste en apartarlos e intentar no pensar en ellos.

Ser un espejo: en este libro, usamos el término *espejo* como metáfora de mindfulness. Cuando estamos en un estado consciente, todas las cosas están a la misma distancia de nosotros, no juzgamos, somos como un espejo limpio que no hace una valoración de lo que se refleja, sino que muestra las cosas como son.

Sin juicios: un estado en el que recibimos información a través de lo que hemos denominado red de experiencia directa (RED, a la que también nos hemos referido como red de Pure Data). El mindfulness activa la RED, lo que nos permite observar las cosas sin juzgarlas. Por eso hemos empleado la metáfora del espejo. No obstante, sin juicios no se refiere solo a un juicio de valor (negativo o positivo), sino a etiquetar, valorar o llevar a cabo cualquier otra intervención lingüística que incluya la percepción de Pure Data.

Sistema de activación de la conducta (BAS): la sensibilidad individual hacia la recompensa que controla el comportamiento de acercamiento.

Sistema de inhibición de la conducta (BIS): la sensibilidad individual al castigo, que decide si se activa el FFFS o el BAS.

Sistema de lucha-huida-parálisis (FFFS): un sistema de supervivencia que se activa con el tálamo y el sistema nervioso autónomo y nos permite luchar, huir o paralizarnos rápidamente en caso de detectar algún peligro en el ambiente.

Sistema límbico: una entidad funcional del cerebro que desempeña una función importante en el procesamiento de las emociones y guarda la información nueva en nuestro cerebro.

Tálamo: parte del sistema límbico o «estación de retrasmisión sensorial» del cerebro, que es importante para seleccionar y transferir la información relevante.

Unión temporoparietal: parte del córtex que desempeña una función importante en el cambio de perspectiva y en la empatía.

Utilización: otro término del doctor Gunther Schmidt. En el contexto del libro, se refiere a reestructurar la relación entre los fenómenos internos y externos que nos molestan. Una «molestia» es un juicio. Si nos encontramos con ese fenómeno con la actitud de un espejo, incluso podría sernos útil. Aprovechar la oportunidad de convertir cualquier cosa en el objeto de tu meditación siempre te ayuda a progresar en el aprendizaje.

Ventral estriado: *ver* núcleo accumbens.

Zen: un tipo de budismo. Desde las más antiguas formas del zen, existía la aspiración de querer incorporar el mindfulness a la vida diaria. «Sentarse zen, caminar zen», quiere decir lo mismo que «hagas lo que hagas, hazlo estando plenamente presente de lo que haces, tanto si estás sentado como en cualquier otra actividad». No obstante, la mayoría de los devotos zen vivían en monasterios, y es posible que solo cumplieran una parte de esta aspiración.

Bibliografía

PARTE I

1. El proceso ascendente: emociones, pensamientos e impulsos

Catalino, L.I., Fredrickson, B.L. «A Tuesday in the life of a flourisher: The role of positive emotional reactivity in optimal mental health». *Emotion*, vol. 11, 2011, págs. 938-950.

Cohn, M.A., Fredrickson, B.L., Brown, S.L., Mikels, J.A., Conway, A.M. «Happiness unpacked: Positive emotions increase life satisfaction by building resilience». *Emotion*, vol. 9, 2009, págs. 361-368.

Fredrickson, B.L. «What good are positive emotions?». *Review of General Psychology*, vol. 2, 1998, págs. 300-319.

Goleman, Daniel. *Working with Emotional Intelligence*. Bantam Books, Nueva York, 1999.

Heatherton, T.F., Wagner, D.D. «Cognitive neuroscience of self-regulation failure». *Trends in Cognitive Sciences*, vol. 15, 2011, págs. 132-139.

Jamieson, J.P., Mendes, W.B., Nock, M.K. «Improving acute stress responses: The power of reappraisal». *Current Directions in Psychological Science*, vol. 22, n.° 1, 2012, págs. 51-56.

Keller, A., Litzelman, K., Wisk, L.E., Maddox, T., Cheng, E.R., Creswell, P.D., Witt, W.P. «Does the perception that stress affects health matter? The association with health and mortality». *Health Psychology*, vol. 31, n.° 5, 2012, págs. 677-684.

Lewis, M., Haviland-Jones, J.M., Feldman Barrett, L. *The Handbook of Emotions*. The Guilford Press, Nueva York, 2010.

Loughran, S.P., Wood, A.W., Barton, J.M., Croft, R.J., Thompson, B., Stough, C. «The effect of electromagnetic fields emitted by mobile phones on human sleep». *Neuroreport*, vol. 16, n.º 17, 2005, págs. 1973-1976.

Nolte, J. *The Human Brain: An Introduction to Functional Anatomy*. Mosby Press, San Luis, 4.ª edición, 1999.

Thomée, S., Härenstam, A., Hagberg, M. «Mobile phone use and stress, sleep disturbances, and symptoms of depression among young adults – a prospective cohort study». *BMC Public Health*, vol. 11, 2011, pág. 66.

2. Recompensa o catigo: ¿quién soy?

Biswald, B.B. «Resting state fMRI: A personal history». *Neuroimage*, vol. 62, n.º 2, 2012, 938-944.

Gray, J.A. *The neuropsychology of anxiety: An enquiry into the functions of the septo-hippocampal system*. Oxford University Press, Oxford, 1982.

Hahn, T., Dresler, T., Pyka, M., Notebaert, K., Fallgatter, A.J. «Local Synchronization of Resting-State Dynamics Encodes Gray's Trait Anxiety». *PLoS One*, vol. 8, n.º 3, 2013, pág. e58336.

—, Dresler, T., Ehlis, A.C., Pyka, M., Dieler, A.C., Saathoff, C., Jakob, P.M., Lesch, K.P., Fallgatter, A.J. «Randomness of resting-state brain oscillations encodes Gray's personality trait». *Neuroimage*, vol. 59, n. º 2, 2012, págs. 1.842-1.845.

—, Heinzel, S., Dresler, T., Plichta, M.M., Renner, T.J., Markulin, F., Jakob, P.M., Lesch, K.P., Fallgatter, A.J. «Association between reward-related activation in the ventral striatum and trait reward sensitivity is moderated by dopamine transporter genotype». *Hum Brain Mapp*, vol. 32, n.º 10, 2011, págs. 1.557-1.565.

—, Dresler, T., Plichta, M.M., Ehlis, A.C., Ernst, L.H., Markulin, F., Polak, T., Blaimer, M., Deckert, J., Lesch, K.P., Jakob, P.M., Fallgatter, A.J. «Functional amygdala-hippocampus connectivity during anticipation of aversive events is associated with Gray's trait "sensitivity to punishment"». *Biological Psychiatry*, vol. 68, n.º 5, 2010, págs. 459-464.

Heatherton, T.F., Weinberger, J.L. *Can personality change?* American Psychological Association, Washington, DC, 1994.

Hesselmann, G., Kell, C.A., Eger, E., Kleinschmidt. «Spontaneous local variations in ongoing neural activity bias perceptual decisions». *PNAS*, vol. 105, n.º 31, 2008, págs. 10.984-10.989.

Hölzel, B.K., Carmody, J., Vangel, M., Congleton, C., Yerramsetti, S.M., Gard, T., Lazar, S.W. «Mindfulness practice leads to increases in regional brain gray matter density». *Psychiatry Research: Neuroimaging*, vol. 191, n.° 1, 2011, págs. 36-43.

Roozendaal, B., McEwen, B.S., Chattarji, S. «Stress, memory and the amygdala». *Nature Reviews Neuroscience*, vol. 10, n.° 6, 2009, págs. 423-433.

—, Barsegyan, A., Lee, S. «Adrenal stress hormones, amygdala activation, and memory for emotionally arousing experiences». *Progress in Brain Research*, vol. 167, 2008, págs. 79-97.

Torrubia, R., Avila, C., Molto, J., Caseras, X. «The Sensitivity to Punishment and Sensitivity to Reward Questionnaire (SPSRQ) as a measure of Gray's anxiety and impulsivity dimensions». *Personality and Individual Differences*, vol. 31, n.° 6, 2001, págs. 837-862.

3. Las reglas cerebrales del rendimiento y la toma de decisiones

Baumeister, R.F., et al. «Ego depletion: is the active self a limited resource?» *Journal of Personality and Social Psychology*, vol. 74, n.° 5, 1998, págs. 1.252-1.265.

Cotman, C.W., Berchtold, N.C. «Exercise: A behavioral intervention to enhance brain health and plasticity». *Trends in Neuroscience*, vol. 25, 2002, págs. 295-301.

Dement, W.C., Vaughan, C. *The Promise of Sleep*. Nueva York: Random House, 2000, págs. 372-376.

Duckworth, A.L., Seligman, M.E. «Self-discipline outdoes IQ in predicting academic performance of adolescents». *Psychological Science*, vol. 16, n.° 12, 2005, págs. 939-944.

Emry, C.F., et al. «Relationships among age, exercise, health and cognitive function in a British sample». *Gerontology*, 35, 1994, págs. 378-385.

Gottfredson, M.R., Hirschi, T. *A General Theory of Crime*. Stanford University Press, Stanford, California, 1990.

Gross, J.J., Levenson, R.W. «Hiding feelings: The acute effects of inhibiting negative and positive emotion». *Journal of Abnormal Psychology*, vol. 106, n.° 1, 1997, págs. 95-103.

Heatherton, T.F., Wagner, D.D. «Cognitive neuroscience of self-regulation failure». *Trends in Cognitive Sciences*, vol. 15, 2011, págs. 132-139.

Jansen, A. «A learning model of binge eating: cue reactivity and cue exposure». *Behaviour Research and Therapy*, vol. 36, n.° 3, 1998, págs. 257-272.

Kieras, J.E., et al. «You can't always get what you want: effortful control and children's responses to undesirable gifts». *Psychological Science*, vol. 16, n.° 5, 2005, págs. 391-396.

Kober, H., et al. «Regulation of craving by cognitive strategies in cigarette smokers». *Drug and Alcohol Dependence*, vol. 10, n.° 1, 2010, págs. 52-55.

Kuhnen, C.M., Knutson, B. «The neural basis of financial risk taking». Neuron, vol. 47, 2005, págs. 763-770.

Muraven, M., D.M. Tice, and Baumeister, R.F. (1998). Self-control as limited resource: regulatory depletion patterns». *Journal of Personality and Social Psychology*, vol. 74, n. ° 3, págs. 774-89.

Muraven, M., G. Pogarsky, Shmueli, D. «Self-control depletion and the general theory of crime». *Journal of Quantitative Criminology*, vol. 22, 2006, págs. 263-277.

Natasha Tsakos: http://www.natashatsakos.com

Pilcher, J.J., Huffcutt, A.A.J. «Effects of sleep deprivation on performance: A meta-analysis». *Sleep*, vol. 19, n.° 4, 1996, págs. 318-326.

Tangney, J.P., R.F. Baumeister, Boone, A.L. «High self-control predicts good adjustment, less pathology, better grades, and interpersonal success». *Journal of Personality*, vol. 72, n.° 2, 2004, págs. 271-324.

Test Marshmallow: https://www.youtube.com/watch?v=QX_oy9614HQ

Tice, D.A., et al. «Restoring the self: Positive affect helps improve self-regulation following ego depletion». *Journal of Experimental Social Psychology*, 43, (2007). 379-384.

Tomporowski, P.D. «Effects of acute bouts of exercise on cognition». *Acta Psychologica* (Amst), vol. 112, 2003, págs. 297-324.

Wagner, D.D., Heatherton, T.F. «Self-regulatory depletion increases emotional reactivity in the amygdala». *Social Cognitive and Affective Neuroscience*, vol. 8, n.° 4, 2013, págs. 410-417.

Wagner, U., et al. «Sleep inspires insight». *Nature*, vol. 427, 2004, págs. 325-355.

Wegner, D.M. «How to think, say or do precisely the worst thing for any occasion». *Science*, vol. 325, 2009, págs. 48-51.

—. «Ironic processes of mental control». *Psychological Review*, vol. 101, 1994, págs. 34-52.

Westbrook, C., et al. «Mindful attention reduces neural and self-reported cue-induced craving in smokers». *Social Cognitive and Affective Neuroscience*, vol. 8, n.° 1, 2013, págs. 73-84.

4. El mindfulness y mi cerebro. ¿Cómo funciona eso?

Chambers, R., Gullone, E., Allen, N.B. «Mindful emotion regulation: An integrative review». *Clinical Psychology Review*, vol. 29, 2009, págs. 560-572.

—, Lo, B.C.Y., Allen, N.B. «The impact of intensive mindfulness training on attentional control, cognitive style, and affect». *Cognitive Therapy and Research*, vol. 32, 2008, págs. 303-322.

Cohen, S., Miller, L. «Interpersonal mindfulness training for well-being: A pilot study with psychology graduate students». *Teachers College Record*, vol. 111, 2009, págs. 2.760-2.774.

Davidson, R.J., Kabat-Zinn, J., Schumacher, J., Rosenkranz, M., Muller, D., Santorelli, S.F., Sheridan, J.F. «Alterations in brain and immune function produced by mindfulness meditation». *Psychosomatic Medicine*, vol. 66, 2003, págs. 149-152.

Davis, D.M., Hayes, J.A. «What are the benefits of mindfulness? A practice review of psychotherapy-related research». *Psychotherapy*, vol. 48, 2011, págs. 198-208.

Desbordes, G., Negi, L.T., Pace, T.W.W., Wallace, B.A., Raison, C.L., Schwartz, E.L. «Effects of mindful-attention and compassion meditation training on amygdala response to emotional stimuli in an ordinary, non-meditative state». *Frontiers in Human Neuroscience*, vol. 6, 2012, págs. 1-15.

Farb, N.A.S., Segal, Z.V., Mayberg, H., Bean, J., McKeon, D., Fatima, Z., Anderson, A.K. «Attending to the present: mindful meditation reveals distinct neural modes of self-reference». 2007.

Gross, J.J., Levenson, R.W. «Hiding feelings: The acute effects of inhibiting negative and positive emotion». *Journal of Abnormal Psychology*, vol. 106, n.° 1, 1997, págs. 95-103.

Grossman, P., Niemann, L., Schmidt, S., Walach, H. «Mindfulness-based stress reduction and health benefits. A meta-analysis». *Journal of Psychosomatic Research*, 57, 2004, págs. 35-43.

Heatherton, T.F., Wagner, D.D. «Cognitive neuroscience of self-regulation failure». *Trends in Cognitive Sciences*, vol. 15, 2011, págs. 132-139.

Hoffman, S.G., Sawyer, A.T., Witt, A.A., Oh, D. «The effect of mindfulness-based therapy on anxiety and depression: A meta-analytic view». *Journal of Consulting and Clinical Psychology*, vol. 78, 2010, págs. 169-183.

Hölzel, B.K., Carmody, J., Vangel, M., Congleton, C., Yerramsetti, S.M., Gard, T., Lazar, S.W. «Mindfulness practice leads to increases in regional brain gray matter density». *Psychiatry Research: Neuroimaging*, vol. 191, n.° 1, 2011, págs. 36-43.

—, Hoge, E.A., Greve, D.N., Gard, T., Creswell, J.D., Warren Brown, K., Feldman Barrett, L., Schwartz, C., Vaitl, D., Lazar, S.W. «Neural mechanisms of symptom improvements in generalized anxiety disorder following mindfulness training». NeuroImage: *Clinical*, vol. 2, 2013, págs. 448-458.

—, Ott, U., Gard, T., Hempel, H., Weygandt, M., Morgen, K., Vaitl, D. «Investigation of mindfulness meditation practitioners with voxel-based morphometry». *Social Cognitive and Affective Neurosience*, vol. 3, 2008, págs. 55-61.

Jha, A.P., Stanley, E.A., Kiyonaga, A. Wong, L., Gelfand, L. «Examining the protective effects of mindfulness training on working memory capacity and affective experience». *Emotion*, vol. 10, 2010, págs. 54-64.

Kober, H., et al. «Regulation of craving by cognitive strategies in cigarette smokers». *Drug and Alcohol Dependence*, vol. 10, n.° 1, 2010, págs. 52-55.

Lazar, S.W., Kerr, C.E., Wasserman, R.H., Gray, J.R., Greve, D.N., Treadway, M.T., McGarvey, M., Quinn, B.T., Dusek, J.A., Benson, H., Rauch, S.L., Moore, C.I., Fischl, B. «Meditation experience is associated with increased cortical thickness». *Neuroreport*, vol. 16, n.° 17, 2005, págs. 1.893-1.897.

Maguire, E.A., Woollett, K., Spiers, H.J. «London taxi drivers and bus drivers: a structural MRI and neuropsychological analysis». *Hippocampus*, vol. 16, n.° 12, 2006, págs. 1.091-1.101.

Mason, M.F., Norton, M.I., Van Horn, J.D., Wegner, D.M., Grafton, S.T., Macrae, C.N. «Wandering Minds: The Default Network and Stimulus-Independent Thought». *Science*, 2007, págs. 393-395.

Moore, A., Malinowski, P. «Meditation, mindfulness and cognitive flexibility». *Consciousness and Cognition*, vol. 18, 2009, págs. 176-186.

Ortner, C.N.M., Kilner, S.J., & Zelazo, P.D. «Mindfulness meditation and reduced emotional interference on a cognitive task». *Motivation and Emotion*, vol. 31, 2007, págs. 271-283.

Raichle, M.E., MacLeod, A.M., Snyder, A.Z., Powers, W.J., Gusnard, D.A., Shulman, G.L. «A default mode of brain function». *Proceedings of the National Academy of Science USA*, vol. 98, 2001, págs. 676-682.

Shapiro, S.L., Brown, K.W., Biegel, G.M. «Teaching self-care to caregivers: Effects of mindfulness-based stress reduction on the mental health of therapists in training». *Training and Education in Professional Psychology*, vol. 1, n.° 2, 2007, págs. 105-115.

Westbrook, C., et al. «Mindful attention reduces neural and self-reported cue-induced craving in smokers». *Social Cognitive and Affective Neuroscience*, vol. 8, n.° 1, 2013, págs. 73-84.

PARTE II

5. ¿Qué es mindfulness? Introducción, definición y primeros ejercicios prácticos

Brummel, B. «Examining Workplace Mindfulness and its Relations to Job Performance and Turnover Intention». *Human Relations*, vol. 67, n.° 1, 2014, págs. 105-128. Disponible en: http://hum.sagepub.com/content/67/1/105. abstract

Burton, Robert A. *On Being Certain*. St. Martin's Press, Nueva York, 2008.

Chabris, C., Simons, D. *The Invisible Gorilla*. Harper, Londres, 2011.

Chiesa, A., Calati R., Serreti A. «Does mindfulness training improve cognitive abilities? A systematic review of neuropsychological findings». *Clinical Psychology Review*, vol. 31, n.° 3, 2011, págs. 449-464.

Crane, R. *Mindfulness-Based Cognitive Therapy*. Routledge, Londres, 2009.

Gazzaniga, M. *The Mind's Past*. University of California Press, Berkeley y Los Ángeles, 2000.

Hafenbrack, A.C., Kinias, Z., Barsade, S.G. «Debiasing the Mind Through Meditation: Mindfulness and the Sunk-Cost Bias». *APS Association for Psychological Science*, 2013, págs. 1-8.

Hallowell, E. *The Human Moment at Work*. Harvard Business Review, 1999. Disponible en: https://hbr.org/1999/01/the-human-moment-at-work

Hasenkamp, W., Barsalou L. «How to focus a wandering mind, www.dailygood. com», 2013. Disponible en: http://greatergood.berkeley.edu/article/item/ how_to_focus_a_wandering_mind

Kast, B. *Die Macht des Unbewussten*. Neue Zürcher Zeitung Folio, 2008. Disponible en: http://folio.nzz.ch/2008/april/die-macht-des-unbewussten

Killingsworth, M., Gilbert, D.T. «A Wandering Mind is an Unhappy Mind». *Science*, n.° 330, 2010, pág. 932.

Langer, E.J. *The Power of Mindful Learning*. Da Capo Press, Cambridge, Reino Unido, 1997.

Latin origin of concentrate: http://www.etymonline.com/index.php?term=concentrate; https://www.collinsdictionary.com/dictionary/english/concentrate

Siegel, D. *The Mindful Brain*. W.W. Norton & Company, Nueva York, 2007.

Teper, R., Inzlicht, M. «Mindful individuals less swayed by immediate rewards». *Emotion*, vol. 14, n. °1, 2014, págs. 105-114. Disponible en: http://media.utoronto.ca/media-releases/mindful-individuals-less-affected-by-immediate-rewards/

6. Principios, mitos y consejos útiles

Dalio, R. Entrevista en el *Financial Times* en un artículo titulado «Zen and the Art of Management» (16 de septiembre de 2013).

Hölzel, B.K., Carmody, J., Vangel, M., Congleton, C., Yerramsetti, S.M., Gard, T., Lazar, S.W. «Mindfulness practice leads to increases in regional brain gray matter density». *Psychiatry Research: Neuroimaging*, vol. 191, n.° 1, 2011, págs. 36-43.

Kahneman, D. *Thinking, Fast and Slow*. Penguin, Londres, 2011.

Killingsworth, M., Gilbert, D.T. «A Wandering Mind is an Unhappy Mind». *Science*, n.° 330, 2010, pág. 932.

Osho. *Meditation: The First and Last Freedom*. The Rebel Publishing House, Colonia, Alemania, 1990.

7. La meditación mindfulness: técnicas

Adams Heminski, C. *Rumi: Daylight: A Daybook of Spiritual Guidance* (Amazon Kindle edition), Shambala Publications, Boulder, Colorado, 2014.

Covey, S. *The Seven Habits of Highly Effective People*. Simon & Schuster, Nueva York, 2004.

Davidson, R., Begley, S. *The Emotional Life of Your Brain*. Hudson Street Press, Nueva York, 2012.

Osho. *Meditation: The First and Last Freedom*. The Rebel Publishing House, Colonia, Alemania, 1990.

Ouspensky, P.D. *The Fourth Way: Teachings of G.I. Gurdjieff.* Vintage Boos, Nueva York, 1971.

Pfeifer, D., Wolski, M. *Aktive Meditation: Bewegung und Stille.* ProBusiness GmbH, Berlín, 2013.

Vyas, A. *Effects of Seven-Day Osho Dynamic Study,* 2014.

—. *Effects of Seven-Day Osho Dynamic Study, Psychological Science: Research, Theory and Future Directions,* Atiner, 2007, pág. 205.

8. Mindfulness en tu vida diaria: la práctica informal

Creswell, J. «Mindfulness-Based Stress Reduction Training Reduces Loneliness and Pro-Inflammatory Gene Expression in Older Adults». *Brain, Behaviour and Immunity,* vol. 26, n.° 7, 2012, págs. 1.095-1.111. Disponible en: http://www.sciencedirect.com/science/article/pii/S0889159112001894%2020.

Friese, M., Messner, C., Schaffner, Y. «Mindfulness Meditation Counteracts Self-Control Depletion». *Consciousness and Cognition,* vol. 21, n.° 2, 2012, págs. 1.016-1.022.

Gottman, J. *The Heart of Parenting.* Simon & Schuster, Nueva York, 1997.

Harris, R. *The Happiness Trap: How to Stop Struggling and Start Living: A Guide to ACT.* Trumpeter, 2008.

James, William. «What is an emotion?». *Mind,* vol. 9, 1884, págs. 188-205.

Kahneman, D. *Thinking, Fast and Slow.* Penguin, Londres, 2011.

Kamenetz, A. *Meditate Your Way to a More Creative Mind.* Fast Company, 2011. Disponible en: http://www.fastcompany.com/1751573/meditate-your-way-more-creative-mind.

Krishnamurti, J. *Freedom from the Known.* Rider, Londres, 2010.

Langer, E. *Counterclockwise.* Hodder & Stoughton, Londres, 2010.

—. *Mindfulness.* Merloyd Lawrence Books, Cambridge, 2014.

Metzinger, T. *The Ego-Tunnel: The Science of the Mind and the Myth of the Self.* Basic Books, Nueva York, 2010.

Ouspensky, P.D. *The Fourth Way: Teachings of G.I. Gurdjieff.* Vintage Boos, Nueva York, 1971.

Sadler-Smith, E., Levy, E. «Developing Intuitive Awareness in Management Education», *Academy of Management Learning & Education,* vol. 6, n.° 2, 2007, págs. 186-205.

Siegel, D. *The Mindful Brain.* W.W. Norton & Company, Nueva York, 2007.

310 Mindfulness para mejorar tu rendimiento

Strack, F., Martin, LL., Stepper, S. «Inhibiting and Facilitating Conditions of the Human Smile. A nonobtrusive Test of the Facial Feedback Hypothesis». *Journal of Personality and Social Psychology*, vol. 54, n.° 5, 1988, págs. 768-777.

Teper, R., Inzlicht, M. «Mindful individuals less swayed by immediate rewards». *Emotion*, vol. 14, n. °1, 2014, págs. 105-114. Disponible en: http://media. utoronto.ca/media-releases/mindful-individuals-less-affected-by-immediate-rewards/.

Wang, Y., Yang, L. *Suppression Impairs Subsequent Error Detection: An ERP Study of Emotion Regulation's Resource-Depleting Effect.* Plos One, 2014. DOI: 10.1371/journal.pone.0096339. Disponible en: http://www.plosone. org/article/info%3Adoi%2F10.1371%2Fjournal.pone.0096339.

9. Diez pruebas internas para las que hay que prepararse

Direct Line Versicherung (compañía de seguros). *Handy-Gespräche am Steuer gefährlicher als Alkohol*, 2002. Disponible en: http://www.presseportal. de/pm/43258/335944/handy-gespraeche-am-steuer-gefaehrlicher-als-alkohol-britische-studie-im-auftrag-von-direct-line.

Halm-Weber, D. *Volksleiden Kopfschmerz: Meditation wirkt ähnlich gut wie Schmerzmedikament*, 2012. Disponible en: http://www.rtl.de/cms/news/ rtl-aktuell/volksleiden-kopfschmerz-meditation-wirkt-aehnlich-gut-wie-schmerzmedikament-204d3-51ca-32-1065438.html.

Hamilton, J. «Think You're Multitasking? Think Again», edición matutina de NPR, 2008. Disponible en: www.npr.org/templates/story/story. php?storyId=95256794

Kabat-Zinn, J. *Full Catastrophe Living*. Bantam Dell, Nueva York, 1990.

Levy, D., Wobbrock, J., Kaszniak, D., Ostergreen, M. «The Effects of Mindfulness Meditation Training on Multitasking in a High-Stress Information Environment». *Graphics Interface*, 2012. Disponible en: https://faculty. washington.edu/wobbrock/pubs/gi-12.02.pdf.

Nass, C., en una entrevista con with Ira Flatow en *NPR*, 2013. Disponible en: http://www.npr.org/2013/05/10/182861382/the-myth-of-multitasking

Osho. *Ancient Music in the Pines: In Zen, Mind Suddenly Stops*. Osho Media International, Nueva York, 2011.

Schmidt, G. *Liebesaffären zwischen Problem und Lösung: Hypnosystemisches Arbeiten in schwierigen Kontexten*. Carl-Auer, Heidelberg, 4.ª edición, 2012.

Siegel, D. *The Mindful Brain*. W.W. Norton & Company, Nueva York, 2007.

Stahl, S. «Das Handy in der Hand ist wie Alkohol im Blut». *Motor Talk Auto News*, 2013. Disponible en: http://www.motor-talk.de/news/das-handy-in-der-hand-ist-wie-alkohol-im-blut-t4451062.html.

Stone, L. What is Continuous Partial Attention? Disponible en: http://lindastone.net/qa/continuous-partial-attention/.

University of Utah News Center. «Drivers on Cell Phones Are as Bad as Drunks», 29 de junio de 2006. Disponible en: http://www.unews.utah.edu/old/p/062206-1.html

Wilson, T. «Just think: The challenges of the disengaged mind». *Science*, vol. 345 n. ° 6.192, 2014, págs. 75-77.

10. En las empresas. Mindfulness en acción

Bush, M., Hunter, J., Goleman, D., Davidson, R., Kohlrieser, G. *Working with Mindfulness – Research and Practice of Mindful Techniques in Organizations*. More Than Sound, Florence (Estados Unidos), 2013.

Csíkszentmihályi, M. *Flow: The Psychology of Optimal Experience*. Harper Perennial Modern Classics, Nueva York, 2008.

—. *Good Business*. Coronet Books, Hodder & Stoughton, Gran Bretaña, 2004.

Dewar, G. «Right Praise Sets Toddlers on Path to Success», publicado el 6 de febrero de 2013. Disponible en: http://blogs.babycenter.com/mom_stories/study-the-right-praise-sets-toddlers-on-the-path-to-success/.

Hanson, R., Mendius, R. Buddha's *Brain: Happiness, Wisdom and Love*. New Harbinger Publications, Oakland, 2009.

Hüther, G. *Was wir sind und was wir sein könnten*. S. Fischer, Frankfurt, 2011.

Joiner, B., Josephs, S. *Leadership Agility*. John Wiley & Sons, Inc., San Francisco, 2007.

Kahneman, D. *Thinking, Fast and Slow*. Penguin, Londres, 2011.

Killingsworth, M., Gilbert, D.T. «A Wandering Mind is an Unhappy Mind». *Science*, n.° 330, 2010, pág. 932.

Osho. *Returning to the Source*. Rebel Publishing House, Colonia (Alemania), 1995.

Sorensen, S. «Don't Pamper Employees - Engage Them». *Gallup Business Journal*, 2013. Disponible en: http://www.gallup.com/businessjournal/163316/don-pamper-employees-engage.aspx.

«Wirtschaftswoche», artículo publicado en un semanario económico alemán
el 31 de marzo de 2014. Disponible en (alemán): http://www.wiwo.de/
erfolg/beruf/engagement-index-den-meisten-mitarbeitern-ist-ihre-firma-
gleichgueltig/9693254.html

11. Mindfulness fuera del trabajo: educación, salud, aficiones, deportes y juegos

Anand, M. *Love, Sex and Awakening: From Tantra to Spiritual Ecstasy*. Llewellyn,
Woodbury (Estados Unidos), 2017.

Gallwey, T. *The Inner Game of Tennis*. Macmillan, Nueva York, 1986.

Gigerenzer, G. *Bauchentscheidungen: Die Intelligenz des Unbewussten und die
Macht der Intuition*. C. Bertelsmann, Múnich, 7.ª edición 2007.

Gomez-Pinilla, F., Hillman, C. «The Influence of Exercise on Cognitive Abilities»,
Comprehensive Physiology, vol. 3, n.º 1, 2013, págs. 403-428.

Hüther, G. Presentación magistral en la Cumbre de Emprendimiento, 2012.

Metzinger, T. *The Ego-Tunnel: The Science of the Mind and the Myth of the Self*.
Basic Books, Nueva York, 2010.

Osho. *Love, Life, Laughter. Celebrating Your Existence*. Griffin Publishing, Nueva
York, 2009.

Raab, M., Johnson, J. «Take the First: Option-Generation and Resulting Choices».
Organizational Behavior and Human Decision Process, vol. 91, 2003, págs.
215-229.

Watts, A. *The World of Zen: An East-West Anthology*. Nueva York, Vintage Books,
1960, pág. 121-128.

Epílogo/conclusiones

Kabat-Zinn, J. *Wherever You Go, There You Are: Mindfulness Meditation in
Everyday Life (Rough Cut)*. Hyperion.a, Nueva York, 2005.

editorial K airós

Puede recibir información sobre
nuestros libros y colecciones inscribiéndose en:

www.editorialkairos.com
www.editorialkairos.com/newsletter.html
www.letraskairos.com

Numancia, 117-121 • 08029 Barcelona • España
tel. +34 934 949 490 • info@editorialkairos.com